**메타버스 선교로
사역을 확장하라**

메타버스 선교로
사역을 확장하라

장성배 지음

kmc

추천사

목회자에게는 적어도 두 가지 고민이 있다. 어떻게 신앙의 전통을 지킬 것인가? 그리고 주어진 현실에 우리의 신앙을 표현하며 전할 수 있을까? 급격히 변화하는 시대에 이러한 고민은 점점 더 깊어간다. 그런데 이 책은 『메타버스 선교로 사역을 확장하라』는 제목에서 벌써 우리의 고민에 대한 방향을 제시하고 있다. 저자의 교회를 향한 사랑이 묻어 있다. 그리고 신앙의 전통과 시대의 변화에 대한 대처가 적절히 균형 잡혀 있다. 변화하는 시대에 깊어가는 고민을 풀어줄 수 있는 시원한 냉수와 같은 책이다.

곽주환 목사_베다니교회 담임

'메타버스'라는 단어조차 생소하고 낯설 한국 교회에 이 같은 책이 출판되는 것은 매우 반가운 일이다. 이 책을 통해 많은 교회가 시대와 동떨어져 독자적인 선교를 하는 대신, 시대의 요구에 성실히 부응하는 선교를 하며 복음 사역에 쓰임 받기를 소망한다.

김병삼 목사_만나교회 담임

메타버스 공간 안에서, 혹은 메타버스 공간을 통해서 지역교회가 선교를 실천하는 방법을 구체적으로 제시하는 메타버스 선교 입문서이다. 특히 메타버스 공간의 선교적 접근에 대한 국내 최초의 서적이라는 점에서 의미가 깊다. 이 책은 선교학적 성찰의 깊이를 견지하면서도 선교에 대한 열정을 가진 평신도들을 위해 쉽고 간결하게 설명하였고, 각 장의 중간마다 적용을 위한 실천적 질문을 제시하는 친절함을 제공하고 있다. 비대면 시대의 선교를 위한 필독서로 메타버스 선교에 대해 관심을 가지는 모든 분께 일독을 권한다.

박보경 교수_장로회신학대학교 선교학 교수, 세계선교학회(IAMS) 회장

이 책은 4차 혁명시대의 교회가 감당해야 할 선교사명의 올바른 길잡이를 구체적으로 제언하고 있다. 코로나 이후 선교사명을 고민하는 교회를 향한 매우 구체적이며 실용적 선교 방법론을 '메타버스'를 통해서 안내하고 있다. 다음세대 선교를 준비하는 교회의 필독서이다.

박혜정 교수_감리교신학대학교 예배학 교수

모두가 '메타버스'를 이야기하면서도 교회와 선교를 위해서 '메타버스'를 어떻게 이해하고 접근해야 할지 고민하는 시점에 그 방향을 제시하는 책을 감리교회를 대표하는 선교 신학자이신 장성배 박사가 심혈을 기울여 출판하셨다. 모두가 이 책에서 지혜와 길을 찾을 수 있기를 소망한다.

최범선 목사_용두동교회 담임

하나님의 창조세계인 공간과 시간에 대한 메타버스 패러다임을 선교에 적용한 책이다. 지역교회가 다양한 사회문화와 부상하는 세대에 복음으로 접근하고 변혁할 수 있게 이론적, 실제적 안내지침을 제시한다. 끊임없이 변화하는 글로벌 사회문화와 지역사회 속으로 들어가 복음을 살아내고 교회를 세워 하나님의 선교에 참여하려는 목회자와 선교사 그리고 모든 그리스도인에게 적극 추천한다.

최형근 교수_서울신학대학교 선교학 교수, 한국로잔 총무

우리가 살고 있는 이 세상이라는 현실과 가상세계의 경계는 이미 희미해졌다. 피할 수 없는 상황을 만난 것이다. 청년사역을 해온 목사의 입장에서는 심각하다. 그렇다고 무턱대고 뛰어들 수 없는 것도 사실이다. 우선 신학적인 정리와 방향 제시가 절실했다. 그런 점에서 이 책은 중요하다. 메타버스 안에서 교회적 접근을 시도하거나 이해가 필요한 이들은 반드시 읽기를 권한다.

하정완 목사_꿈이있는교회 담임

초대의 글

여러분을 메타버스 선교의 세계로 초대합니다!

제가 처음 컴퓨터를 대한 것은 1990년 여름이었습니다. 군 목회를 정리하면서 퇴직금을 다 털어 개인용 컴퓨터(PC)와 도트프린터를 샀습니다. 도스(DOS) 명령어로 움직이는 컴퓨터였는데, 명령어대로 프로그램이 작동하는 것을 보면서 숨이 멎을 것 같았습니다. 그리고 전화선 모뎀으로 접속되는 천리안이라는 사이트에서 컴퓨터선교회를 알게 되었고, 바로 영등포 사무실로 찾아가 이영제 목사님을 만났습니다. 그 천리안 사이트에는 가톨릭에서 운영하던 고해성사를 위한 공간이 있었습니다. 이것은 저에게 새로운 세상이었습니다. 그 후 용산 전자상가를 제집 드나들듯 하면서 컴퓨터 구조에 눈을 떴습니다. 이후로 저의 목회와 연구의 많은 부분이 인터넷 선교와 연결되었습니다. 그 결과 2001년에 출간한 저의 첫 책이 『글로벌 시대의 교회, 문화, 그리고 사이버스페이스』입니다. 이 책은 당시에 저의 주된 관심이 선교적 교회, 문화선교, 인터넷 선교에 있었다는 것을 보여줍니다.

그리고 만 20년이 지난 지금, 우리는 메타버스 속에 들어와 있습니다. 이번에 출간되는 『메타버스 선교로 사역을 확장하라』는 20년 전에 제가 생각했던 인터넷 선교의 업그레이드 판입니다.

그동안 세상은 놀랄 만큼 변했습니다. 당시의 웹1.0 시대는 이제 웹3.0 '공간 웹' 시대로 바뀌었습니다. 인간처럼 생각하는 인공지능(AI)은 지구촌을 'AI 소사이어티'로 바꾸고 있습니다. 2016년에 처음 언급되기 시작한 4차 산업혁명이 예상보다 빠르게 현실이 되었습니다. 코로나19 바이러스는 전 세계를 포스트 코로나 시대로 내몰고 있습니다. 이 전체적인 변화를 포용하는 용어가 메타버스입니다. '메타버스'(metaverse)는 '초월'을 의미하는 '메타(meta-)'와 '우주, 세상'을 의미하는 '유니버스(universe)'의 합성어로서 디지털화된 세상 전체를 뜻합니다. '피할 수 없는 메타버스 시대에 교회는 무엇을 준비해야 하는가?' 이것이 저의 고민이고 이 책의 내용입니다.

대다수 교회는 너무도 빠른 세상의 변화에 망연자실하고 있는 것 같습니다. 그러나 망설일수록 세상과의 격차는 더 크게 벌어질 뿐입니다. 용기를 내서 일어나십시오. 상황을 직시하고, 이 상황을 성경적으로 그리고 신학적으로 해석하며, 목회와 선교의 새로운 방법을 모색하십시다. 지금의 이 상황을 보면 광야로 들어가는 이스라엘 백성이 떠오릅니다. 뒤에는 이집트 군대가 쫓아오고, 살기 위해서는 험난한 광야로 들어갈 수밖에 없었던 이스라엘 백성 말이죠. 그들이 의지할 것이라고는 야훼 하나님의 구름기둥과 불기둥밖에 없었습니다. 그러나 하나님께서는 광야생활 40년 동안 만나와 메추라기를 내려주시고, 바위틈에서 물을 내게 하셨습니다. 그러고는 마침내 약속의 땅을 밟게 하셨죠.

한국교회여! 망설이지 마십시다. 우리가 하나님만 바라보고 메타버스 속으로 들어가면 하나님께서는 우리를 인도하시고, 준비하신 약속의 땅에 이르게 하실 것입니다.

2022년 4월 19일

냉천동에서 **장성배**

프롤로그

메타버스? 최근에 많이 듣는 단어이지만 쉽게 설명하기는 어려운 말이다. '메타버스' 하면 사람들은 저마다 다른 이미지를 떠올린다. 어떤 사람은 게임이나 아바타를, 어떤 사람은 포트나이트에서 있었던 대중가수 그룹 방탄소년단(BTS)의 공연을, 또 어떤 사람은 아이돌 그룹 블랙핑크의 제페토에서의 팬 사인회를 생각한다. 경제계에서는 비트코인이나 엔에프티(NFT) 같은 말을 떠올린다.

교인들에게 메타버스는 조금 더 부정적일 수 있다. 코로나19 때문에 할 수 없이 진행되던 온라인 예배와 비대면 교회학교의 악몽이 연상되기 때문이다. 또한 메타버스는 젊은이들이 탐닉하는 게임과 관계된 어떤 것이라는 생각도 부정적 인식에 일조하는 것 같다.

그러나 메타버스는 그런 것과는 조금 다른 이야기이다.

메타버스란?

본문에서 자세히 다루겠지만, 메타버스는 디지털화된 지구에 관한 것이다.

앞서 설명했듯이 '메타버스'(metaverse)는 '초월'을 의미하는 '메타(meta-)'와 '우주, 세상'을 의미하는 '유니버스(universe)'가 합쳐진 말이다. 컴퓨터, 인터넷, 스마트폰 등 디지털 미디어가 연결하는 디지털화된 세상을 뜻한다.

그러므로 메타버스는 가상이 아니다. 코로나19 시대에 스마트폰은 너무도 중요한 도구였다. 방역패스, 배달주문, 온라인쇼핑, 인터넷뱅킹이 일상화하였기 때문이다. 음식점을 검색하고, 네이버 지도로 길을 찾고, 카카오내비를 사용하는 것은 우리의 삶이 되었다. 신용카드나 교통카드가 없으면 물건을 사거나 대중교통을 이용할 수도 없다. 집에서 텔레비전(TV)을 보거나 유튜브 시청을 하더라도 모든 것이 디지털이다. 이처럼 우리는 메타버스 곧 디지털화된 세상을 벗어나서는 살 수 없게 되었다.

이러한 메타버스는 우리 삶의 확장에 대한 것이다. 걸어다니던 사람들이 자동차와 비행기를 발명하면서 삶의 반경을 확장했다. 전화가 생기면서 같은 공간에 있지 않아도 서로 대화하게 되었다. 이렇게 디지털 혁명은 우리의 삶을 훨씬 더 확장했다. 인터넷을 통해 지구촌 모든 곳이 연결된 것이다. 여기에 인공지능이 더해지고 만물인터넷이 진화하면서 우리 삶은 지구 전체로 확장되고 있다.

메타버스는 이 시대의 변화를 설명하는 가장 포괄적인 용어이다. 지금까지 있었던 인터넷, 사이버, 버추얼, 온라인, 원격, 온택트, 초연결, 디지털화 등의 용어를 모두 합치면 '디지털화된 지구'를 일컫는다. 하나의 현상이 아닌 지구 전체를 직관하게 한다는 점에서 이 단어의 포괄성을 짐작할 수 있다. 그러므로 더 포괄적이고 효과적인 단어가 나오기까지 이 단어는 중요한 관점을 제공해 줄 것이다.

이러한 메타버스로의 전환은 시대적 대세이다. 우리는 이 시대의 변화를 거스를 수 없다. 스마트폰 시대에 유선전화를 고수할 수 없고, 디지털 TV 시대에 브라운관 TV를 고집할 수 없는 것과 마찬가지다. 그렇다면 마지막 남은 길은 메타버스 세상을 이해하고 그 세계로 들어가는 길밖에 없다.

메타버스 선교란

세상이 빠르게 메타버스 속으로 들어가고 있는 상황에서 우리는 무엇을 해야 할까?

- 그리스도인들은 무엇을 준비해야 할까?
- 지역교회는 이 변화에 어떻게 대처해야 할까?
- 지구촌 선교의 패러다임은 어떻게 바뀌어야 할까?

이것이 메타버스 선교에 관한 이 책의 핵심 질문이다.

그럼에도 불구하고 메타버스 선교를 제안하면 사람들은 여러 가지 우려부터 이야기한다.

- 겨우 코로나19 상황에서 벗어나 교회에 모이게 되었는데, 또다시 온라인에서 모이라는 것인가?
- 온라인은 알겠는데, 메타버스는 젊은이들이나 즐기는 게임이나 비트코인 같은 위험한 것이 아닐까?
- 신앙생활이란 물리적으로 만나서 교제를 통해 이뤄지는 것이기 때문에 비대면 모임을 강조해서는 안 되지 않을까?
- 메타버스 시대가 되면 우리 교회는 더욱더 쇠퇴하지 않을까?

충분히 이해되는 걱정이다. 그리고 지금의 물리적 교회 형태만을 생각할 때 예상되는 질문이기도 하다. 그러나 역사가 증명하듯이 교회는 변화하는 상황에 새롭게 성육신하면서 영향력을 증대하고 부흥을 이뤄 왔다. 이번에도 교회는 또 한 번의 시험대 위에서 새로운 성육신 선교의 방법을 모색해야 한다. 이러한 관점에서 메타버스 선교에 대한 이 책의 입장은 다음과 같다.

- 물리적 모임을 강조한다. 물리적으로 모일 수 있는 조건이면 열심히 모여야 한다. 같은 마을에 살면서 온라인 모임을 갖는 것은 불필요할 수도 있다. 보고 싶은 마음에 한두 시간을 달려가 예배에 참석한다면 훨씬 감격이 배가될 것이다. 이러한 노력은 신앙의 발로이기도 하다. 해외선교사들이 후원교회와 후원자를 만나기 위해 잠시 귀국해서 후원의 밤 모임에 참석하는 것은 참으로 아름다운 모습이다.
- 문명의 이기를 활용한다. 물리적 모임이 그토록 중요하지만 우리는 디지털 기기인 스마트폰을 사용해서 통화를 하고, 문자 메시지를 주고받는다. 이러한 디지털 환경(메타버스)은 사람들의 만남을 훨씬 빈번하고 효과적이도록 돕는다. 서울에 사는 사람이 부산의 모임에 참석할 때 걸어서 가는 사람은 없다. 자동차를 타거나 케이티엑스(KTX), 또는 비행기를 타고 간다. 아프리카의 선교사가 걸어서 귀국을 한다면 제정신이 아니라고 할 것이다. 비행기가 있기 때문이다. 메타버스 선교는 이러한 부분을 채우는 선교이다.
- 메타버스는 SNS와 같은 디지털 환경에 관한 이야기이다. 이 책을 읽다 보면 메타버스가 '디지털화된 세상'이라는 것을 알게 될 것이다. 젊은이들이 즐기는 게임이나 비트코인은 메타버스의 지극히 작은 부분일 뿐이다. 우리는 이미 디지털 기기인 스마트폰으로 통화, 문자, 검색, 온라인뱅킹, 온라인쇼핑 등 많은 부분을 누리고 있다. 그리고 메타버스 선교는 이러한 도구를 선교적 목적으로 사용하자는 제안이다. 그 입문 과정으로 블로그, 유튜브, 인스타그램, 페이스북, 밴드, 줌과 같은 도구를 고려하

자고 제안하는 것이다.

- 메타버스 선교는 우리의 사역을 확장한다. 전화나 자동차, 비행기가 우리 삶의 반경을 확장했듯이 메타버스는 우리 삶의 반경을 확장한다. 이와 같이 메타버스 선교는 교회를 위축시키는 것이 아니라, 교회의 사역을 확장하도록 돕는다. 지역교회의 영향력이 자신의 동네를 벗어나 지구촌 전체로 향하게 한다. 목회자가 자신의 설교를 블로그에 올리는 순간, 100명 안팎의 성도가 듣던 메시지를 지구촌 곳곳에 있는 사람들이 듣게 된다.

- 그래서 이 책의 제목이 나왔다. 이미 여러분이 보았듯이 이 책의 제목은 『메타버스 선교로 사역을 확장하라』이다. 그러므로 이 책은 교회가 물리적 만남을 포기하고 메타버스로 이동하자고 주장하지 않는다. 오히려 메타버스 선교를 통해 지역교회와 선교사의 사역을 '확장'하자고 제안한다. 그 구체적인 이유와 방법은 책을 읽는 과정에서 독자 스스로 계발하게 될 것이라고 믿는다.

- 이 책은 그 자체로 하나의 교재가 되기를 바란다. 사람마다 디지털 환경에 노출된 경험치가 다르다. 그러므로 모든 사람이 이 책 한 권으로 메타버스 선교에 뛰어들 것으로 생각지는 않는다. 그래서 필자는 가까운 시일 내에 메타버스선교훈련원(가칭)을 시작할 계획이다. 자신이 가진 강점으로 세상에 증인이 되고, 서로 협력하여 메타버스 선교운동을 일으킬 사람들을 양성하는 것이다.

세상이 급변할수록 여러 가지 걱정이 앞선다. 그러나 걱정하지 말자. 호랑이에게 물려가도 정신만 차리면 산다고 했다. 중요한 것은 믿음의 눈으로 상황을 직시하는 것이다. 하나님께서 메타버스 시대에 무엇을 원하시는지 질문하자. 그럴 때 교회가 나아갈 방향이 보일 것이다.

파도를 타는 서퍼들을 생각해 보자. 그들은 오히려 큰 파도가 오기를 기다린다. 그들에게 파도는 두려움의 대상이 아니라 짜릿한 서핑을 즐길 수 있는 도전의 기회이다. 반면에 서핑 훈련이 되어 있지 않은 보통 사람들은 큰 파도가 오면 그 파도에 휩쓸려 죽는다. 중요한 것은 파도를 탈 수 있는 능력이다. 이 책에서 우리는 메타버스라는 거대한 파도를 타고 즐길 수 있는 길을 모색해 보려고 한다. 하나님께서 지금껏 역사를 주관해 오셨다면, 메타버스 시대에도 주관해 가실 것이다.

죽음의 대서양을 건넜더니 신대륙이 있었다. 또 태평양을 건넜더니 하나님께서 지으신 지구 전체를 보게 되었다. 하나님께서는 또 다른 신대륙, 메타버스를 향해 항해를 시작하라고 하신다. 전 지구를 점점 더 하나로 묶어 가시는 하나님의 손길이 느껴지기도 한다. 선교지는 늘 고난과 죽음이 예상되는 곳이었다. 그러나 믿음으로 주님과 함께 들어가면 생명의 열매들이 맺혔다. 이제 새로운 선교지 메타버스를 향해 함께 항해를 시작하자.

이 책의 구성방법

- 각 장의 시작에는 그 장이 다루는 주제에 대한 핵심 질문을 놓았다.
- 각 장의 끝 부분에는 그 장이 다룬 주제를 실천에 옮길 수 있는 [실천 과제]를 제시했다.
- 책의 곳곳에는 [지금 당장 실천할 일]과 [다양한 제안]을 배치하여 스스로 실천 계획을 세우도록 했다.
- 책을 읽는 중에라도 즉각적으로 추가적인 공부를 할 수 있도록 매 페이지에 각주를 추가하였다.

이 책의 글쓰기에 대해서

- 이 책은 누구나 읽을 수 있도록 대중적인 글쓰기를 목표로 했다. 보다 많은 교회들이 메타버스 선교에 눈을 뜨고 자신의 목회와 선교에 적용하기를 바란다.
- 그렇기 때문에 책의 편집도 논문 형식이 아닌 일반 서적의 형태를 따랐다.
- 그러면서도 선교학적 통찰의 깊이와 넓이는 잃지 않으려고 노력했다.
- 연구물을 목적으로 하지 않았기 때문에 기존에 발표된 본인의 글과 개념에 대해서는 학문적 표기 없이 다시 사용했다.
- 다시 사용된 본인의 글은 메타버스 선교의 관점에서 수정 보완했다.
- 다른 사람들의 글을 인용할 때에는 저작권에 위배되지 않도록 최선을 다했다.

차 례

추천사   5
초대의 글   8
프롤로그   10

PART 1   새로운 선교지, 메타버스

1 | 메타버스의 정의   25
2 | 메타버스의 주요 요소   36
3 | 메타버스의 종류   54
4 | 메타버스 사피엔스   65

PART 2   새로운 사명, 메타버스 선교

1 | 확장으로서의 선교   74
2 | 메타버스를 향한 선교   80
3 | 메타버스 선교의 정의   82
4 | 메타버스 문화의 변혁자 그리스도   100

PART 3

메타버스에서 예수님처럼 사역하자

1 | 거리에서 외치는 청년 — **113**
2 | 교회 안이 아니라 교회 밖에서 — **115**
3 | 가난한 사람들을 향하여 — **118**
4 | 사랑의 섬김으로 — **120**
5 | 하나님 나라 운동 — **122**
6 | 총체적 선교 — **124**
7 | 거룩을 향하여 — **127**
8 | 성령과 사람 중심의 교회론 — **129**
9 | 만인사명자 — **131**
10 | 강력한 소그룹 공동체 — **133**
11 | 마을마다 — **136**
12 | 땅끝으로 — **138**

PART 4 지역 교회여! 메타버스로 사역을 확장하자

1 | 코로나19와 메타버스 교회　　　　　　　　　148
2 | 메타버스 교회를 위한 두 개의 선행된 모델　　162
3 | 메타버스 교회를 시작하는 방법　　　　　　　170
4 | 복음전도의 내용과 방법　　　　　　　　　　176
5 | 메타버스 교회학교　　　　　　　　　　　　　185

PART 5 메타버스를 타고 세계선교를 하자

1 | 지구촌 선교의 이슈들과 메타버스　　　　　　196
2 | 메타버스 선교사의 기본 요소　　　　　　　　212
3 | 메타버스 선교사 As　　　　　　　　　　　　220
4 | 지구촌 선교의 실천 과제　　　　　　　　　　233

에필로그　　　　　　　　　　　　　　　　　　249

PART 1

스마트폰 시대에 유선전화를 고수할 수 없고,
디지털 TV 시대에 브라운관 TV를 고집할 수 없다.
마찬가지로 학교와 사무실이 온라인으로 옮겨갔고
모든 생활이 물리적 접촉을 피해 온택트 세계로 이동했다.
그렇다면 교회 역시 메타버스를 이해하고
그 세계로 들어가는 수밖에 없다.

새로운 선교지,
메타버스

이 장의 핵심 질문

그리스도인의 관점에서 메타버스란 무엇인가?

메타버스는 우리 사회와 삶을 어떻게 바꿀 것인가?

메타버스의 우려되는 점은 무엇인가?

메타버스 시대에 하나님의 선교를 위해서
우리는 무엇을 준비해야 하는가?

• • • • •

 코로나19는 4차 산업혁명의 진행을 예상보다 10년은 앞당겼다. '언택트'(untact) 상황은 사람들을 '온택트'(ontact) 만남으로 몰아넣었다. 학교와 사무실이 온라인으로 옮겨갔고 모든 생활이 물리적 접촉을 피해 온택트 세계로 이동했다. 이 과정에서 디지털 세계인 메타버스라는 용어가 사람들을 사로잡았다.

 메타버스는 사람들마다 서로 다른 이미지를 떠올리게 한다. 어떤 사람에게는 아바타나 게임을, 다른 사람에게는 포트나이트에서 있었던 BTS의 공연을, 또 어떤 사람에게는 블랙핑크의 제페토에서의 팬 사인회를 생각나게 한다. 경제계는 비트코인이나 NFT에 관심하기 시작했고, 기업들은 디지털 플랫폼을 선점하려고 치열한 경쟁을 하고 있다.

 스콧 갤러웨이(Scott Galloway)는 『거대한 가속: 포스트 코로나 시대, 우리 앞에 다가온 역사의 변곡점』에서 이런 급격한 변화가 전 지구적 차원에서 일어나고 있다고 말한다.[1] 이 변화는 개인뿐만 아니라 비즈

---
[1] 스콧 갤러웨이, 박선령 옮김, 『거대한 가속: 포스트 코로나 시대, 우리 앞에 다가온 역사의 변곡점』(서울: 리

니스, 사회, 문화, 정치 등 모든 분야에 커다란 충격을 주고 있다. 전통적인 기업이나 삶의 방법은 급속히 사라지고, 새로운 삶의 방법이 생겨나고 있다. 그 결과 10년 안에 지금의 직업 중에 절반이 사라질 것이라고 한다.

이러한 상황은 우리 교회에게 여러 질문을 제기한다. 그중에 이 책의 관심과 관계된 질문은 아래와 같다.

_ 하나님은 이러한 지구촌의 변화에 어떻게 관여하고 계실까?
_ 우리 그리스도인들은 어떻게 대처해야 할까?
_ 교회는 무엇을 준비해야 할까?
_ 선교는 어떻게 바뀌어야 할까?

급변하는 상황은 우리를 당혹케 한다. 그러나 중요한 것은 정신을 차리고 상황을 믿음의 눈으로 직시하는 것이다. 그 가운데 변화를 만들어가시는 하나님의 움직임을 바라보아야 한다. 그럴 때 하나님께서는 교회가 나아갈 방향을 보여주실 것이다.

이 장에서는 먼저 상황을 직시하는 것부터 시작해 보자. 하나님의 선교의 관점에서 메타버스가 무엇이고, 메타버스는 어떤 구조를 갖고 있으며, 그 영향은 어떨지를 파악해 보자. 상대를 알고 나를 알면 이 변화에 빠르게 대처할 수 있고 극복할 수 있는 길이 보일 것이다.

더스북, 2021).

1. 메타버스의 정의

메타버스란 무엇인가? 대부분의 교회는 메타버스에 대해 부정적인 생각을 갖고 있다. 코로나19 때문에 할 수 없이 실시하던 온라인 예배와 비대면 교회학교의 악몽 탓이다. 비대면 결과 예배 참여 인원이 급감한 것도 그 요인이다. 또한 메타버스는 젊은이들이 탐닉하는 게임과 관계된 것이라는 생각도 부정적 생각에 일조하는 것 같다. 그러나 이 모든 부정적 감정의 핵심은 메타버스가 낯설다는 것이다. 특히 시니어 그리스도인들에게는 새로운 세계가 비기독교적인 것으로 보인다. 그러나 시대의 변화를 거스를 수는 없다. 스마트폰 시대에 유선전화를 고수할 수 없고, 디지털 TV 시대에 브라운관 TV를 요구할 수 없는 것과 같다. 그렇다면 마지막 남은 길은 메타버스를 이해하고 그 세계로 들어가는 길밖에 없다.

1) 메타버스는 디지털화된 지구에 대한 것이다

메타버스라는 용어를 처음 대한민국에 소개한 김상균에 따르면, '메타버스'(metaverse)는 '초월'을 의미하는 '메타'(meta-)와 '우주, 세상'을 의미하는 '유니버스'(universe)의 합성어이다. 컴퓨터, 인터넷, 스마트폰 등 디지털 미디어가 연결하는 디지털화된 세상을 뜻한다.[2] 그래서 이 책은 '메타버스 세계'라는 표현보다는 '메타버스'라고 사용한다. '메타버스'라는 단어 안에 '세계'라는 뜻이 포함되어 있기 때문이다.

*메타버스는 디지털화된 세상을 뜻한다.

메타버스와 대칭되는 용어로는 '아날로그 세계', '실제 세계', '물리적

---

2 김상균, 『메타버스: 디지털 지구, 뜨는 것들의 세상』 (서울: 플랜비디자인, 2020), 23.

세계' 등 다양한 표현이 있다. 이 책에서는 '물리적 세계'라는 용어를 사용한다. 아날로그 세계에서도 TV, 라디오, 전화 같은 가상의 도구를 사용하기 때문이다. 또한 실제 세계에는 이미 디지털 세계가 포함되어 있다. 물론 물리적 세계도 완벽한 표현은 아니다. 하지만 우선 물리적 세계를 신체, 시간, 공간의 한계 안에 있는 상황을 표현하는 용어로 사용하기로 한다. 여기에 대비해서 물리적 한계를 뛰어넘는 상황을 표현하기 위해서는 디지털 세계 또는 메타버스를 사용하겠다.

메타버스와 관련해서 '테라포밍'(terraforming)이라는 단어가 있다. 테라포밍은 '지구'를 뜻하는 '테라'(terra-)와 '형성하기'를 뜻하는 '포밍'(forming)의 합성어이다. 즉 우리가 사는 지구가 아닌 다른 세상을 지구와 같은 환경으로 만드는 일을 의미한다.[3] 그렇다면 '디지털 테라포밍'(digital terraforming)은 디지털을 통해 지구를 재구성하는 과정을 말한다. 즉 메타버스를 만들어가는 과정에 대한 것이다.

백승희와 이나래는 『디지털 테라포밍: 새로운 디지털 대륙, 미래는 메타버스에서 시작된다』에서 디지털 테라포밍을 디지털 공간에 물리적 세계와 비슷한 환경을 조성하는 것이라고 설명한다.[4] 사람들은 모든 것에서 디지털의 도움을 받게 되고, 빠르게 디지털 세계로 이동하고 있다. 그 결과 메타버스가 우리의 삶과 세계관을 바꾸고 있다.

이것이 실감나지 않는다면 몇 개의 예를 들어 보자. 우리가 온라인 예배를 반대하며 예배당에 모이는 예배를 주장하지만, 예배 중에 디지털의 영향을 받지 않는 것은 거의 없다. 설교자 뒤의 영상과 자막, 전자악기, 전자 음향시스템 등 모든 것이 디지털화되어 있다. 지금의 예배

---

3   김상균, 『메타버스』, 27.
4   백승희·이나래, 『디지털 테라포밍: 새로운 디지털 대륙, 미래는 메타버스에서 시작된다』 (서울: 세창미디어, 2021).

는 메타버스와 함께 시행되고 있는 것이다. 그렇다면 우리의 가정생활에서 디지털에 영향을 받는 것에는 무엇이 있을까? 전기밥솥, 전자레인지, 식기세척기, 로봇청소기, TV, 컴퓨터, 스마트폰, 전철, 버스, 승용차 등 모든 것이 디지털로 작동하고 있다. 우리가 사용하는 신용카드, 온라인쇼핑, 인터넷뱅킹도 모두 메타버스와 연관된 방법이다. 병원도, 약국도, 식당도, 사무실도, 공장도, 농사조차 디지털의 영향을 받고 있다. 이제는 디지털 세계와 연결하지 않으면 밥을 먹을 수도, 출근을 할 수도 없다. 메타버스를 디지털화된 지구라고 정의한다면, 우리는 이미 디지털화된 지구에서 살고 있는 것이다.

* 메타버스를 떠나 살 수 있는 사람은 없다.

그렇다면 우리는 둘 중의 하나를 택해야 한다. 첫째로, 깊은 산속에 들어가서 옷도 입지 않고 산에서 나는 음식만 먹으며 세상과 단절된 삶을 사는 것이다. 옷과 식품조차 디지털 시스템으로 생산되고 배송된 산물이기 때문이다. 둘째는, 메타버스에 적극적으로 들어가서 그 세상에서 하나님의 뜻을 이루며 사는 것이다. 이미 메타버스까지 합해진 세상에 사람들이 살고 있고 그곳에 하나님의 은혜와 섭리가 역사하고 있다면, 우리는 힘들더라도 주님과 함께 메타버스 속으로 들어가야 한다.

2) 메타버스는 가상이 아니다

메타버스에 대한 가장 많은 오해는 메타버스가 '가상'(假像)에 대한 어떤 것이라는 생각이다. 이것은 인터넷과 연관해서 사용되던 '사이버스페이스' 곧 '가상공간'이란 용어에서 기인한다. '가상현실'(virtual reality, VR), '증강현실'(augmented reality, AR)과 같은 용어는 이러한 생각을 뒷받침한다. 그리고 물리적 삶을 중요하게 여기거나 아날로그에 익숙한 사람들은 가상의 삶을 부정적으로 보고 거부하는 경향이 많다.

그러나 우리의 삶 중에 어디까지가 물리적 실제이고 어디까지가 가상일까? 쉽게 예를 들어 보자. 우리는 편지쓰기를 아날로그의 로망 중 하나로 꼽는다. 그런데 편지도 가상이라면 어떻게 하겠는가? 저자가 군목으로 있던 1980년대 후반만 해도 군에 입대한 사람들은 편지로 자신의 마음을 전했다. 격리된 훈련소에서 사랑하는 사람에게 간절한 마음으로 편지를 보내면 얼마 후에 답장을 받게 된다. 사랑이 듬뿍 담긴 편지를 대하면 마치 그 사람이 내 앞에 있는 것같이 느껴지고 감격의 눈물을 흘린다. 어쩌다가 부대 밖으로 나올 경우 공중전화로 달려가 전화를 건다. 그런데 그 전화 또한 가상현실 기술이다. 수화기의 목소리는 실제 음성이 아니기 때문이다. 음성이 전류를 통해 진동판을 울리면 우리의 뇌는 그것이 상대의 음성인 것처럼 인식한다. 전화기는 거리의 한계를 넘어 가상 음성을 구현한 기술이다. 같은 논리로 스마트폰의 화상통화 또한 가상 기술이다. 카카오톡을 즐기고 단톡방을 만들어 교제하면서 그것을 물리적 세계와 유리된 가상이라고 생각하지 않는다. 이미 그것들은 우리 삶의 일부가 되었기 때문이다.

> * 메타버스는 가상이 아니라 우리 삶의 중요한 일부이다.

이러한 소통 방법이 VR글라스나 AR기기로 진화한다고 해서 논리상 달라지는 것은 없다. 더 효과적이고 실감나게 소통하게 될 뿐이다. TV를 통해 해외여행 프로그램을 즐기는 것이나, 메타버스를 통해 알프스를 등정하거나 제주도에서 하이킹을 즐기는 것은 논리상으로 다르지 않다. 이처럼 메타버스는 우리의 삶과 동떨어진 다른 세상에 대한 것이 아니다.

가상에 대한 이야기를 조금 더 확장시켜 보자. 이미 우리의 삶은 가상과 물리적 세계가 공존하면서 하나의 세상을 만들고 있다. 그 몇 가지 예는 다음과 같다.

- **브랜드**: 우리가 명품이라고 부르는 브랜드는 가상이다. 같은 재료로 만들지만 '프라다'라는 브랜드를 입히는 순간 고가의 명품이 된다. 그리고 브랜드로 인해 자본주의가 움직인다.
- **설계도**: 제품이나 건물의 설계도도 가상이다. 설계도가 제품이나 건물 자체는 아니기 때문이다. 그러나 설계도로 인해서 실재하는 무엇을 생산할 수 있다. 이때 설계도의 왜곡과 축약은 새로운 의미를 갖는다.
- **소설/예술**: 예술 분야의 모든 것은 인간의 상상력의 산물이다. 인간이 가지고 있는 꿈과 이야기를 표현한 가상이다. 그러나 이러한 예술세계가 사람들에게 의미를 주고 세상을 변화시킨다.
- **국가**: 국가 또한 인류가 만든 가상 조직이다. 같은 땅에 사는 같은 사람들인데, 그 위에 수많은 국가가 세워졌다가는 사라진다. 그런데도 이 가상 조직인 국가는 소속한 사람들의 충성심과 집단이기심을 야기한다.
- **화폐**: 화폐도 국가가 공적으로 인정한 가상의 산물이다. 국가가 사라지면 화폐는 휴지가 된다.

다시 메타버스 이야기로 돌아가자. 주영민의 책, 『가상은 현실이다: 페이스북, 알파고, 비트코인이 만든 새로운 질서』는 메타버스라는 용어가 생기기 이전에 출시되었다.[5] 그래서 '메타버스'라는 용어 대신 '가상'이라는 용어를 사용하고 있다. 그럼에도 불구하고 저자는 메타버스의 진화를 바로 보고 있다. 그의 가상이라는 용어를 메타버스로 바꾸

---

5 주영민, 『가상은 현실이다: 페이스북, 알파고, 비트코인이 만든 새로운 질서』 (서울: 어크로스, 2019).

면 다음과 같다. '메타버스 혁명은 여러 기술을 통해 물리적 세계를 확장하고 변형시키는 현상이다. 소셜미디어, 인공지능, 암호화폐와 같은 메타버스 기술은 물리적 세계를 변형시키고 증강시키면서 현실을 재구성한다. 메타버스는 물리적 세계를 빨아들이면서 성장하기 때문에 물리적 세계는 지극히 축소되고 위축된다. 반면에 메타버스는 물리적 세계를 위협할 정도로 확장해서 독립된 생명체처럼 움직이게 된다.'[6] 처음에는 인간이 알고리즘을 설계했지만, 이제는 알고리즘이 인간을 새롭게 설계한다. 그리고 결국에는 이러한 메타버스 기술이 문명을 근본적으로 바꿀 것이다.

여기에서 우리는 다시 한번 가상과 현실이 대칭되는 용어가 아님을 확인하게 된다. 이미 메타버스는 현실 세계의 일부가 되었다. 카카오톡, 카카오 은행, 카카오 내비게이션, 카카오 택시는 현실이다. 이와 같이 우버, 에어비앤비, 배달의민족도 현실이다. 메타버스가 우리 삶과 무관한 것이 아니라는 사실을 기억하자! 메타버스는 지금 우리의 현실적 삶에 대한 이야기이다. 그러므로 교회는 메타버스가 가져올 거대한 변화를 현실로 받아들여야 한다. 그리고 그 속에서 역사하시는 하나님의 계획에 대해 질문해야 한다.

3) 메타버스는 우리 삶의 확장이다

인류는 여러 단계에 걸쳐 자신의 삶을 획기적으로 확장해 왔다. 이미 고전이 된 앨빈 토플러(Alvin Toffler)의 『제3의 물결』은 제1의 물결인 농업혁명, 제2의 물결인 산업혁명, 그리고 제3의 물결인 정보혁명에

---

6   주영민, 『가상은 현실이다』, 8~16.

대해 이야기한다.[7] 채집과 수렵을 하며 소그룹 중심으로 이동하던 사람들은 1만 년 전에 농업혁명을 통해 정착하게 되고 대규모 문명사회를 열게 되었다. 18세기의 산업혁명은 자연에 의존하던 농경사회가 산업 중심의 사회로 전환되는 혁명이었다. 그 결과 대량생산, 대량소비, 대량유통, 대중문화가 가능하게 되었다. 제3의 물결은 정보화사회로의 전환이다. 이제 중요한 것은 자본이 아니라 정보이며 정보를 가진 사람이 세상을 바꿀 힘을 가지게 된다.

4차 산업혁명이라는 용어는 2016년 세계경제포럼(World Economic Forum, WEF)에서 클라우스 슈밥(Klaus Schwab)이 주창함으로 시작되었다.[8] 그의 구분은 다음과 같다.

- 1차 산업혁명은 증기기관의 발명을 통해 공장의 시대를 열었다. 방직기계, 증기자동차, 증기선, 증기기관차가 생겨났고, 대량생산, 대량유통의 산업사회가 시작되었다. 그 결과 수천 년간 지속되던 농촌사회가 도시사회로 전환되었다.
- 2차 산업혁명은 전기의 발명을 통해 일어났다. 그 결과 모터, 전구, 축음기, 전화 등의 발명이 줄 잇게 되었다. 또한 내연기관과 비행기의 발명은 사람들의 이동반경을 혁신적으로 확장시켰다.
- 3차 산업혁명은 디지털 혁명이다. 모든 것이 디지털화되면서 사물들이 연결되기 시작했다. 여기에 개인용 컴퓨터, 인터넷의 발전은 지구촌 세상을 하나로 연결하는 놀라운 결과를 가져왔다.
- 4차 산업혁명은 인공지능의 발전을 필두로 다양한 기술이 연쇄적으로 이

---

7   앨빈 토플러, 『제3물결』 (서울: 한국경제신문사, 2002).
8   클라우스 슈밥, 송경진 옮김, 『클라우스 슈밥의 제4차 산업혁명』 (서울: 메가스터디북스, 2016).

어지는 시대이다. 웨어러블 인터넷, 유비쿼터스 컴퓨팅, 주머니 속 슈퍼컴퓨터, 사물인터넷, 커넥티드 홈, 스마트 도시, 빅데이터를 활용한 의사결정, 자율주행 자동차, 로봇공학, 비트코인과 블록체인, 공유경제, 3D프린팅 기술과 제조업, 생명공학, 의료기술의 발전 등 기술융합의 시너지를 통해 가히 혁명적인 세계가 펼쳐지고 있다. 이러한 변화는 기업과 경제, 국가와 사회, 개인의 삶과 문화에 결정적인 영향을 미치고 있다. 그리고 이 모든 것이 구현되는 세상을 메타버스라고 부른다.

『공간 웹: 웹3.0으로 연결된 인간, 기계 그리고 AI로 세상은 어떻게 바뀌는가』에서 가브리엘 르네(Gabriel René)와 댄 메이프스(Dan Mapes)는 웹의 진화와 확장에 대해 이야기한다.[9] 웹1.0은 인터넷 초기에 문서들을 연결하는 데서 시작되었다. 연결된 문서들이 데이터베이스를 형성하면서 사람들은 PC를 통해 데이터베이스에 접속하기 시작했다. 하지만 아직은 읽기 중심의 네트워크였다. 웹2.0은 페이스북과 같이 사람들을 연결하는 플랫폼과 함께 시작되었다. 여기에 스마트폰의 등장은 새로운 세상을 만들었다. 사용자들이 멀티 콘텐츠를 생성하고 그 데이터가 클라우드에 모이는 시대가 된 것이다. 그리고 최근에 시작된 웹3.0은 공간 웹, 즉 웹이 하나의 세계가 되는 시대이다. 메타버스 시대가 된 것이다. 저자들은 이러한 진화를 다음의 도표로 설명한다.

이러한 웹3.0 시대에는 수평적인 지도가 3D 환경으로 바뀌며 삶의 공간이 된다. 즉 공간 웹의 세상이 되는 것이다. '디지털트윈'(digital

---

[9] 가브리엘 르네·댄 메이프스, 심주연 옮김, 『공간 웹: 웹3.0으로 연결된 인간, 기계 그리고 AI로 세상은 어떻게 바뀌는가』 (서울: 에이콘출판사, 2021).

	PC	웹1.0	웹2.0	웹3.0
인터페이스	데스크톱	브라우저	모바일	증강현실, 가상현실, 사물인터넷
로직	프로그램	웹사이트	앱	인공지능
데이터	데이터베이스	서버	클라우드	블록체인

twin)은 더 진화한 '인공지능'(artificial intelligence, AI)을 통해 '스마트 트윈'(smart twin)으로 진화하며 디지털 공간을 실제 세상처럼 바꾸고 있다.

　기억하자. 메타버스는 우리 삶의 확장이다. 그리고 이 확장은 지금까지 인류가 걸어온 확장 행보의 연장이다. 이 확장의 대세를 되돌릴 수는 없다. 중요한 것은 메타버스에 지구촌 모든 사람이 살고 있다는 것이다. 사람이 사는 곳이라면 하나님께서도 이미 역사하고 계신다.

*메타버스는 인류가 걸어온 확장 행보의 연장이다.

　그렇다면 우리는 메타버스의 부정적인 측면만 이야기하면서 메타버스 밖에 머물러 있어서는 안 된다. 메타버스에서 만나는 사람들에게도 복음이 필요하기 때문이다. 또한 교회는 메타버스 안의 상처받은 사람들을 위로하고 치유해야 한다. 메타버스에 부정적인 것이 있다면 지혜를 모아 해결하면 된다. 메타버스를 거룩하게 하는 것 또한 교회의 중요한 기능이다. 기억하자! 메타버스에도 분명히 교회가 필요하다.

*메타버스에도 교회가 필요하다.

　지금까지의 이야기를 [그림 1]과 같이 표현해 보았다. 교회가 메타버스로 확장해 들어가야 한다는 점을 강조했다. 그것을 단계적으로 설명해 보자.

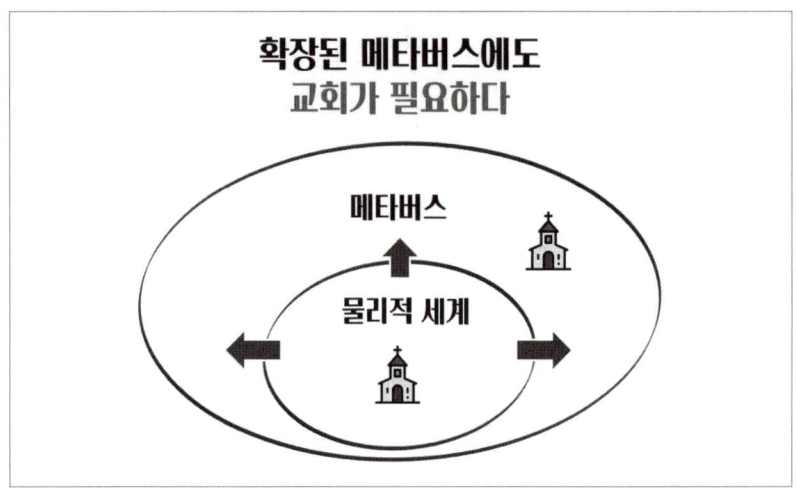

[그림 1]

- 세상은 물리적 세계에서 메타버스로 확장되고 있다. 기업, 관공서, 모든 단체, 개인의 삶이 메타버스로 확장되었다.
- 그런데 교회는 물리적 세계에만 머물고 있다. 건물 안에 모이려고만 하고, 물리적 세계에서만 활동하려고 한다. 그 결과 메타버스에는 교회가 없다.
- 꼭 기억하자! 지구촌 모든 사람이 살고 있는 메타버스에도 교회가 필요하다.
- 그러므로 교회여, 새로운 선교지인 메타버스로 들어가자. 교회여, 메타버스에도 교회를 개척하자.

4) 메타버스는 이 시대의 변화를 설명하는 가장 포괄적인 용어이다

메타버스를 거부하는 사람들은 이 단어가 하나의 유행어일 뿐이라고 말한다. 유행어는 곧 사라질 것이기에 이 용어에 시간을 쓸 필요가 없다는 것이다. 이 주장은 부분적으로는 맞다. 지금까지 인터넷, 사이버, 버추얼, 온라인, 원격, 온택트, 초연결, 디지털화 등 수많은 신조어가 있었기 때문이다. 메타버스도 그 용어 중 하나일 것이다.

중요한 것은 용어가 아니라 현상의 변화이고, 그것을 바라보는 관점의 변화이다. 새로운 용어가 생겨났다는 것은 신기술을 통해 이미 세상이 바뀌었다는 것을 의미한다. 그리고 그에 따라 사람들의 사고방식과 생활양태가 달라진다. 용어는 이미 일어나고 있는 현상을 반영한다는 뜻이다.

용어에 대해 다른 설명도 가능하다. 우리가 어떤 용어를 알면 안 보이던 세상이 보이게 된다. '인터넷뱅킹'이라는 용어를 아는 사람과 모르는 사람은 전혀 다른 세상에서 살고 있다. 구글맵이라는 용어를 아는 사람과 모르는 사람도 마찬가지다. 우리가 용어를 알면 세상을 다르게 보게 된다. 이러한 의미에서 메타버스라는 용어는 위에서 언급된 모든 인터넷 관련 용어들을 통합해서 디지털화된 세계를 이야기하고 있다. 하나의 현상이 아닌 지구 전체를 직관하게 한다는 점에서 이 단어의 포괄성을 짐작할 수 있다. 메타버스는 지금까지의 개념 중 가장 포괄적인 단어이다. 그러므로 더 포괄적이고 효과적인 단어가 나오기까지 이 단어는 중요한 관점을 제공해 줄 것이다.

세상이 빠르게 변할수록 새로운 용어들이 쏟아져 나온다. 그럴수록 교회는 이러한 용어들에 관심하고 세상의 변화를 이해해야 한다. 교회는 변화하는 세상의 사람들에게 복음을 전해야 하기 때문이다. 잠시 안주해 있는 동안 세상 사람들은 전혀 다른 세상으로 이주해 있는 것을 발견하게 될 수도 있다. 상상해 보라. 지금 시대에 버스토큰을 들고 버스를 타려고 하는 사람이 있다면 어떤 느낌이겠는가? 현금을 들고 지하철을 타려고 한다면 어떤 느낌인가? 이런 관점에서 보면, 엠지(MZ) 세대들에게 전통적인 교회는 어떤 느낌일까? 새 술은 새 부대에 부어야 한다. 살아 있는 복음은 새 가죽부대에 담아야 한다. 그러기 위해서 교회는 제일 새로운 용어에 관심하면서 세상의 변화를 주시해야 한다. 이미 사람들이 그곳에 살고 있기 때문이다.

2. 메타버스의 주요 요소

앞 절에서는 메타버스를 몇 가지 관점에서 정의해 보았다. 이 절에서는 메타버스 세상을 구성하는 중요한 요소들을 살펴보자. 디지털화된 지구, 메타버스는 다음과 같은 요소들에 의해 구성되고 상호 영향을 미치면서 빠르게 진화한다. 이러한 요소들의 수는 관점에 따라 축소되거나 확장될 수 있다. 여기에서는 우리의 삶에 직접적인 영향을 미치는 6가지 요소만 다뤄보기로 한다.

> *
> 메타버스는
> 하나님의
> 선교의
> 도구이다.

특히 이 책은 하나님의 선교의 관점에서 메타버스를 이해하고 있다. 이것을 이해하는 데 [그림 2]가 도움이 될 것이다. 하나님께서는 지구촌의 모든 것 위에 계신다. 이것이 우리의 선교가 교회의 영역을 넘어서야 하는 이유이다. 하나님께서는 이 땅의 총체적 치유와 회복을 위해서 정치, 경제, 사회, 문화, 과학기술 등 모든 영역을 움직이신다. 초대교회 때에는 로마의 도로와 항로가 하나님의 선교의 대로(大路)였다. 나침반과 항해기술의 발전은 하나님의 선교가 대서양을 건너 새 땅으로 확장되게 했다. 인쇄술, 자동차, 항공기, TV, 라디오, 인터넷의 발달은 새로운 패러다임의 선교를 가능케 했다. 그렇다면 메타버스를 구성하는 요소들도 하나님의 선교를 위해 쓰일 수 있다. 아니 하나님의 예비하신 계획일 수 있다. 이제 그 내용을 살펴보자.

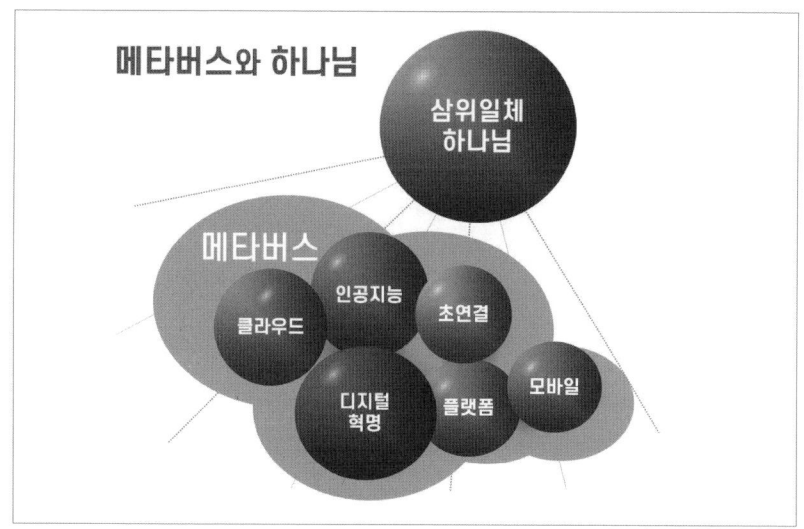

[그림 2]

1) 디지털 트랜스포메이션

'디지털 트랜스포메이션'(digital transformation)은 세상을 혁신적이고 광범위하게 디지털로 바꾸는 것을 말한다. 이 단어는 '디지털 혁신' 또는 '디지털 전환'으로 번역해서 사용하기도 한다.[10] '디지털라이제이션'(digitalization)은 디지털화가 빠르고 전방위적이면서 혁신적으로 일어나는 현상을 설명하는 단어이다.

디지털화는 아날로그 세상을 0과 1로 구성된 코드로 변환하는 것으로부터 출발한다. 이를 통해 컴퓨터가 정보를 읽고, 저장하고, 변환하고, 배포할 수 있게 된다. 기초적으로 텍스트의 디지털화는 컴퓨터의

---

10 김형택·이승준, 『그들은 어떻게 디지털 트랜스포메이션에 성공했나』 (서울: 윌컴퍼니, 2021); 주호재, 『디지털 트랜스포메이션』 (서울: 성안당, 2020); 오상진, 『디지털 트랜스포메이션 뷰카 시대, 살아남는 기업의 비밀』 (서울: 교보문고, 2020); 김종식·박민재·양경란, 『디지털 트랜스포메이션 전략: 디지털 비즈니스 모델 프레임 가이드』 (서울: 지식플랫폼, 2019); 권병일, 『디지털 트랜스포메이션』 (서울: 도서출판 청람, 2018); 조원경, 『한 권으로 읽는 디지털 혁명 4.0: 일의 미래, 블록체인, 플랫폼 경제, AI』 (서울: 로크미디어, 2018); 김진영·김형택·이승준, 『디지털 트랜스포메이션 어떻게 할 것인가: 디지털로 새로 태어난 전통 기업의 성공 전략』 (서울: e비즈북스, 2017); 조지 웨스터먼·디디에 보네·앤드루 맥아피, 최경은 옮김, 『디지털 트랜스포메이션: 4차 산업혁명, 당신의 기업은 무엇을 준비해야 하는가?』 (서울: e비즈북스, 2016).

워드 프로세서를 통해 텍스트를 저장, 편집, 출판, 공유할 수 있도록 만들었다. 미디어의 디지털화는 정보의 차원을 바꿔놓았고, 쓰리디(3D) 모델링을 통해 모든 사물을 디지털화할 수 있게 했다. 산업디자인, 건축, 도시계획, 증강현실, 가상현실 등으로 진화하는 것이다. 여기에 지피에스(GPS)가 더해지면서 역동적인 움직임과 활동까지 추가되었다.

이렇게 세상을 디지털 정보로 바꾸는 디지털 트랜스포메이션이 가속화하고, 그 영역이 확장될수록 세상의 모든 것은 데이터로 변환된다. 메타버스의 세상이 되는 것이다. 그 데이터들은 클라우드에 저장되고, 빅데이터를 만들며, 이 빅데이터들을 처리할 수 있는 컴퓨팅 능력이 증가하면서 인공지능이 탄생하게 된다.

이렇게 디지털 트랜스포메이션을 이룬 기업이나 조직은 지속적인 경쟁력을 갖게 된다. 디지털 역량을 확보하게 되고, 메타버스 시대에 기능할 수 있는 조직문화와 리더십을 갖췄기 때문이다. 많은 전문가들이 메타버스 시대에는 디지털 트랜스포메이션을 이룬 기업과 조직만이 살아남는다고 강조한다. 그렇기 때문에 전통적인 기업은 퇴출되거나, 아니면 디지털트랜스포메이션에 동참해야 한다. 몇 가지 예를 들어보자. 전통적인 백화점은 쇠퇴하고, 쿠팡과 같은 인터넷 쇼핑몰이 급성장하고 있다. 서점들은 사라지고, 아마존이나 인터넷교보가 뜨고 있다. 택시는 우버(Uber)와 같은 운송 네트워크 회사로, 호텔은 에어비앤비(Airbnb, Inc.)와 같은 숙박 공유 서비스 플랫폼으로 전환되고 있다.

역사는 기술 혁신의 전환과 함께 이어져 왔다. 4차 산업혁명에 이르기까지 각 단계마다 문명이 바뀌고 세계관이 확장되었다. 디지털화된 지구, 메타버스에 사는 사람들은 이미 무인주차장, 카드 결제, 교통카드, 아파트 자동 출입인식 장치에 익숙하다. 식당의 음식 배달 로봇,

무인마트에도 쉽게 적응한다. 이렇게 메타버스는 지구촌 직업의 모든 부분을 바꿔놓을 것이다. 초점은 고객에게 편리성을, 업체에는 효율성을 제공하는 데 있다.

그렇다면 전통적 구조를 가진 교회는 어떻게 디지털 혁신을 이룰 것인가? 교회의 구조는 어떻게 바뀔 것인가? 선교는 어떤 패러다임으로 전환될 것인가? 무엇보다 하나님이 원하시는 바는 무엇인가? 이것이 우리가 씨름해야 할 질문이다.

지금 당장 실천할 일

내가 가지고 있는 자료를 디지털화해 보자. 그러면 자료를 영구 보관할 수 있고, 편집, 재생산, 복사, 확산이 가능해져서 활용성이 극대화된다.

- √ 일기나 영성일지를 컴퓨터나 스마트폰에서 기록하자.
- √ 종이노트보다는 컴퓨터나 스마트폰의 문서 프로그램을 사용하자.
- √ 매주 설교나 기도문, 교회 자료를 디지털 문서로 작성하자.
- √ 강의나 교육도 칠판보다는 피피티(ppt)와 같은 디지털 도구를 사용하자.
- √ 그 밖에 자신의 환경을 디지털화할 수 있는 다양한 방법을 생각해 보자.

2) 초연결

디지털 트랜스포메이션과 함께 메타버스를 구성하는 중요한 요소는 초연결이다. 우리의 일상 모든 것이 인터넷으로 연결되는 것이다. 초고속인터넷망과 파이브지(5G) 시스템 덕분에 어디서나 인터넷 접속이 쉽고 강력해졌다.[11] 좋은 기술은 일상의 삶 속에 자연스럽게 녹아들어서 일상과 구분되지 않는다. 인터넷의 연결이 그렇다. 거의 모든 것이 연결되어 있지만, 우리는 연결된 것을 느끼지 못한다. 특히 코로나19 때문에 물리적 접촉이 불가능해지면서 메타버스에서의 접촉이 폭발적으로 증가했다. 비대면 수업, 재택근무, 화상 국제회의, 비대면 예배와 같은 일이 낯설었지만 이제는 우리의 일상처럼 자연스러워졌다.

데이비드 스티븐슨(David Stephenson)은 『초연결』에서 '사물인터넷'(Internet of Things, IoT)으로 연결되는 세상을 설명한다. 이러한 시대에 기업과 단체는 전혀 새로운 존재 형태를 갖게 된다.[12] IoT 기술은 세상의 모든 것을 디지털화하고 연결한다. 그 결과 형성된 빅데이터는 인공지능이 분석하고 가공해서 고객에게 제공되는 서비스 상품이 된다.

사물인터넷이 더욱 진화하고 정교해지면 '만물인터넷'(internet of everything)이 된다.[13] 만물인터넷은 물리적 세계의 사람, 기업, 기관, 장소, 공간, 사물, 상상의 세계 등 모든 것을 디지털화하고 연결해서, 새로운 통합 현실인 메타버스를 만든다. 이제 세상의 모든 것은 메타버스에서 상호 연결되고, 상호 작용하며, 메타버스만의 규칙과 가치, 그리고 세계관을 형성한다. 즉 메타버스 문화가 생겨나는 것이다.

전통적으로 기업들이 무언가를 생산하기 위해서는 토지, 시설, 자본, 노동력 등이 필요했다. 이 요소들은 막대한 자본과 생산설비, 생산시간, 배송시간, 판매공간, 인력을 요구했다. 그러나 초연결 시대에는 전

---

11 이준호·박지웅, 『5G와 AI가 만들 새로운 세상』 (서울: 갈라북스, 2019); 5G사업전략실, 『미래를 사는 기술 5G 시대가 온다』 (서울: 콘텐츠하다, 2017).
12 데이비드 스티븐슨, 김정아 옮김, 『초연결: 구글, 아마존, 애플, 테슬라가 그리는 10년 후 미래』 (서울: 다산북스, 2019).
13 르네·메이프스, 『공간 웹』.

혀 새로운 경제 패러다임이 펼쳐진다. 생산과 판매를 위한 위의 요소들이 거의 필요치 않게 된다. 처리속도도 무한대로 빨라지고, 지리적 제한도 사라진다. 그 결과 기업의 이익은 엄청나게 커진다. 초연결이 심화될수록 이런 현상은 더욱 가속화할 것이다.

이제 기업들은 초연결 시대에 맞는 사고방식과 태도를 갖추기 시작했다. 끊임없이 공유하고 연결하려는 태도이다. 전통적 기업이나 단체는 수직적 계층구조와 선형적 공정 프로세스에 근거해 있었다. 그러나 초연결 시대에는 모든 조직원이 실시간으로 정보를 공유하고 설계, 제조, 유통, 판매를 연결하는 순환기업으로 전환하고 있다.

세상 문화와 사고방식도 바뀐다. 강원대인문과학연구소는 『초연결시대 인간-미디어-문화』에서 초연결 상황의 본질과 구조에 대해 인문학적 연구를 시도하였다.[14] 초점은 전통적인 인간/동물, 인간/기계, 정신/신체의 이분법적인 구분을 넘어서는 데 있었다. 초연결 시대에는 실재/가상, 유기물/인공물, 인간/인공지능 사이에 경계가 사라지고 있다. 그러므로 총체적이고 융합적인 접근은 우리 모두에게 절실한 과제가 되고 있다.[15]

하지만 이런 초연결 사회가 가진 문제점도 무수히 많다. 노리나 허츠(Noreena Hertz)는 『고립의 시대: 초연결 세계에 격리된 우리들』에서 초연결 시대를 "외로운 세기"라고 정의한다.[16] 모든 것이 인공지능으로 연결되어 움직이는 거대한 시스템 안에서 인간은 극도의 고립과 무력감을 경험한다는 것이다. 특히 아이티(IT) 강국인 대한민국의 온택트

---

14 곽영빈·신정원·유영성·이민용·이상범, 『초연결시대 인간-미디어-문화』(서울: 앨피, 2021).
15 미래정치연구소, 『스마트 거버넌스: 초연결 지능정보사회의 온라인 공론장과 거버넌스』(서울: 푸른길, 2021); 남의현·노철환·이재준·정성미·최병욱, 『초연결시대 이질성 문화 양상』(서울: 앨피, 2021).
16 노리나 허츠, 홍정인 옮김, 『고립의 시대: 초연결 세계에 격리된 우리들』(서울: 웅진지식하우스, 2021).

기술은 오히려 사람들을 고립으로 몰고갈 수 있다. 이는 급속히 고령화 사회로 들어가는 우리 사회가 함께 풀어가야 할 숙제이다.

초연결 시대에는 강점도 있고, 적응해야 할 과제도 있고, 해결해야 할 문제도 있다. 이것은 교회에게 주어진 또 하나의 사명이다. 초연결 시대에 교회가 감당해야 할 과제는 다음과 같다.

- 초연결의 강점으로 지구촌 땅끝까지 선교해야 한다.
- 그것을 위해서는 교회의 패러다임을 전환해야 한다.
- 그리고 초연결 시대에 고립된 사람들을 하나님 나라의 공동체로 연결시켜 주어야 한다.

지금 당장 실천할 일

초연결 시대의 도구들을 살펴보고 자신에 맞는 도구부터 사용해 보자. 특히 소셜네트워크 서비스와 업무 관련 서비스를 사용해 보자.

√ 페이스북, 블로그, 인스타그램, 유튜브와 같은 도구를 사용해서 세상과 연결하고 소통해 보자.
√ 줌, 웹엑스, 구글 미트, MS 팀즈 등 온라인 화상회의 프로그램을 통해 세상과 긴밀하게 연결해 보자.
√ MS 팀즈, 페이스북 워크플레이스, 노션, 테릴로, 드롭박스 페이퍼와 같은 협업 툴도 사용해 보자.

3) 클라우드

클라우드 컴퓨팅은 인터넷의 가상화된 서버에 프로그램이나 데이터를 두고, 컴퓨터나 스마트폰 등 다양한 단말기로 접속해서, 다양한 목적에 따라 사용하도록 돕는 서비스이다. 컴퓨팅 작업에 필요한 CPU, 메모리, 프로그램, 디스크 등 모든 것은 클라우드(Cloud), 즉 구름 위에 있는 것처럼 인터넷에서 작동한다. 사용자는 그것을 내 컴퓨터에 장착해 놓은 것처럼 사용하기만 하면 된다. 서버를 운영하거나, 소프트웨어를 구입하거나, 데이터를 관리하거나, 바이러스 차단을 위한 방화벽을 설치할 필요가 없다.

이 클라우드 서비스는 구글드라이브와 같이 데이터 저장 서비스에 한정되지 않는다. 그 안에는 인공지능, IoT, 블록체인, 안면인식 기술 등 메타버스의 핵심 기술이 연동되어 지원되고 있다. 클라우드 안에 모아진 빅데이터는 인공신경망, 딥러닝 등 인공지능 기술과 융합되어 더 강력한 서비스를 생산한다. 그 결과 빅데이터 분석 기능, 텍스트/음성/그래픽의 상호 변환 기능, 인공지능 음성 기능, 통역/번역 같은 다국어 지원 기능, 3D 공간매핑 기술, 사물인터넷, 블록체인, 자율주행 등 상상하는 거의 모든 것이 실현 가능하다.[17] 소비자는 인터넷만 연결하면 위의 기능을 어디서나 사용할 수 있다. 개인적으로 데이터센터를 갖고 있지 않아도, IT 기술을 개발하지 않아도, 시스템과 기술을 몰라도 원하는 것을 사용할 수 있다. 특히 스마트폰과 같은 모바일 단말기와 무선인터넷망은 지구촌 전체를 모바일하게 바꾸고 있다.

코로나19의 언택트 상황은 재택근무, 온라인 수업과 같은 온택트 문화를 가져왔고 클라우드의 사용을 폭발적으로 증가시켰다. 구글클래

---

17 윤혜식, 『클라우드: 새로운 기술 생태계의 탄생』 (서울: 미디어샘, 2022), 24~27.

스룸, MS오피스365, 구글워크스페이스, 줌, 게더타운 등은 그 몇 가지 예이다. 기업들은 디지털 트랜스포메이션을 통한 기업경영의 디지털화에 박차를 가하고 있다. 그런데 이들 기업들도 자체 데이터센터를 유지하기보다는 클라우드를 사용한다. 이 과정에서 구독료를 내고 필요한 서비스를 사용하는 '구독경제'(subscription economy)가 활성화하였다.

클라우드 컴퓨팅은 교회에 주는 이점이 많다. 그중에 몇 가지는 다음과 같다.

- 교회의 정보를 디지털화하고 클라우드로 이동하는 것만으로도 교회는 훨씬 더 모바일해질 수 있다.
- 교회 내부만이 아니라 교회끼리의 협업도 쉬워진다.
- 세상 기관/단체와의 협업도 수월해진다.
- 협업의 스케일이 전 지구적일 수 있다.
- 이 시스템을 준비하는 데 소액의 구독료 외에는 비용이 거의 들지 않는다.

지금 당장 실천할 일

자신의 디지털 자료를 클라우드에 저장해 보자. 그러면 컴퓨터를 가지고 다니지 않아도 세계 어디에서나 나의 자료를 사용할 수 있다.

√ 구글 캘린더와 구글 주소록을 사용하자. 그러면 매번 달력과 주소록을 옮겨 쓰는 일이 없게 된다. 또한 세계 어디에서나 아이디와 비밀번

> 호만 있으면 어떤 단말기에서도 데이터에 접속할 수 있다.
> √ 구글드라이브, 원드라이브, 드롭박스와 같은 클라우드 저장장치를 활용하자. 이 또한 위의 효과를 누릴 수 있다.
> √ 위의 클라우드 저장장치에서 자료를 공유하고 협업을 하자.
> √ 자신의 자료를 페이스북, 블로그, 인스타그램, 유튜브와 같은 클라우드에 저장하자. 클라우드의 장점인 저장, 활용, 공유, 협력이 일어나게 될 것이다.

4) 인공지능(AI)

인공지능은 인간의 지능이 수행하는 학습, 문제해결, 패턴 인식과 같은 인지 문제를 해결하려는 컴퓨터공학의 한 분야이다. 초연결과 클라우드를 통해 형성된 빅데이터는 인공지능을 통해 가치 있는 정보로 바뀐다. 김태헌과 이벌찬은 『AI 소사이어티: 스마트 인류가 사는 세상』에서 인공지능이 만들어갈 새로운 세상에 대해 이야기한다.[18] 그들에 따르면, 인공지능은 '범용기술'(General Purpose Technology, GPT)이다. 범용기술이란 어디에나 쓰일 수 있고, 일단 적용되면 혁신적 변화를 가져오는 기술을 일컫는다. 1차 산업혁명의 증기기관, 2차 산업혁명의 전기와 내연기관, 3차 산업혁명의 디지털기술과 같은 것이 그 예이다.

같은 맥락에서 4차 산업혁명을 대표하는 범용기술은 인공지능이다. 4차 산업혁명의 다른 기술들이 특별한 때에만 사용되는 향신료라면, 인공지능은 어느 음식에나 필요한 소금과 같다. 그래서 인공지능은 사

---

18   김태헌·이벌찬, 『AI 소사이어티: 스마트 인류가 사는 세상』 (서울: 미래의창, 2022).

회의 모든 영역에 영향을 준다. 인공지능은 공기처럼 그 존재를 느끼지 못한다. 하지만 제품의 성능이나 서비스의 품질을 혁신적으로 향상시킨다.

3차 산업혁명 시대인 정보사회에서는 (1) 인간과 기계의 연결이 제한적이었고, (2) 기계를 단순히 도구로 사용했으며, (3) 가상공간과 물리적 세계의 구분이 가능했다. 그러나 4차 산업혁명 AI 소사이어티에서는 인공지능을 매개로 (1) 인간과 모든 것이 연결되고, (2) 인간과 기계가 협업을 하며, (3) 물리적 세계와의 구분이 어려울 정도가 되었다. 결과적으로 AI 소사이어티는 인공지능 덕분에 기계와 인간이 한 몸처럼 가까워진 사회를 만들고 있다.

스마트폰의 다양한 앱, 음성인식 비서 '시리', 로봇청소기, T맵, 구글 번역기, 유튜브의 랜덤재생 등 인공지능은 우리 삶에 깊은 영향을 미치고 있다. 이때 우리의 삶은 다음과 같은 상황에 놓이게 된다.

- 끊임없이 무언가와 연결되고 있다.
- 나에게 필요한 정보가 알아서 제공된다.
- 그 정보에 따라서 결정하는 일이 늘어난다.

이것은 우연히 일어나는 것이 아니다. 우리가 이러한 현상을 경험하는 것이 의미하는 것은 다음과 같다.

- 인공지능이 가장 가까운 곳에서 나의 정보를 수집하고 있다.
- 인공지능은 그 정보에 따라 나에게 맞춤형 상품과 서비스를 제공한다.
- 나는 그 정보를 믿고 의지한다.

그렇다면 인공지능의 능력은 어디까지일까? 김태헌과 이벌찬은 그 능력을 다음과 같이 정리한다.[19]

- **예지력**: 미래를 예측하는 능력
- **여과력**: 정보를 필터링해서 추천하는 능력
- **인지력**: 인간처럼 인지할 수 있는 능력
- **이해력**: 인간의 언어를 이해하는 능력
- **창조력**: 인간처럼 창조할 수 있는 능력

그 결과 인공지능이 만드는 AI 소사이어티는 다음과 같은 특징을 갖게 된다.[20]

- **연결(wire)**: 인간, 사물, 동물, 사회 등 모든 것이 데이터로 변환되어서 밀접하게 연결된다.
- **협업(with)**: 인간, 기계, 가상인간이 공존하면서 일을 분담하고 협력하는 사회가 된다.
- **확장(widen)**: 메타버스가 또 하나의 삶의 터전이 되고 세상을 무한히 확장한다.

이러한 사회에서 기능하기 위해서는 인공지능 리터러시를 갖춰야 한다. 인공지능 리터러시는 데이터 활용능력이나 컴퓨팅 사고능력을 갖추는 것에서 끝나지 않는다. 인공지능 리터러시를 갖추기 위해서는 오

---

19 김태헌·이벌찬, 『AI 소사이어티』, 124~200.
20 김태헌·이벌찬, 『AI 소사이어티』, 81~119.

히려 다음과 같은 능력이 중요하다.

- 인공지능과 협업하며 시너지를 낼 수 있는 창의력
- 다양한 것을 수용할 수 있는 포용력
- 다른 사람들과 네트워킹할 수 있는 공감력

여기에 인간만이 가질 수 있는 인문학적·신학적인 관점을 더할 수 있다면 AI 소사이어티를 인간이 살 만한 세상으로 만들어갈 수 있을 것이다. 여기에 교회의 역할이 중요하다. 교회는 적극적으로 AI 소사이어티 안으로 들어가야 한다. 그리고 그곳에 하나님 나라가 확장되도록 노력해야 한다. 그것이 세상을 살리는 길이다.

> **지금 당장 실천할 일**
>
> √ 내 삶에서 인공지능의 영향을 받고 있는 분야를 찾아본다.
> √ 인공지능의 영향 중에서 인류 사회에 도움이 될 부분은 적극적으로 지원하고, 해가 될 부분은 수정하도록 하는 운동을 벌인다.
> √ 긍정적인 분야는 자신의 삶, 목회, 선교에 적극적으로 활용한다.

5) 플랫폼

플랫폼은 본래 '플랫'(flat, 평평한)과 '폼'(form, 형태)의 합성어로 '사람들이 기차를 타고 내릴 수 있도록 평평하게 만든 장소'를 의미했다. 나중에 의미가 확장되면서 '무엇인가를 할 수 있는 기초나 토대'를 플랫폼이라고 부르게 되었다. 이때 플랫폼은 가능한 많은 기능을 담을 수 있는 기초, 토대, 공간을 말한다.[21]

소프트웨어 분야에서의 플랫폼으로는 윈도우즈, 안드로이드, 아이오에스(iOS)와 같은 것이 있다. 이때 플랫폼은 다양한 기능을 탑재할 수 있는 발판, 즉 공동의 실행환경을 지칭한다. 위의 세 운영체계 플랫폼에 프로그램 개발자들이 몰리고 사용자들이 몰리게 되면, 그들만의 생태계가 형성된다.[22] 제품도 플랫폼이 된다. 스마트폰 플랫폼이 그 예이다. 스마트폰이 생겨나면서 다양한 어플이 개발되었고, 스마트폰을 겨냥한 다양한 비즈니스 모델이 개발되었다. 2007년 아이폰이 출시된 이후 10년이 조금 넘은 현재, 세상의 모든 것이 스마트폰 안으로 들어와 거대한 생태계를 형성하게 되었다.

이러한 플랫폼이 비즈니스가 된다는 것을 깨달은 기업들은 플랫폼 비즈니스로 이동했다.[23] 이것을 이해하기 위해 다시 기차역(플랫폼)으로 돌아가 보자. 기차역이 생기고 사람들이 몰려들면 필요에 따라 식당, 카페, 편의점, 백화점, 영화관 등 수많은 시설이 들어선다. 기차와 사람들을 연결해 주려고 시작한 플랫폼이 다양한 비즈니스 모델을 만들고, 문화를 만들고, 삶을 바꾸게 된다.[24] 이처럼 플랫폼 비즈니스는 다양한 사업자들이 함께 참여할 수 있는 공간을 말한다. 이는 하나의 장(場)과 같다. 예전에 한국에는 오일장(五日場)이 열렸다. 장이 열리면 사람들은 자신이 만든 각종 상품을 가지고 이곳으로 몰려온다. 물건을

---

21 노규성, 『플랫폼이란 무엇인가』 (서울: 커뮤니케이션북스, 2014).
22 필 사이먼, 장현희 옮김, 『플랫폼의 시대: 아마존, 애플, 페이스북, 그리고 구글은 비즈니스를 어떻게 발전시켰나』 (서울: 제이펍, 2013).
23 마이클 A. 쿠수마노·데이비드 요피·애너벨 가우어, 오수원 옮김, 『플랫폼 비즈니스의 모든 것: 디지털 뉴노멀 시대를 지배하는』 (서울: 부키, 2021).
24 윤상진, 『플랫폼이란 무엇인가? 구글처럼 개방하고 페이스북처럼 공유하라』 (서울: 한빛비즈, 2012).

사기 위한 사람들도 몰려들면 큰 장이 펼쳐진다. 세월이 흐르면서 오일장은 전통시장으로, 백화점으로, 대형마트로, 온라인쇼핑몰로 변천했다. 이러한 전환이 발생하는 요인은 다음과 같다.

- 새로운 플랫폼[場]이 더 많은 기업을 참여시킬 수 있다.
- 그 플랫폼이 더 많은 소비자를 모을 수 있다.

플랫폼 비즈니스는 다양한 사업자와 소비자가 참여할 수 있는 공간을 제공함으로써 수익을 추구하는 비즈니스이다. 그리고 플랫폼 비즈니스는 모두에게 새로운 가치와 혜택을 제공하는 상생의 생태계를 추구한다.[25] 이러한 관점에서 교회는 하나의 플랫폼이다. 그리고 적극적으로 플랫폼의 기능을 해야 한다. 교회가 강조해야 할 플랫폼의 초점은 다음과 같다.

- 하나님이 세상을 만나는 플랫폼
- 세상을 하나님과 연결하는 플랫폼
- 그 안에서 사람과 세상이 하나로 연결되는 플랫폼

그렇다면 교회라는 플랫폼에서는 위의 목적에 맞는 모든 것이 가능하다. 다양한 사역, 사업, 활동, 운동이 하나님 나라의 생태계를 이루는 열린 플랫폼으로서의 교회를 기대한다.

---

[25] 이성열·양주성, 『플랫폼 비즈니스의 미래: 디지털 플랫폼 전쟁에서 어떻게 승리할 것인가』 (서울: 리더스북, 2021); 스콧 갤러웨이, 이경식 옮김, 『플랫폼 제국의 미래: 구글, 아마존, 페이스북, 애플 그리고 새로운 승자』 (서울: 비즈니스북스, 2018); 마셜 밴 앨스타인·상지트 폴 초더리·제프리 파커, 이현경 옮김, 『플랫폼 레볼루션: 4차 산업혁명 시대를 지배할 플랫폼 비즈니스의 모든 것』 (서울: 부키, 2017).

> **지금 당장 실천할 일**
>
> √ 플랫폼 사역을 위해서 페이스북, 블로그, 인스타그램, 유튜브와 같은 소셜네트워크 플랫폼을 적극적으로 활용하자.
> √ 이 플랫폼 위에 교회, 자신의 삶과 사역, 비즈니스를 구축해 보자.
> √ 장기적으로는 교회나 자신만의 플랫폼을 개발해 보자.

6) 모바일

스마트폰으로 대표되는 모바일 기기는 지구촌 전체를 '움직이는 세상'으로 바꾸고 있다. 이전에는 컴퓨터가 있는 곳에서만 인터넷 접속이 가능했다. 그러나 이제는 이동하면서 메타버스와 연결하는 사회가 되었다. 최재붕은 『포노 사피엔스』에서 스마트폰이 탄생시킨 신인류에 대해 이야기한다.[26] 스마트폰은 '손 안의 세상'을 가능하게 만들었다. 사람들은 스마트폰으로 세상의 모든 것과 연결하면서 '노마드 웹'(nomad web)을 즐긴다. 증강현실과 같은 다양한 기술은 모바일을 더욱 강력하게 만든다. 이제 포노 사피엔스는 지구촌의 문화, 경제, 사회, 정치를 바꿔가고 있다.

이러한 상황에서 기업들은 포노 사피엔스에 맞춰 기업을 재편하고 있다. 기업의 생존을 위해서는 포노 사피엔스 문명을 이해하는 것이 필수가 되었다. 이는 기업뿐만 아니라 모든 기관과 단체에게도 적용된다. 이제 사람들은 모바일로 소통하고 쇼핑한다. 스마트폰으로 다양한 정보를 생산하고 유통하며 소비한다. 정치와 사회운동의 여론을 만

---

26 최재붕, 『포노 사피엔스: 스마트폰이 낳은 신인류』 (서울: 쌤앤파커스, 2019).

들고 세상을 바꿔간다. 모바일은 새로운 참여문화와 공유문화를 만들고 있다.

이러한 모바일은 '디지털 노마드'(digital nomad)를 탄생시켰다.[27] 도유진은 『원하는 곳에서 일하고 살아갈 자유, 디지털 노마드』에서 스마트폰과 노트북으로 장착한 밀레니얼 세대가 추구하는 가치와 일하는 방식을 조사했다.[28] 70여 개 국의 디지털 노마드들을 심층 인터뷰했는데, 그들은 원격근무를 하며 자유롭게 살기를 원하고 있었다. 메타버스 시대에는 이러한 직업을 원하는 사람들이 훨씬 더 증가할 것이다.

이러한 시대에 기업도 다양한 근무 형태를 적용하기 시작했다. 스스로 출근하는 방식을 정하도록 하거나, 거점 오피스를 통해 스마트워크를 실현하는 기업도 생겨났다. 재택근무를 활성화하는 기업도 있고, 사무실을 없애고 가상공간으로 출근하는 기업도 생겼다. 특히 '리모트 워크'(remote work)는 직원들의 워라밸 수준을 향상시키고 업무 몰입도를 높일 수 있다.[29] 기업으로서는 운영비용을 절감할 수 있으며, 멀리 있는 사람도 채용할 수 있어서 능력 중심, 역량 중심의 채용을 가능하게 한다. 이는 구직자와 채용자 모두에게 선택의 폭이 넓어진다는 것을 의미한다. 물리적 한계가 사라지면 사람들은 여러 기업의 여러 프로젝트에 동시적으로 참여가 가능하다. 기업의 입장에서도 직원을 항상 유지할 필요가 없고 업무효율도 높일 수 있다.

이러한 변화는 '긱 경제'(gig economy)를 가속화한다.[30] 긱 경제는 '긱

---

[27] 이은지·황고운, 『오늘부터 뉴욕으로 퇴근합니다: 놀면서 일하는 디지털 노마드의 모든 것』(서울: 청림출판, 2021); 김영기, 『네오 노마드』(서울: NDS, 2019); 국수미, 『나는 직장에서 디지털 노마드로 일한다』(서울: 라온북, 2018); 박영훈·권광현, 『디지털 노마드: 직장 없이 자유롭게 돈 버는 사람들』(서울: 라온북, 2017); 조창완, 『노마드 라이프: 당신의 삶을 바꾸는 인생 지침서』(서울: 상상출판, 2017).

[28] 도유진, 『원하는 곳에서 일하고 살아갈 자유, 디지털 노마드』(서울: 남해의봄날, 2017).

[29] 로히트 바르가바, 함현주 옮김, 『뻔하지 않고 실용적인 원격근무 안내서』(서울: 김영사, 2021); 강민정, 『리모트 워크: 언택트 시대 어떻게 일해야 하는가?』(서울: 북샵, 2020).

[30] 제이미 우드코크·마크 그레이엄, 이재열·박경환 옮김, 『긱경제 플랫폼 노동의 지리학』(서울: 전남대학교 출

워커'(gig worker), 즉 임시직 노동자 중심의 경제를 말한다. '인디펜던트 워커'(independent worker)나 '프리 워커'(free worker)라는 말도 사용한다.[31] 1인 기업, 1인 연구소에 대한 인식도 보편화하고 있다.[32]

모바일 교육 또한 관심의 대상이다. 이미 메타버스 안에 자리잡은 '무크'(MOOC)나 온라인 대학은 새로운 변신을 꾀하고 있다. 특히 '미네르바스쿨'(Minerva School)은 캠퍼스 없이 이동하는 대학교로서 주목을 받고 있다.[33] 이러한 추세에 따르면 가까운 시일 내에 캠퍼스 없는 대학이 늘어날 것이다.

이렇게 메타버스가 진화할수록 모바일을 위한 더 강력한 도구들이 개발될 것이다. 스마트폰을 넘어서 다양한 웨어러블 도구들은 모바일 사회를 가속화할 것이다. 스마트폰이 세상을 바꾼 것을 생각한다면, 앞으로 생겨날 웨어러블 도구들이 가져올 변화의 크기를 쉽게 예상할 수 있다.

이제 교회는 이러한 모바일 세상을 준비해야 한다. 모바일 세상을 따라가지 못하는 교회는 빠르게 도태될 것이다. 이에 대해 배경락은 『성경 속 노마드』에서 진정한 그리스도인은 노마드라고 말한다. 그는 특히 베드로서를 검토하면서 성경 속 인물들은 노마드적인 삶을 살았다는 것을 강조한다.[34] 신성관도 『노마드 교회』에서 일상을 통해 하나님 나라의 삶을 사는 노마드 교회에 대해 말한다.[35] 성경 속 인물들이 노

판문화원, 2021); 새라 케슬러, 김고명 옮김, 『직장이 없는 시대가 온다: 경제적 자유인가, 아니면 불안한 미래인가』 (서울: 더퀘스트, 2019).

31 정혜윤·무과수·박지호·김겨울·차우진, 『인디펜던트 워커: 좋아하고, 잘하고, 의미 있는 나만의 일 만들기』 (서울: 스리체어스, 2021); 안동수, 『인디펜던트 워커의 시대: 코로나 이후 일의 변화』 (서울: 시원북스, 2020).
32 이치엔 가쓰히코, 박재영 옮김, 『1인 기업을 한다는 것: 시간 자유롭고, 고정비 부담 없고, 직원과의 갈등 없이 돈 버는 삶』 (서울: 센시오, 2020).
33 벤 넬슨·스테판 M. 코슬린, 김필성·강현석 옮김, 『미네르바의 탄생, 교육의 미래: 대학 혁신의 날개를 휘젓다』 (서울: 공감플러스, 2021).
34 배경락, 『성경 속 노마드: 이야기 나그네신학, 베드로서-희망의 가르침』 (서울: 샘솟는기쁨, 2019).
35 신성관, 『노마드 교회』 (서울: 새물결플러스, 2018).

마드적인 삶을 살았다는 것과 노마드 교회를 향한 제안은 우리의 교회와 그리스도인의 삶을 돌아보게 한다.

> **지금 당장 실천할 일**
>
> √ 나는 모바일 세상에 적응하고 있는지 점검해 보자.
> √ 스마트폰과 같은 모바일 도구를 자신의 삶과 사역, 비즈니스에 적극적으로 활용하자.
> √ 노마드 교회의 관점에서 현재 자신의 교회를 점검해 보자.
> √ 교회가 모바일 할 수 있는 방법을 논의하고 실천하자.

3. 메타버스의 종류

지금까지 우리는 메타버스가 가능하도록 하는 주요 요소들을 살펴보았다. 그렇다면 우리는 메타버스와 어떻게 관계하며 살고 있을까? 우리 삶의 어떤 영역이 메타버스와 만나고 있을까? 이 질문에 답하기 위해서는 우리 삶과 관계하는 메타버스의 종류를 살펴보아야 한다. 김상균은 기술 연구 단체인 ASF(Acceleration Studies Foundation)의 분류에 따라 메타버스 세계를 네 종류로 소개한다.[36]

---

36   김상균, 『메타버스』, 23.

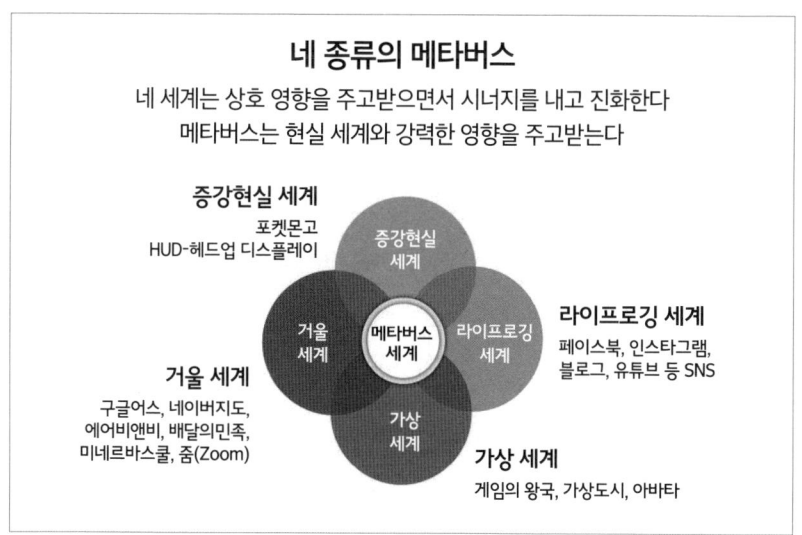

[그림 3]

1) 증강현실 세계

첫째는 '증강현실 세계'(Augmented Reality Worlds)이다. 증강현실은 물리적 세계 위에 가상의 형태가 보이도록 하는 기술에서 시작되었다. 얼마 전 화제가 되었던, 스마트폰으로 포켓몬을 수집하던 포켓몬고가 대표적인 예이다. 스크린 골프장도 좋은 예가 되는데, 골프공을 치는 것은 물리적 세계이고 공이 스크린에 맞는 순간부터 증강현실 세계가 작동된다. 넓은 의미에서 가상현실은 증강현실, 혼합현실, 확장현실 모두를 포괄하는 개념으로 사용된다. 그 각각의 의미는 다음과 같다.[37]

- **가상현실**(VR: Virtual Reality): 가상현실은 좁은 의미의 가상세계를 지칭할 때 사용한다. VR 헤드셋이나 HMD(Head Mounted Display)가 그 예이다. 3차

---

[37] 김규섭 외 다수, 『메타버스 교육백서 2권 메타버스 공간과 만나다(VR, AR, 코스페이시스 에듀 편)』 (서울: 지오북스, 2022).

원의 세계를 보다 폭넓게 구현하기 위해서 '3D 스캐닝'(3D Scanning)이나 '드론'(Drone)의 역할도 중요하다.

- **증강현실(AR: Augmented Reality)**: 증강현실은 위에서 언급한 포켓몬고나 스크린 골프와 같이 물리적 세계와 연동된다.
- **혼합현실(MR: Mixed Reality), 확장현실(XR: eXtended Reality)**: 혼합현실이나 확장현실은 위의 둘이 합쳐진 개념이다.

이러한 가상현실 또는 증강현실의 경험은 우리가 사는 세상과 다른 또 하나의 세상이 존재하는 것 같은 실재감을 준다. 이러한 경험은 사람들에게 신기함, 놀라움, 판타지와 같은 감정을 갖게 함으로써 삶에 활력을 준다. 예능 프로그램의 자막, 이모티콘, 효과음도 그 예가 된다. 그 결과 우리들 주위에는 자막 없는 영상이 사라지고 있다. 앞으로는 자신의 방에서 실내자전거를 타면서 다른 곳에 있는 친구와 제주도를 배경으로 자전거 경주를 할 수 있게 된다. 또한 내 방에서 기타를 들고, 다른 곳에 있는 친구들과 밴드를 결성해 연주를 할 수도 있다.

증강현실이 산업과 삶에 적용되면 편리함과 효율성을 제공하게 된다. 자동차 운전석 앞 유리창에 길 안내 이미지를 제공하는 HUD(Head Up Display)나 모의 항공조종 훈련이 그 예이다. 교실에서는 디지털 교과서가 학습의 패러다임을 바꿀 것이다. 이러한 증강현실 기술이 공장과 비즈니스 현장에 적용되면 스마트 팩토리, 스마트 사무실이 가능해진다. 가정과 개인의 삶에 적용되면 스마트 가정과 다양한 레저공간이 만들어진다. 현재는 이메일, 대화방, 화상통화 등에 머물러 있지만, 오감을 재현하게 되면 더욱 풍부한 인터페이스가 가능해진다. 그 결과 시공간을 넘어서 새로운 차원의 상호 작용과 교류가 활성화할 것이다.

증강현실 기술은 사람들에게 판타지와 오락적 만족을 주거나, 효과적인 정보를 제공하면서 효율성을 극대화한다. 또한 생각만으로 기기를 조작하게 되면 전신마비 환자가 자전거를 타고 다른 사람들과 사이클을 즐길 수도 있다. 사별한 가족이나 친구를 눈앞에 구현하는 만남도 가능하다. 자신의 과거와도 만날 수 있다. 이는 마음의 상처를 입은 사람들을 치료하는 데 큰 도움이 된다.[38] 이렇듯 증강현실 기술을 통한 오감의 재현은 사람들 사이의 공감, 신뢰, 공동체의 재현으로 이어진다. 그러나 반대로 오용되면 사람들의 감정과 생각을 조종함으로써 그들의 능동적인 상상력을 차단할 수도 있다.[39]

지금의 메타버스 기술은 물리적 만남보다는 부족한 면이 많아 보인다. 그러나 기술은 빠르게 진화할 것이다. 그리고 오감의 재현이 더욱 정교해질수록 메타버스에서의 다양한 만남이 가능해질 것이다. 이러한 세상의 변화를 따라가기 위해서는 지금의 기술을 이해하고 익히는 것이 중요하다. 그래야 다음의 기술도 따라갈 수 있기 때문이다. 지금 교회가 이 영역에 관심해야 하는 이유이다.

> **지금 당장 실천할 일**
>
> √ 증강현실 세계의 현 상황과 기술적 발전에 관심을 갖자.
> √ 현재 상용화된 부분을 알아보고 실제로 경험해 보자.

---

[38] 에린 팡길리넌·스티브 루카스·바산스 모한, 김서경·고은혜 옮김, 『증강 현실·가상 현실과 공간 컴퓨팅 차세대 공간 컴퓨팅의 이론과 예제』 (서울: 에이콘출판사, 2020).
[39] 김상균, 『메타버스』, part 2.

2) 라이프로깅 세계

둘째는 '라이프로깅 세계'(Lifelogging Worlds)이다. 라이프로깅은 개인의 삶의 경험과 정보를 인터넷 상에 기록하고 공유하는 활동을 말한다. 우리가 사용하는 소셜미디어인 블로그, 페이스북, 트위터, 인스타그램, 카카오스토리 등이 라이프로깅 메타버스에 해당한다. 개인적인 기록 기기로는 애플워치, 삼성헬스, 나이키플러스 같은 것이 있다.

물리적 세계에서 사람들은 노트에 일기를 쓰고, 시와 수필을 썼다. 이 글들을 가까운 친구들과 공유하고, 주위 사람들의 평이 좋으면 책으로도 출판했다. 멀리 떨어져 있는 사람들과는 편지로 소식을 전했다. 카메라가 있는 사람들은 사진을 찍고 앨범에 진열하면서 추억을 간직했고, 이 또한 친구들에게 보여주면서 삶을 공유했다. 캠코더가 있는 사람들은 영상을 촬영하고 비디오테이프로 보관하며 친구들과 공유했다. 이제 노트에 쓰던 글은 블로그로, 사진은 인스타그램으로, 영상은 유튜브로 옮겨갔다. 메타버스 기술은 시공을 초월하기 때문에 지구촌 반대편의 사람들과도 삶의 이야기를 나눌 수 있게 되었다. 또한 라이프로깅 플랫폼의 실시간 기능은 거울세계 플랫폼과 연결되도록 했다.

라이프로깅 플랫폼에서 사람들은 자신이 살아가는 다양한 모습을 텍스트, 이미지, 동영상과 같은 형태로 기록하고, 다른 사람들과 나눈다. 이때 사람들은 실재의 모습에서 부정적인 부분은 제하고, 긍정적인 부분은 확대해서 제공하는 경향이 있다. 이것이 지금의 라이프로깅 세계이다.

라이프로깅 세계에서 만나는 사람들은 인생의 동반자처럼 깊은 관계보다는 여행의 동반자같이 서로 다른 모습을 인정하고 상호 존중하는 관계로 살아간다. 삶을 살아가면서 이웃과 축하, 위로, 인정, 격려를 나눌 수 있다면 라이프로깅 세계는 삶을 윤택하게 한다. 반면에 라이프로깅 세계에는 부정적인 측면도 많다. '좋아요'를 연발하듯이 빠른 속도에 밀려 깊은 인간관계를 어렵게 하거나, 대중들의 평판에 자신의 인생을 맡기거나, 멀티 페르소나의 결과 다중인격의 성향을 나타내는 경우도 있다.[40]

라이프로깅 세계도 메타버스 기술이 발전하면 새로운 차원으로 진화할 것이다. 이미 페이스북은 기업 이름을 '메타'(Meta)로 바꾸고 이 사업에 뛰어들었다. 수많은 기업이 차세대 라이프로깅 플랫폼을 선점하기 위해 혈안이 되어 있다. 라이프로깅 세계는 증강현실 기술과 거울세계 기술, 그리고 가상세계 기술과 접목하여 더욱 실제와 같고 더 효과적인 서비스를 제공하게 될 것이다.

현재 교회가 메타버스에서 가장 많은 시간을 보내야 하는 영역이 라이프로깅 세계이다. 그곳에서 사람들을 만나고 교제할 수 있기 때문이다. '삶을 통한 전도'(life-style evangelism)가 실제로 일어날 수 있는 곳도 이 영역이다. 또한 많은 실제 사례들도 이 영역에서 이뤄졌다. 교회는 당장 라이프로깅 세계로 들어가야 한다.

*
라이프로깅 세계에서 전도하고 선교하자.

> **지금 당장 실천할 일**
>
> √ 페이스북, 블로그, 인스타그램, 유튜브 중에 자신에게 맞는 방법을 선택해서 라이프로깅 세계 사람들과 소통과 나눔의 삶을 시작하자.

---

40   김상균, 『메타버스』, part 3.

> ✓ 이를 위해 소셜미디어를 사용할 수 있는 능력도 준비하자.
> ✓ 자신의 기업이나 기관도 라이프로깅 세계에서 소통과 나눔의 근거를 마련하자.
> ✓ 교회가 라이프로깅 세계로 들어가도록 적극적으로 노력하자.

3) 거울 세계

셋째는 '거울 세계'(Mirror Worlds)이다. 거울 세계 메타버스는 물리적 세계를 메타버스에 복사한 것처럼 옮겨놓은 결과물을 일컫는다. 물리적 세계를 디지털로 구현하는 메타버스 유형으로 '디지털트윈'(Digital Twin)과 유사한 개념이다.[41] 사물인터넷과 만물인터넷도 중요한 기능을 한다.[42] 로봇과 테크닉의 합성어인 '로보틱스'(Robotics) 영역은 거울 세계를 물리적 세계와 연결한다.[43] 마이크로소프트, 구글, 줌 등 '원격 업무 플랫폼'(Remote Work Platform)도 증강현실 세계, 라이프로깅 세계, 가상현실 세계와 연결하며 빠르게 진화하고 있다.

물리적 세계에 살던 사람들에게 거울 세계는 전혀 새로운 경험이다. 그래서 코로나19가 야기한 언택트 상황이 몹시도 당황스러웠다. 그러나 언택트 상황이 계속되면서 세상은 빠르게 거울 세계로 이동했다. 그리고 사람들은 이 변화에 적응하기 시작했다. 이제 거울 세계에는 은행, 관공서, 기업, 학교, 식당, 카페 등 거의 모든 것이 이주해 있다. 오

---

41 남상엽, 강민구, 김낙일, 임익수, 서정욱, 『디지털 트윈 기술』(서울: 상학당, 2020).
42 이훈, 『사물인터넷과 생태계』(서울: 한티미디어, 2020); 서경환·최종철·권명규·장원규, 『사물인터넷 개론: 4차 산업혁명 시대와 초연결사회를 여는』(서울: 배움터, 2020).
43 한국메타버스연구원, 『메타버스 즐기는 자가 먼저다 제페토, 이프랜드, 게더타운 등 메타버스를 시작하는 이들을 위한 필독서』(서울: 미디어북, 2021), 110.

히려 거울 세계에 들어오지 않은 기관이 이상하게 보일 지경이다. 거울 세계로의 이동은 여러 가지 장점을 갖는다. 첫째, 메타버스로 복사되고 나면 시공간의 한계를 뛰어넘게 된다. 둘째, 기능적으로도 무한한 확장이 가능하다. 셋째, 증강현실 세계, 라이프로깅 세계, 가상 세계와 쉽게 연결해서 더욱 강력한 시너지를 낼 수 있다. 넷째, 향후 기술의 진보를 생각한다면 상상하는 많은 것들이 실현될 가능성이 크다.

거울 세계의 예 중의 하나가 '디지털 맵'(Digital Map) 플랫폼이다. 지도야말로 물리적 세계와 연결할 것들이 많기 때문이다. 대표적인 것은 '구글어스'(Google Earth)이다. 물리적 세계를 복사하듯이 메타버스에 옮겨놓은 지도 정보 위에 물리적 세계에서 구현할 수 없는 무한한 기능들이 장착되고 있다. 구글어스는 물리적 세계의 기관들이 갖고 있던 기능을 빨아들이며 빠르게 확장하고 있다. 이와 비슷한 플랫폼들로는 '어스2'(Earth 2), 마이크로소프트사의 '버추얼어스'(Virtual Earth) 등이 있다. 방 없는 호텔인 '에어비앤비'(Airbnb, Inc.)도 거울 세계의 예이다. 에어비앤비는 물리적 세계의 숙소의 위치와 정보를 거울 세계에 옮겨놓았다. 그 결과 숙소를 제공하는 사람들과 숙박객이 연결되고 시너지가 창출되었다. 지금은 여기에 다양한 정보와 서비스가 추가되면서 시너지를 내고 있다. 캠퍼스 없는 학교인 미네르바스쿨도 온라인 중심으로 대학을 운영함으로써 캠퍼스 중심의 대학보다 더 다양한 효과를 내고 있다.[44] 언택트 상황에서 모든 학교의 교실이 된 '구글클래스룸'(Google Classroom)이나 '줌'(Zoom)도 메타버스 거울 세계의 한 예이다.[45] 최근에는 많은 학교들이 '게더타운'(Gather Town)이

---

[44] 넬슨·코슬린, 『미네르바의 탄생, 교육의 미래 대학 혁신의 날개를 휘젓다』.
[45] 윤영규·이민정, 『구글 클래스룸 무작정 따라하기: 에듀테크 선도교사가 알려주는 Google Classroom 실전 메뉴얼』(서울: 길벗, 2021); 윤지영, 『상상하는 수업 구글클래스룸: 에드테크로 교육과정·수업·평가·기

나 자체 개발한 플랫폼을 통해 메타버스 수업을 시도하고 있다. 대학의 입학식이나 공연 등 다양한 활동도 눈길을 끈다. 순천향대학교가 '점프VR'의 메타버스 플랫폼으로 입학식을 진행했고, 성균관대학교가 메타버스 플랫폼인 '스페이셜'(Spatial)을 통해 전시회를 진행한 것은 대표적인 예이다.

문화공연 분야도 메타버스로 옮겨지면서 물리적 세계에서는 공연할 수 없는 영역으로까지 확대해 가고 있다. 미국의 힙합가수 트레비스 스콧(Travis Scott)은 슈팅게임 플랫폼인 '포트나이트'(Fortnite)에서 라이브 공연을 했는데 1,230만 명이 동시에 접속했다. 우리나라 가수 그룹 BTS도 포트나이트에서 〈다이너마이트〉 뮤직비디오를 공개했는데, 당시 콘서트로만 500억 원가량의 매출을 기록했다. 그룹 블랙핑크도 제페토에서 팬사인회를 열었고 5,000만 명가량이 이벤트에 참여했다. 카카오는 카카오톡이라는 소셜미디어로 시작했지만, 다양한 산업을 거울 세계로 빨아들이면서 급성장하고 있다. 이제 카카오는 기업들의 거대한 생태계를 만들고 있다.

*
거울 세계에 우리의 교회와 선교기관을 세우자.

이렇듯 메타버스의 거울 세계는 비즈니스, 교통, 유통, 교육, 문화 등 거의 모든 영역에서 혁신적인 변화를 만들고 있다.⁴⁶

메타버스 교회가 시작된다면 거울 세계가 그 근거가 될 것이다. 그곳에는 이미 거의 모든 기업과 기관이 들어가 있다. 그러므로 교회는 지금 당장 그 형태를 벤치마킹해야 한다. 그래야 거울 세계에서 효과적인 메타버스 교회를 시작할 수 있다.

록 일체화』 (서울: 기억, 2020); 홍영일, 『줌Zoom으로 강의하라!: 성공적인 찐 줌 수업 워크숍』 (서울: 성안당, 2021); 고정욱·김원배·정병길·정은상·정종영, 『줌 활용을 알려줌: 화상수업, 강연에 꼭 필요한』 (서울: 비전코리아, 2021).

46   김상균, 『메타버스』 part 4.

> **지금 당장 실천할 일**
>
> √ 자신의 삶, 활동, 비즈니스를 메타버스 거울 세계로 확장하자.
> √ 자신의 상황과 능력을 고려해서 블로그, 인스타그램, 유튜브 채널, 홈페이지, 홈페이지형 블로그, 페이스북 페이지 중 하나나 몇 개를 연결해서 사용하자.
> √ 교회 또한 위와 같은 방법으로 메타버스 거울 세계에 사역의 근거를 마련하자.

4) 가상 세계

넷째는 '가상 세계'(Virtual Worlds)이다. 가상 세계 메타버스는 물리적 세계에 존재하지 않는 공간, 시대, 환경, 등장인물 등을 설계하고, 그 속에서 아바타를 통해 살아가도록 하는 가상의 세계이다. 그 속에서 사람들은 탐험을 즐기고, 소통하며, 무엇인가를 성취해 감으로써 희열을 느낀다.[47] 물리적 세계에 익숙한 어른들에게 가상 세계는 게임의 세계로 치부되곤 했으나 가상 세계는 어른들에게도 이미 익숙한 세계였다. 유년 시절에 그들도 만화책을 탐닉하며 시간 가는 줄 몰랐다. 성장해서는 시와 소설을 읽으며 꿈을 꿨다. 그들이 즐기던 미술, 사진, 영화 또한 가상 세계라고 할 수 있다. 그들은 여행을 떠나 동화 속 같은 펜션에 묵으면서 자신의 꿈을 대신한다. 이 모든 것은 가상 세계이지만 이것이 필요 없다고 말하지 않는다. 가상 세계의 판타지야말로 삶의 의미와 꿈의 근원이기 때문이다.

---

47 김상균, 『메타버스』, part 5.

이제 젊은이들은 어른들이 즐기던 가상 세계의 삶을 메타버스에서 누리고 있다.[48] 만화책, 시, 소설, 영화, 그림과 비슷하지만 그 속에서 자신의 아바타가 주인공이 되어 이야기를 만들어가는 메타버스 게임 플랫폼이 그것이다. 메타버스와 연관해서 자주 언급되는 가상 세계 플랫폼 중에는 제페토(ZEPETO), 이프랜드(ifland), 게더타운(Gather town), 브이스토리(V-Story), 마인크래프트(Minecraft), 포트나이트(Fortnite), 로블록스(Roblox), 세컨드라이프(Second Life) 등이 있다.[49]

* 가상 세계에서 MZ세대를 만나자.

이러한 가상 세계 메타버스에는 상대적으로 젊은 사람들이 많다. 그래서 기성세대에게는 남의 이야기처럼 들릴 수 있지만 메타버스 가상 세계에서 자라난 세대가 앞으로 미래 사회의 주역이 되고 있다는 것을 기억하라. 이들이 가상 세계의 영역을 넘어서 거울 세계, 증강현실 세계, 라이프로깅 세계를 혁신적으로 바꾸는 시대가 바로 눈앞에 와 있다. 그때에 교회는 어떤 모습으로 존재할까? MZ세대가 담임목사와 장로가 되어 있는 시대에 교회는 어떻게 변해 있을까? 아니 그때에 교회는 존재하고 있기는 할까? 이것이 지금 교회가 변해야 하는 이유이다.

지금 당장 실천할 일

√ 교회학교는 메타버스와 연계하여 교육 패러다임을 바꾸자.

---

[48] 송은지, 『가상현실의 이해: 상상이 현실이 되는 메타버스로 가는 첫걸음』 (서울: 한빛아카데미, 2022).
[49] 주종민, 『한 권으로 끝내는 메타버스 크리에이터: 게더타운, 제페토, 이프랜드 사용법부터 크리에이터가 되는 방법까지』 (서울: 생능북스, 2022); 최재용·진성민, 『눈 떠보니 메타버스 마스터: 메타버스 플랫폼 이프랜드, 제페토, 게더타운 활용 가이드』 (서울: 광문각, 2021); 변문경·김병석·이정훈·박찬, 『메타버스 FOR 에듀테크: 게더타운, 제페토, 이프랜드, 가상현실 코스페이시스』 (서울: 다빈치books, 2021).

> √ 청년교회와 청장년교회도 메타버스 가상 세계를 체험할 수 있는 기
>   회를 마련하자.
> √ 메타버스 시대에 설립될 미래 교회를 준비하는 모임을 시작하자.

4. 메타버스 사피엔스

메타버스에는 어떤 사람들이 살까? 메타버스 사피엔스에 대한 관심은 곧 우리 자신에 대한 관심이다. 우리가 메타버스에 살아야 하기 때문이다. 우리는 어떤 존재일까? 우리는 어떻게 변해야 할까? 김대식은 『메타버스 사피엔스: 또 하나의 현실, 두 개의 삶, 디지털 대항해시대의 인류』에서 메타버스 사피엔스에 대해 여러 각도에서 설명한다.[50] 뇌 과학자인 그는 인류학과 과학을 연결하면서 인간에 대한 좋은 통찰력을 주고 있다. 그중에서 세 가지 관점에 집중해 보자.

첫째는 '뇌의 인식 방법'에 대한 것이다.[51] 뇌는 두개골 안에 있기 때문에 바깥 세상을 경험할 수 없다. 뇌가 할 수 있는 것은 오감을 통해 들어오는 정보를 기반으로 세상을 해석하는 것뿐이다. 그러므로 신체의 조건에 따라 많은 왜곡이 생긴다. 요약하자면 우리가 이해하는 세상은 각자의 뇌에 의해 해석되고 구성된 세상이다.

이러한 인식방법을 가진 사람들이 같은 환경과 역사를 경험하게 되

---

50 김대식, 『메타버스 사피엔스: 또 하나의 현실, 두 개의 삶, 디지털 대항해시대의 인류』 (서울: 동아시아, 2022).
51 김대식, 『메타버스 사피엔스』, 49~68.

면 그들만의 문화를 형성하게 된다. 공동의 세계관, 가치관, 규범, 삶의 양태를 형성하게 되는 것이다. 그렇기 때문에 뇌 과학의 입장에서 이러한 문화는 착시의 일종이다. 여기에 뇌의 강력한 편가르기 알고리즘이 작동하면 내 문화는 옳고 다른 문화는 그르다고 판단하게 된다. 민족갈등이나 인종차별이 그 예이다. 그리고 이 문화는 후손들에게 막대한 영향을 미친다.

둘째는 '뇌가 자리잡는 과정'에 대한 이해이다.[52] 처음에 뇌는 얼개만 갖춘 채로 태어난다. 그것이 '결정적 시기'(critical period)를 거치면서 뇌가 경험한 것에 따라 뇌의 대부분이 완성된다. 사람의 결정적 시기는 대체로 생후 10~12년이다. 이 시기에 환경에 따라 자주 사용되는 시냅스는 유지되고, 그렇지 않은 시냅스는 약해지거나 소멸된다. 그렇기 때문에 사람은 이 시기의 경험을 자신의 고향처럼 느끼고 편안해한다.

이러한 뇌의 이해는 세대 갈등을 이해할 수 있는 실마리가 된다. 대한민국에는 일제강점기에 결정적인 시기를 지낸 분들이 현존해 있다. 그 시기가 한국전쟁과 보릿고개를 넘기던 경험으로 채워진 사람들도 있다. 한참 경제가 성장하던 시기를 경험한 베이비부머들이 있는가 하면, MZ세대는 또 다른 시기를 경험하면서 뇌가 형성되었다. 그렇다면 Z세대의 고향은 어디일까? 바로 디지털 현실이다. 그리고 그들이 사회로 나오고 있다. 그들이 주역이 될 메타버스 시대는 어떤 모습일까?

셋째는 '뇌의 확장된 정체성'에 대한 것이다.[53] 뇌에는 자신의 몸과 정체성을 이해하고 표현하는 '호문쿨루스'(homunculus)라는 영역이 있다. 그런데 호문쿨루스는 경험에 따라 확장이 가능하다. 자신과 관련

---

52   김대식, 『메타버스 사피엔스』, 135~47.
53   김대식, 『메타버스 사피엔스』, 148~54.

된 경험이 많아질수록 정체성이 커지고, 그 반대도 가능하다. 그러므로 인간의 정체성은 고정된 것이 아니다. 개인의 경험, 인간관계, 사회적 관계, 학습을 통해 끊임없이 재구성된다. 이렇게 볼 때 현실이 일종의 착시이듯이 개인의 정체성도 일종의 착시이다. 특히 인간은 도구를 사용하는 경험이 쌓이면서 자신의 영역을 확장해서 이해한다. 운전이 능숙해질수록 자동차와 한 몸인 것처럼 인식하게 된다. 컴퓨터가 한 몸처럼 느껴지면 자아도 확장되어서 지구 반대편의 사람들과 소통하는 것을 당연하게 받아들인다. 지금은 낯설지만, 우리의 자아는 메타버스로 확장될 것이고 가상현실과 아바타를 한 몸처럼 느끼게 될 것이다. 인간의 뇌가 현실을 구성하지만, 현실도 인간의 뇌에 영향을 주며 자아를 확장하기 때문이다.

메타버스는 빠르게 진화할 것이다. 여기에 맞춰서 우리의 뇌와 정체성도 적응할 것이다. 그런데 여기에 문제가 있다. 뇌가 메타버스에 익숙해질수록 물리적 세계의 삶이 간과되고 과소평가될 수 있기 때문이다. 교회는 이러한 세상의 변화를 직시하고 하나님께서 창조하신 인간과 세계에 대한 가치를 잃지 않도록 격려해야 한다. 그리고 물리적 삶과 디지털 삶을 병행하면서 하나님의 창조질서를 아름답게 회복하는 길을 끊임없이 모색해야 한다.

> *
> 인간은 메타버스에 쉽게 적응해서 확장된 세계를 당연하게 받아들일 것이다.

나가는 말

메타버스에 대한 기본적인 개념을 정리해 보았다. 짧은 지면에 자세한 내용을 다 다룰 수는 없었다. 보다 자세한 분석과 논의는 다음을 기약하기로 한다. 특히 메타버스의 부정적인 측면을 다루지 못했다. 우려되는 부분이 너무도 많기 때문이기도 하다. 그러나 어느 사회나 긍정적인 면이 있으면 부정적인 면도 존재하는 법이다. 그럼에도 불구하고 메타버스로의 전환은 시대적 대세이다. 과거에 있던 시대적 전환기들을 되돌아봐도 변화를 거스를 방법은 없다. 그렇다면 교회는 무엇을 준비해야 할까? 기성세대와 함께 역사 속으로 사라질 것인가? 아니면 새로운 메타버스에서 맡겨진 사명을 감당할 것인가? 선택은 분명하다. 다만 용기가 없어서 머뭇거릴 뿐이다.

그렇다면 파도를 타는 서퍼들을 생각해 보자. 그들은 오히려 큰 파도가 오기를 기다린다. 그들에게 파도는 두려움의 대상이 아니라 짜릿한 서핑을 즐길 수 있는 도전의 기회이다. 반면에 보통 사람들은 큰 파도가 오면 그 파도에 휩쓸려 죽는다. 중요한 것은 파도를 탈 수 있는 능력이다.

> *
> 인류의 이동을 따라 교회도 메타버스 속으로 들어가야 한다.

다음 장부터 우리는 메타버스라는 파도를 타면서 즐길 수 있는 길을 모색할 것이다. 하나님께서 지금껏 역사를 주관해 오셨다면, 메타버스 시대도 하나님께서 주관하실 것이다. 죽음의 대서양을 건넜더니 신대륙이 있었다. 또 태평양을 건넜더니 하나님이 지으신 지구 전체가 보였다. 이제 하나님께서는 또 다른 신대륙, 메타버스를 향해 항해하라고 명하신다. 지구 전체를 긴밀하게 엮어가시는 하나님의 손길이 느껴진다. 선교지는 늘 고난과 죽음이 예상되는 곳이었다. 그러나 순종하면 생명의 열매가 맺혔다. 메타버스도 마찬가지이다. "누구든지 제 목숨을 구원하고자 하면 잃을 것이요 누구든지 나를 위하여 제 목숨을 잃으면 찾으리라"

(마 16:25). 망설이지 말고 하나님의 명령에 순종해서 새로운 선교지인 메타버스를 향해 함께 항해를 시작하자.

실천 과제

1. 지구촌의 모든 것이 메타버스로 들어가고 있다. 그곳에 하나님께서 계시다면 이제부터 메타버스에 관심을 갖자.

2. 메타버스에서 자신이나 단체의 활동 범위를 확장하기 위해서 다음과 같은 사항을 실천하자.
   - √ 자신의 자료를 디지털화하고, 클라우드에서 활용하자.
   - √ 메타버스에서 협업하고 네트워킹하자.
   - √ 메타버스 라이프로깅 세계에 자신이나 단체의 블로그, 인스타그램, 유튜브 채널을 만들고 페이스북에서 소통하자.
   - √ 메타버스 거울 세계에 개인이나 단체를 복사하고 다양한 방법으로 활동하자.
   - √ 메타버스 가상 세계에서 하나님 나라의 꿈과 이야기를 나누자.

3. 지금 따라가지 못하면 영원히 도태된다는 생각을 갖고 최선을 다해 메타버스로 들어가자. 메타버스는 새로운 선교지이고, 하나님의 선교의 대로이다.

PART 2

메타버스는 인간이 만든 것이지만,
다른 측면에서 보면 하나님의 섭리이다.
초대교회 때 로마가 만들어 놓은 도로망과 항로가
세계 선교를 위한 하나님의 섭리였다고 믿는 것과 같다.
20세기에 들어와 전기, 전화, 비행기, 라디오, 텔레비전, 의료용 백신,
인터넷과 같은 기술의 발전은 세계복음화의 주요 도구들이었다.
그렇다면 21세기에 메타버스의 진화는 하나님의 선교에 어떤 영향을 미칠까?

새로운 사명,
메타버스 선교

이 장의 핵심 질문

메타버스 선교란 무엇인가?

메타버스 선교는 기존의 선교를 어떻게 바꿀 것인가?

메타버스 선교를 위해 우리는 무엇을 준비해야 하는가?

부활하신 주님은 제자들에게 땅끝까지 '가서' '모든 민족을 제자 삼으라고' 명령하셨다(마 28:18~20). 성령을 받은 제자들은 이 명령대로 땅끝까지 나가서 복음을 전했다. 유럽의 끝까지 간 제자들도 있었고, 인도를 넘어 중국까지 간 제자들도 있었다. 대서양을 건너서 신대륙까지 간 제자들도 있었고, 신대륙 미국에서 한국에까지 온 제자들도 있었다. 지구촌 대부분에 복음이 전해졌을 때, 제자들은 남아 있는 미전도 종족들을 찾아가서 복음을 전했다.

그렇다면 이 시대의 새로운 선교지, 땅끝은 메타버스가 아닐까? 지구촌 인구의 대부분이 그곳으로 이주하고 있기 때문이다. 사람들이 메타버스로 삶의 영역을 확장하고 이주하고 있다면, 제자인 우리도 그곳으로 가서 그 땅을 제자 삼는 것이 당연하지 않을까? 그렇다면 메타버스 선교란 과연 어떤 것인가? 그 선교를 위해서 교회는 무엇을 준비해야 할까? 앞에서 '메타버스'에 대해 이해해 보았다면, 이 장에서는 '메타버스 선교'에 대해 이해해 보자.

> *메타버스는 이 시대의 땅끝, 새로운 선교지이다.

1. 확장으로서의 선교

1910년 영국의 '에든버러'(Edinburgh)에서 열린 세계선교대회는 19세기의 선교를 평가하는 회의였다. 19세기는 위대한 선교의 세기라고 불렸지만 실제로는 보완할 점이 많았다. 그중에서 가장 큰 문제는 선교간의 협력이 이뤄지지 않은 것이었다. 그 결과는 다음과 같았다.

- 한 선교지에 여러 선교단체가 경쟁적으로 뛰어들면서 선교단체 사이에 많은 갈등이 생겼다.
- 선교사역을 할 때 중복투자가 많았다.
- 결과적으로 선교지 사람들에게 교회가 하나 된 모습을 보이지 못했다.

> *
> 교회가 선교를 주관하는 것이 아니라, 하나님이 주관하시는 선교를 따라가야 한다.

이를 극복하기 위해 논의한 결과 선교의 주체는 교회가 아니라 하나님이시라는 인식의 전환이 생겼다. 선교하시는 하나님 안에서 모든 교회는 하나님의 선교의 도구가 되어야 한다. '하나님의 선교'(Missio Dei)라는 고백은 서로 다른 교회전통들 간에 협력이 가능하게 했다.[1]

그 결과 1948년에 에큐메니컬 진영을 중심으로 '세계교회협의회'(World Council of Churches)가 창설되었다.[2] 1974년에는 복음주의 진영을 중심으로 '로잔운동'(Lausanne Movement)이 일어났다.[3]

---

1   크리스토퍼 라이트, 한화룡 옮김, 『하나님의 선교: 하나님의 선교 관점으로 성경 내러티브를 열다』(서울: IVP, 2010).
2   다이앤 케슬러, 박경수 옮김, 『함께 걷는 길: 세계교회협의회 제8차 희년 총회 공식보고서』(서울: 장로회신학대학교 출판부, 2014); 안스 요아힘 반 데어 밴트, 연규홍 옮김, 『WCC의 에큐메니칼 신학』(서울: 동연출판사, 2013).
3   로잔 운동, 최형근 옮김, 『케이프타운 서약: 하나님의 선교를 위한 복음주의 헌장』(서울: IVP, 2014); 조종남, 『로잔운동의 역사와 신학』(서울: 선교횃불, 2013).

두 흐름 모두 '삼위일체 하나님의 선교'에 동참하기 위해서는 교회 간의 협력이 중요하다는 것을 강조하고 있다. 삼위일체 하나님의 선교를 메타버스와 연결하여 [그림 4]와 같이 그려 보았다. 하나님의 선교에 동참하는 교회가 새로운 선교적 상황에 대응하며 확장해 온 것을 표현했다. 그 확장의 과정을 번호에 따라 간략하게 살펴보자.

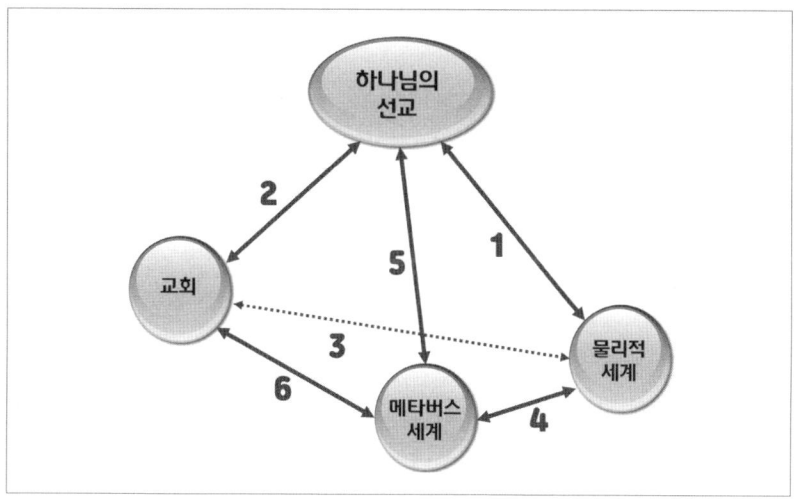

[그림 4]

1) 아버지 하나님과 선교

성경적 관점에서 볼 때 하나님께서 먼저 세상의 회복을 위해 움직이셨다. 그러므로 하나님의 선교에는 1번의 선교가 먼저 있었다. 하나님께서는 이 세상을 구원하시기 위해 직접 노아를 세우고 방주를 짓게 하셨다. 아브라함을 통해 약속의 민족을 세우기도 하셨다. 모세를 택해 이스라엘 민족을 구원해내시고, 왕들을 세우셔서 그 나라를 굳건하게 하셨다. 왕들이 제 역할을 못할 때에는 예언자들을 보내셨다. 이러한 1번의 선교에서 중요한 개념은 다음과 같다.

- 창조주 하나님, 하나님의 창조질서, 하나님의 형상을 닮은 인간, 인간에게 주어진 문화명령 등 하나님의 창조와 연관된 사항은 선교의 중요한 토대가 된다.
- 인간의 죄와 타락이라는 주제는 이 세상의 실존적 상태를 설명하는 중요한 개념이다.
- 하나님께서 죽어가는 세상을 버리지 않으시고 구원을 위해 움직이신다는 사실은 복음의 근거가 된다.
- 하나님께서는 구원사역을 위해 사람들을 사용하시기에 우리는 우리의 사명을 이야기할 수 있다.

2) 예수 그리스도와 선교

하나님께서 세상을 너무도 사랑하셔서 독생자의 모습으로 이 땅에 성육신하셨을 때 2번의 역사가 일어났다. 예수님은 제자들을 부르시고, 그들과 함께 성과 촌을 두루 다니며 하나님 나라를 선포하시고, 병자들과 약한 자들을 고치셨다. 예수께서는 제자들을 둘씩 짝지어 세상에 보내시면서 당신의 사역을 이어가도록 훈련하셨다. 십자가에서 죽으시고 부활하신 예수께서 성령을 보내주시자 제자들의 공동체인 교회가 시작되었다.

3) 성령과 선교

초대교회 이후 2,000년 동안 교회는 물리적 세계를 향해 선교하는 3번의 선교를 수행했다. 론 베이미(Ron Boehme)는 『제4의 선교 물결』이라는 책에서 하나님의 선교가 확장되어 온 과정을 잘 설명하고 있다.[4] 초

---

4 론 베이미, 안정임 옮김, 『제4의 선교 물결』 (서울: 예수전도단, 2017), 2부.

대교회는 하나님의 선교의 대로를 타고 로마로 확장했고, 로마교회는 지중해를 건너 미국 대륙으로 확장했다. 특히 그는 개신교의 근대 이후 선교를 '4단계의 물결'로 나누어 설명하고 있다.

- 제1의 물결은 1730년대부터 1850년대까지 선교지의 해안 지역을 따라 움직이던 선교로 윌리엄 캐리(William Carey)의 인도 사역이 그 시발점이 된다.
- 제2의 물결은 1850년대부터 1930년대까지의 시기인데, 해안 지역에서 내지를 향해 움직이던 선교로 데이비드 리빙스턴(David Livingstone)이 아프리카 내지를 탐험한 것이나 허드슨 테일러(Hudson Taylor)가 중국 내지선교를 감행한 것을 시발점으로 본다.
- 제3의 물결은 1930년대부터 현재까지의 선교인데, 아직까지 전도되지 않은 미전도 종족을 향해 움직인 선교를 말한다.
- 제4의 물결은 저자가 보는 환상과 연결되는데, 모든 연령대의 그리스도인이 선교사로 일어나서 모든 국적의 모든 사람들을 향해 선교하는 시대이다. 저자는 삶의 모든 영역에서 친밀한 인간관계와 혁신적인 첨단기술을 사용해서 선교하는 시대가 올 것이라고 예상하는데, 이것은 메타버스 시대의 선교에 적합하다.

4) 메타버스와 선교의 대로

과연 론 베이미는 메타버스 시대를 예상했을까? 물리적 세계는 4번처럼 메타버스를 향해 확장해 갔다. 메타버스는 인간이 만든 것이지만, 다른 측면에서 보면 하나님의 섭리이다. 초대교회 때 로마가 만들어 놓은 도로망과 항로가 세계 선교를 위한 하나님의 섭리였다고 믿는 것과 같다. 론 베이미도 기술

*메타버스는 하나님의 선교의 대로이다.

의 발전이 선교가 확장되는 데 큰 영향을 미쳤다는 것을 강조한다.[5] 바다를 누빌 수 있는 대형선박, 나침반, 항해술의 발달은 세계 선교에 막대한 영향을 미쳤다. 요하네스 구텐베르크(Johannes Gutenberg)의 금속활자 인쇄술은 성경과 기독교 서적을 대량인쇄할 수 있도록 했다. 증기기관의 발명으로 탄생한 철도와 증기선은 이동속도를 한층 높여서 선교에 필요한 물자와 의약품 조달을 수월하게 했다. 20세기에 들어와 전기, 전화, 비행기, 라디오, 텔레비전, 의료용 백신, 인터넷과 같은 기술의 발전은 세계복음화의 주요 도구들이었다. 그렇다면 21세기에 메타버스의 진화는 하나님의 선교에 어떤 영향을 미칠까?

5) 편재하시는 하나님과 하나님 나라

어디에나 계시는 하나님은 메타버스에도 역사하신다고 믿는다. 그것이 5번이다. 하나님께서는 메타버스 안의 사람들에게도 선행적 은총을 베풀고 계신다.[6] 이로써 사람들은 하나님의 인도하심에 응답할 수 있는 부분적인 능력을 회복하게 되었다. 이 또한 전적인 하나님의 역사요, 은혜이다. 따라서 교회는 하나님께서 선교하고 계신 메타버스 속으로 들어가서 그의 나라를 확장하는 일에 동참해야 한다. 그 형태는 크게 세 가지 정도로 생각할 수 있다.

- 하나님의 주권을 인정하는 그리스도인들이 늘어나고, 그들이 메타버스 안에서 영향력을 확장한다.
- 이러한 그리스도인들이 전 지구적으로 연결되며 거대한 하나님 나라의 공

---

5 베이미, 『제4의 선교 물결』.
6 케네스 J. 콜린스, 장기영 옮김, 『성경적 구원의 길: 존 웨슬리 신학의 정수』(서울: 새물결플러스, 2017).

동체 곧 하나님의 교회를 세워간다.

- 메타버스와 물리적 세계에서 하나님의 뜻이 구현된다.

6) 메타버스 선교

그렇다면 교회는 6번처럼 메타버스를 향해서도 선교를 시작해야 한다. 그것이 하나님께서 준비하신 방법이고, 그곳에 복음이 필요한 사람들이 살고 있기 때문이다. 하나님의 목표는 지구촌 전체에서 하나님 나라가 이뤄지는 것, 창조질서가 회복되는 것이다. 그렇다면 물리적 세계 안에서만 선교하기보다는 메타버스를 통해서 물리적 세계에 이르는 것이 훨씬 빠르고 효과적일 것이다. 메타버스와 물리적 세계는 강력하게 엮여서 상호 영향을 끼치고 있기 때문이다.

메타버스 시대에는 모든 성도들이 해외 선교지에 나가지 않고도 선교사가 될 수 있다. 메타버스 안에서는 초연결이 가능하기 때문이다. PC나 스마트폰으로 땅끝의 사람들과 복음을 나눌 수 있고, 선교협력을 할 수 있다. 인공지능의 통번역 기능으로 모든 국적의 사람들과 소통할 수 있다. 전에는 단기선교를 통해 평생 몇 번밖에 만날 수 없었던 선교지의 사람들과 수시로 화상통화나 채팅이 가능하다. 그 결과 친밀한 인간관계를 바탕으로 한 선교협력이 가능하다. 메타버스 안에서는 만나지 못할 사람이 없다. 지구촌 모든 사람에게 선교가 가능하게 되었다. 그리고 메타버스의 진화는 계속해서 선교의 확장을 가져올 것이다.

> *
> 메타버스는
> 교회의 선교를
> 확장시킨다.

2. 메타버스를 향한 선교

메타버스 선교라는 용어는 다양한 해석이 가능하다. 여기서는 ⑴ 메타버스를 도구로 사용하는 선교, ⑵ 메타버스를 향한 선교로 구분해서 살펴보려고 한다.

1) 메타버스를 도구로 사용하는 선교

메타버스 선교에 대한 첫 번째 입장은 메타버스를 기술로 보는 것이다. 메타버스 기술을 사용해서 메타버스 선교를 더 효과적으로 수행하는 것으로 보는 입장이다. 이때 메타버스는 선교의 한 도구 또는 방법으로 이해된다. 여기에서 중요한 것은 효과성이다. 이러한 입장은 앞에서 다룬 '하나님의 선교의 대로'와도 맥을 같이한다. 로마의 대로와 항로, 나침반과 항해술, 인쇄술, 자동차, 항공기, 라디오, TV, 인터넷 등은 선교의 도구나 매개체로서 중요한 기능을 감당해 왔다.

그러나 메타버스는 이러한 도구들과는 차원이 다르다. 메타버스라는 용어 자체가 나타내고 있듯이 우리는 디지털화된 지구와 그 안의 사람들을 보고 있다. 또한 그 사람들이 물리적 세계를 바꾸고 있는 모습을 본다. 그렇기 때문에 메타버스를 도구로 보는 실용주의적 입장에서는 메타버스의 포괄적이고도 중층적인 측면을 이해하지 못하게 한다. 결과적으로 메타버스 시대의 사람들을 제대로 이해하지 못하고, 그들에게 온전한 복음을 전하지 못하게 한다.

2) 메타버스를 향한 선교

메타버스 선교에 대한 두 번째 이해는 메타버스 자체를 선교의 대상으로 보는 것이다. 메타버스를 하나의 세상으로 보고, 그 세상을 대상으로 선교하는 것이다. 그럴 때 우리는 메타버스의 사람들이 물리적 세계의 문화와는 다른 새로운 문화와 문명을 만들고 있음을 보게 될 것이다. 그리고 우리는 메타버스라는 새로운 선교지에 파송받은 선교사의 마음을 갖게 될 것이다.

  이 책은 두 번째 입장에서 출발한다. 메타버스에는 신인류가 살고 있고 그들은 이전에 없던 전혀 새로운 문화를 형성하고 있다고 본다. 그렇다면 메타버스는 복음, 즉 하나님 나라의 빛에 의해 치유되고 변혁되어야 할 대상이다. 메타버스가 제자 나라가 되고, 그곳에 하늘의 뜻이 이뤄져야 하는 것이다. 그렇기 때문에 우리는 메타버스 선교를 가능한 포괄적 입장에서 접근할 것이다.

> *
> 메타버스는 선교의 도구가 아니라 선교의 대상이다.

3) 물리적 세계를 변화시키는 선교

여기에서 우리가 강조하고 싶은 것은, 메타버스를 향한 선교가 물리적 세계를 향한 선교와 분리되어 있지 않다는 사실이다. 앞 장에서 살펴보았듯이 메타버스는 물리적 세계와 분리되어 있지 않다. 지구촌의 모든 사람들은 정도와 인식의 차이만 있을 뿐 이미 메타버스 속에 살고 있다. 그리고 메타버스 안에서의 변화는 즉각적으로 물리적 세계의 변화를 가져온다. 그러므로 메타버스를 향한 선교는 지구촌 전체의 변혁을 위한 선교이다. 그런 의미에서 이 시대에 지구촌 선교를 온전히 이루기 위해서는 메타버스 선교에 집중해야 한다.

> *
> 메타버스는 물리적 세계를 변화시킨다.

3. 메타버스 선교의 정의

그렇다면 메타버스 선교를 어떻게 정의하면 좋을까? 메타버스 선교는 전통적인 선교와는 어떻게 다른가? 이것을 이해하기 위해서 먼저 선교의 의미부터 정리해 보자. 과연 선교란 무엇일까? 선교란 말은 교회에서 가장 많이 사용하는 말이면서도 그만큼 혼선을 빚는 용어인 것 같다. 많은 사람이 이 선교라는 말을 들으면 해외선교를 연상한다. 선교를 선교사와 관련된 일로 생각하는 것이다. 그러나 우리는 농촌선교, 사회선교, 문화선교, 캠퍼스선교, 장애인선교, 통일선교, 빈민선교, 군선교 등과 같은 말에도 익숙하다. 그렇다면 정말 선교란 무엇인가?

역사적으로 선교라는 용어는 해외에 나가서 땅끝까지 이르러 복음을 전파하는 것과 관련되어 왔다. 또한 지역에서는 복음전도와 동일한 용어로 쓰이기도 했다. 진보적 입장의 교회들은 선교의 개념을 더욱 확대시켰다. 결과적으로 선교는 세상의 문제들을 해결하고 사회를 변혁하는 것까지 포함하게 되었다. 특히 한국에서 이 용어가 더욱더 혼선을 가져온 데는 미션(mission)이라는 단어를 선교(宣敎)라는 한자어, 곧 '가르침을 베풀다'라는 다분히 유교적 의미로 번역한 데서 기인한다.

이 모든 것을 염두에 두고, 우리는 미션이 가진 본래의 뜻과 용법에 따라 선교를 10가지로 설명해 보려고 한다. 이때 우리가 잊지 말아야 할 것은 이 10가지 설명이 분리된 것이 아니라 서로를 보완해 주고 있다는 점이다. 보다 통합적인 관점에서 10가지 명제를 검토해 보자.

*
메타버스 선교를 10가지 명제를 들어 설명해 보자.

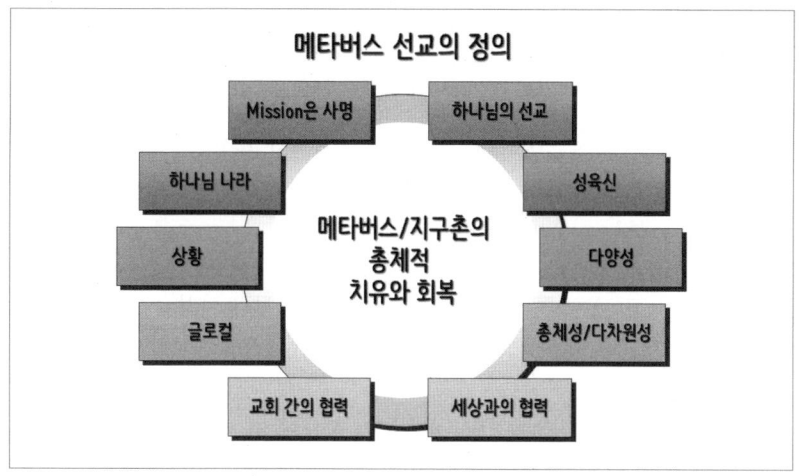

[그림 5]

1) 선교란 사명에 대한 이야기이다

구글에서 미션의 뜻을 검색해 보면 첫째로 '사명'(使命)이라는 단어가 나온다.[7] 추가적인 뜻으로 '특명', '포교구', '사절의 특파', '전도구', 그리고 동사로 '임무를 주다' 등으로 설명된다. 위키낱말사전에 따르면 사명은 '사자(使者)로서 명령(命令)을 받은 임무'이다. 이 용법과 같이 미션이라는 단어는 '선교'보다는 '사명'으로 해석하는 것이 더 적절하다. 중세 가톨릭교회에서 사용된 라틴어 '미토'(mitto)에서 유래한 영어 '미션'(mission)이라는 단어는 다음과 같은 뜻을 갖고 있기 때문이다.

첫째로 이 단어에는 '파송'이라는 뜻이 내포되어 있다. 로마 가톨릭교회가 이민족에게 복음을 전하러 가는 사람들을 파송할 때 '미토'라는 단어가 사용되었다. 이 단어가 교회에서 중요하게 여겨지면서 '미션'이라는 단어는 성경을 보는 관점에도 영향을 주게 되었다. 즉 성경

---

[7] https://translate.google.com/?rlz=1C1RUCY_koKR846KR846&um=1&ie=UTF-8&hl=ko&client=tw-ob#auto/ko/mission

의 하나님은 세상을 구원하기 위해 사람들을 세상으로 '파송하시는 하나님'(missional God)이라는 이해가 그것이다. 하나님은 노아를 보내어 방주를 짓게 하시고, 아브라함을 보내어 약속의 민족을 시작하시며, 모세를 보내어 이스라엘 민족을 이끌게 하시고, 사사들을 보내시고, 왕들을 보내시고, 예언자들을 보내시다가, 마침내 자신의 아들을 세상에 보내셨다. 그리고 그 아들은 제자들을 세상으로 보내신다.

둘째로 이 단어는 보냄을 받아 사명을 감당하는 주체를 의미하는데, 기독교에서는 선교단체를 지칭할 때 사용한다.

셋째로 이 단어는 '사명'이라는 뜻으로 가장 많이 사용된다. 'You are on the mission.'이라는 문장은 '너는 임무수행 중이다.'라고 번역할 수 있다. 'Go on a mission.'은 '임무를 수행하러 가다.'로 번역하는 것이 좋다. 기업이나 단체가 많이 사용하는 'mission statement'는 '사명 선언서'라고 번역한다. 그러므로 이 연구는 '선교'(mission)를 '사명'으로 이해한다.

그렇다면 메타버스 선교란 '메타버스를 향한 하나님의 사명'에 대한 것이다. 이제부터 우리는 메타버스를 향한 하나님의 사명이 무엇이며, 우리는 무엇을 해야 하는지, 그리고 그것을 위해 무엇을 준비해야 하는지 질문할 것이다.

2) 선교는 하나님께서 주관하신다

선교의 주체는 하나님이시다.[8] 선교는 하나님의 구속사 안에서 감당해야 할 교회의 사명에 대한 이야기이다. 하나님께서 천지를 창조하셨

---

8   딘 플레밍, 한화룡 옮김, 『하나님의 온전한 선교』 (서울: 대서, 2015); 라이트, 한화룡 옮김, 『하나님의 선교』; 아서 글라서, 임윤택 옮김, 『성경에 나타난 하나님의 선교』 (서울: 생명의말씀사, 2006).

지만 인간이 타락한 결과 세상은 그 원형을 상실했다. 그 이후의 성경 이야기는 하나님 나라를 회복하고자 하시는 하나님의 선교행위와 그분에게 쓰임받는 사람들과 나라들에 대한 것이다. 이 성경의 이야기는 하나님께서 세상을 사랑하셔서 독생자를 주신 사건에서 절정에 달한다. 그 아들은 이 세상에서 아버지의 뜻에 순종하며 사명을 감당하셨고, 십자가에서 자신의 생명을 내어주심으로 사랑의 진수를 보여주셨다. 그리고 부활하셔서 영원한 생명의 약속이 되셨다. 부활하신 예수 그리스도는 제자들을 세상에 보내시며 이 '기쁜 소식'의 증인이 되라고 명령하셨다. 그리고 성령의 권능을 받은 교회는 땅끝까지 복음을 전하는 사명을 감당해 왔다. 이 구속사의 연속선상에 지금의 교회가 존재한다. 그리고 그 앞에 메타버스라는 새로운 선교지가 기다리고 있다.

이러한 구속사의 이해는 하나님 중심적 선교를 강조한다. 이때 교회는 하나님의 선교의 도구가 되어야 하며, 그 하나님의 뜻을 찾아 순종해야 한다. 선교는 교회의 편의에 따라 해도 되고 안 해도 되는 것이 아니다. 현재의 자리에 안주해서도 안 된다. 하나님을 인정하는 교회는 촌각을 아껴서 자신에게 주어진 사명을 감당해야 한다. 메타버스가 하나의 세상이고 그 안에 사람들이 살고 있다면, 그곳은 새로운 선교지이다. 그리고 어디에나 계시는 하나님께서는 이미 그곳에서 당신의 나라를 회복하기 위해 일하고 계신다. 그렇다면 메타버스 선교는 선택의 문제가 아니다. 교회는 하나님께서 일하고 계신 그곳을 향해 뛰어들어가야 한다. 그곳에서 그분의 손발이 되고, 영광스럽게도 그의 동역자가 되어야 한다.

3) 선교의 목표는 하나님 나라의 성취이다

하나님 나라는 예수 그리스도의 가르침의 핵심이다.[9] 예수께서는 당신의 제자들이 추구해야 할 가장 중요한 것으로 "먼저 그의 나라와 그의 의를 구하라"라고 말씀하셨다.[10] 또한 주의 기도를 가르쳐 주시면서, 나라가 임하고 뜻이 하늘에서 이루어진 것 같이 땅에서도 이루어지도록 기도하라고 하셨다.[11] 이 하나님 나라는 예수님의 선포의 알파와 오메가였다. 그의 공생애를 시작하는 첫 선포는 천국이 가까웠으니 회개하라는 것이었다.[12] 부활하신 그리스도께서 40일 동안 제자들을 가르치실 때도 하나님 나라의 일을 가르치셨다.[13]

예수께서는 하나님 나라에 관해 여러 비유를 들어 설명하셨다. 그중에 겨자씨와 누룩의 비유는 작은 공동체라도 자신을 희생하고 섬기면 큰 생명의 역사를 이뤄낸다는 것을 강조한다.[14] 또한 이 천국은 밭에 감추인 보화와 같고 좋은 진주 같아서 이를 발견한 사람은 자기 소유를 다 팔아 그것을 사게 된다.[15] 예수께서 사용하신 하나님 나라란 어떤 '영역'을 가리키기보다는 '통치'의 개념을 가진 말이다.[16] 주님이 가르치신 기도도 그의 뜻이 이루어지는 것과 하나님 나라가 임하는 것을 같이 보고 있다. 이러한 맥락에서 볼 때 하나님의 뜻이 온전히 이루어지는

9 　요한네스 바이스, 진규선 옮김, 『예수가 선포한 하나님 나라』 (서울: 수와진, 2021).
10　마태복음 6:33.
11　마태복음 6:9, 누가복음 11:2.
12　마태복음 4:17, 마가복음 1:15.
13　사도행전 1:3.
14　누가복음 13:18~21, 마태복음 13:31~33.
15　마태복음 13:44~46.
16　조엘 B. 그린, 정은찬 옮김, 『하나님 나라: 성경적 의미와 오늘의 사명』 (서울: 터치북스, 2021); 요한네스 바이스, 진규선 옮김, 『예수가 선포한 하나님 나라』 (서울: 수와진, 2021); 요한네스 니센, 최동규 옮김, 『신약성경과 선교: 역사적·해석학적 관점들』 (서울: 기독교문서선교회, 2005); 하워드 슈나이더, 이승학·이철민 옮김, 『하나님나라의 모델』 (서울: 두란노, 1999); E. P. 샌더스, 이정희 옮김, 『예수운동과 하나님나라』 (서울: 한국신학연구소, 1999); G. R. 비슬리-머리, 박문재 옮김, 『예수와 하나님 나라』 (서울: 크리스챤다이제스트, 1998); 헤르만 리델보스, 오광만 옮김, 『하나님 나라』 (서울: 엠마오, 1999); 조지 래드, 원광연 옮김, 『하나님 나라』 (서울: 크리스챤다이제스트, 1997).

곳에 하나님 나라가 임한다. 즉 하나님 나라는 하나님의 주권이 선포된 곳이다. 그 나라는 세 가지 차원에서 이 땅에 이뤄진다.

- 우선 하나님의 나라는 그리스도인 개개인의 삶에 임한다. 그리스도인들이 온전히 하나님의 뜻에 순종할 때, 그들의 삶은 하나님이 다스리시는 나라가 된다.
- 또한 하나님 나라는 교회 공동체 안에 임한다. 교회가 다른 무엇보다 하나님의 다스리심에 순종할 때 교회는 하나님의 나라가 된다.
- 이렇게 하나님 나라를 체험한 사람들은 뜻이 하늘에서 이루어진 것 같이 땅에서도 이루어지기를 기도하며 세상을 향해 나아간다. 교회의 마지막 목표는 이 땅에 하나님 나라가 이뤄지는 것이다.

그렇다면 하나님 나라는 메타버스에도 선포되고 성취되어야 한다. 하나님의 뜻이 하늘에서 이루어진 것 같이 메타버스 안에서도 이뤄져야 한다. 이를 위해서 교회는 하나님 나라의 모형으로서 증인의 사명을 감당해야 한다. 교회는 사람들이 부러워하는 하나님 나라 공동체가 되어야 하고, 그 하나님 나라의 삶이 메타버스 전체로 확산되도록 증인의 사명을 감당해야 한다.

4) 선교의 방법은 성육신적이다

성육신이란 예수 그리스도께서 세상을 구원하시기 위해 인간의 모습을 입고 이 땅에 오셨다는 것에서 시작한다. 그러므로 성육신은 그분의 오심, 삶과 사역, 십자가, 부활이라는 그의 전 생애를 통해서만 이해될 수 있다. 먼저 '성육신사건'은 미션이라는 단어에 내포되어 있는 중요한 뜻, 즉 '파송'(sending)의 전형을 보여준다. 아버지께서 사명을 주어 예수 그리스도를 세상에 보내신 것이다. 예수께서도 열두 제자와 70인의 제자들을 세상에 보내셨고, 부활하셔서 승천하실 때에는 제자들을 온 세상으로 파송하셨다. 예수 그리스도의 오심은 세상에 큰 기쁨의 '좋은 소식'(Gospel, Good News)이었다. 그것은 임마누엘의 상징이었고, 세상에 빛과 말씀(Logos)이 임함으로 새 세상이 열리게 됨을 의미하기 때문이었다. 그 후 십자가와 부활사건은 이 '좋은 소식'에 '죄로부터의 구원'이라는 개념을 첨가하게 된다.

성경은 위와 같은 기쁜 소식이 성취된 곳을 '하나님 나라'와 동일시했으며, 이 하나님 나라는 예수 그리스도의 사역의 중심에 있었다. 초대교회는 종말론적 공동체로서 하나님 나라의 삶을 몸 된 교회를 통해서 구현하려고 노력했다. 이러한 하나님 나라를 염두에 둔 예수 그리스도의 선포는 '회개'하고 그 나라의 삶으로 돌이키라는 것이었다. 예수는 회개를 통해 전폭적인 삶이 변화되길 강조하셨고, 그 결과 하나님과 인간, 인간과 인간 사이의 막힌 담이 허물어지는 총체적 구원의 역사가 이뤄졌다. 예수의 부활사건 이후 제자들의 사역에서는 예수 그리스도의 십자가와 부활, 죄 사함 등의 이해가 구체화됨으로써 죄, 회개, 구원 개념이 체계적으로 이뤄지게 되었다.

회개하고 하나님 나라의 백성이 된 사람들의 삶은 하나님을 사랑하고 자신들의 이웃을 그 자신들의 몸처럼 사랑하는 것이었다. 이것은 선교에 있어서 '위대한 명령' 또는 '가장 큰 명령'(the Great Command)으로 불리게 되었다. 또한 모든 나라와 민족을 제자 삼아 주님의 명령을 가르쳐 지키게 할 사명이 주어졌다. 이것을 '위대한 위임' 또는 '가장 큰 위임'(the Great Commission)이라고 한다.

메타버스 선교의 시작은 주님의 뒤를 따르는 것이다. 주님이 이 땅에 성육신하신 것처럼 교회는 메타버스의 사람들 곁으로 들어가야 한다. 주님은 목수의 아들이 되셔서 삶 속에서 이웃들과 관계를 맺으셨다. 또한 주님은 하나님 나라를 말씀으로 가르치실 뿐만 아니라 삶으로 그 나라를 보여주셨다. 교회도 메타버스 안의 사람들에게 임마누엘의 기쁜 소식을 삶으로 증언해야 한다. 구속과 부활의 신앙은 말이 아닌 믿음의 삶을 통해 전달되기 때문이다. 또한 하나님 나라의 삶을 가르쳐 지키게 하는 제자양육의 삶을 살아야 한다. 그 결과 메타버스 안에서 하나님의 주권이 인정되고, 그분의 뜻이 메타버스를 거쳐 지구촌 전체에 이르도록 기도하면서 사명을 감당해야 한다.

5) 사명은 상황과 밀접한 연관관계가 있어야 고백하게 된다

　우리가 미션을 사명으로 이해할 때, 이 사명은 상황(context)과 밀접한 연관관계 속에서 깨달아지고 고백된다. 어떤 사람에게 사명을 주어서 특정한 장소로 보낼 때, 그 특정한 장소는 그 사람에게 주어진 사명과

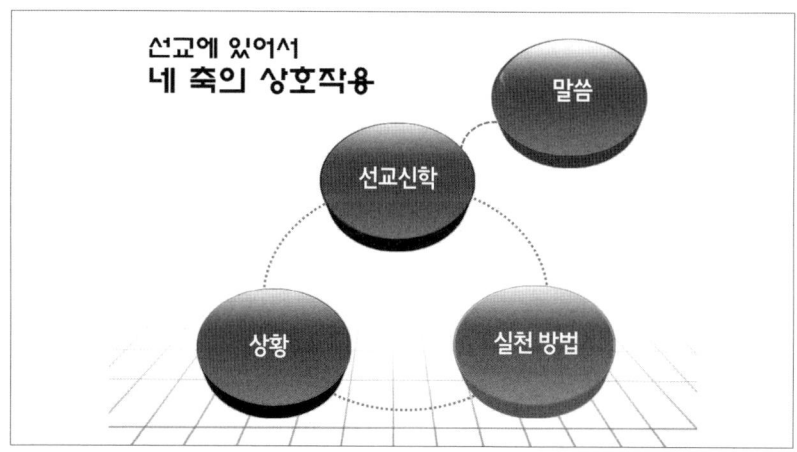

[그림 6]

밀접한 관계를 갖게 된다. 이것을 반대로 설명한다면, 우리가 하나님의 사명을 발견하는 것은 특정한 상황 속에서이다. 하나님께서는 나를 왜 그리스도인으로 부르셨을까? 왜 나를 이곳으로 보내실까? 이렇게 질문할 때 사명에 대한 논의는 그 깊이를 더하게 된다.

이것은 [그림 6]과 같이 상호 영향을 주고받는 관계를 형성한다. 그림에서 말씀의 축은 변하지 않는다. 변하는 것은 (1) 상황, (2) 선교신학, 그리고 (3) 실천 방법의 축이다. 가장 먼저 변화를 시작하는 것은 상황의 축일 것이다. 상황이 바뀌면 선교신학자 또는 설교자는 그 바뀐 상황을 말씀의 빛에서 재해석하게 된다. 즉 선교신학이 바뀌게 된다. 그 결과 실천 방법도 바뀐다. 존 웨슬리(John Wesley) 시대에 영국의 상황이 바뀌었다. 도시화 과정에서 도시 빈민들이 방치되고 있었다. 웨슬리는 영국국교의 교구 중심적 신학과 반대로 '세계가 나의 교구'라고 외쳤다. 그 결과 노방설교, 순회전도자, 소그룹 중심의 목회와 같은 새로운 실천 방법이 생겨났다.

그러나 반대의 순환도 가능하다. 제2차 세계대전 후 제3세계 나라들이 독립하며 선교할 수 없는 '접근 제한 국가들'(restricted access nations)이 되었다. 이에 대해 교회는 선교사가 아닌 학생, 여행객, 사업가, 교사 등의 형태로 선교를 시작했다. 즉 선교지를 '창의적 접근 지역'(creative access nations)으로 보게 된 것이다. 선교신학자들은 이러한 현상을 '자비량 선교'(tent making mission)의 관점에서 신학화했다.[17]

메타버스라는 상황의 변화는 새로운 선교신학과 실천 방법을 요구한

---

17 크리스티 윌슨, 김만풍 옮김, 『텐트 메이커: 세계 선교를 위한 자비량 선교의 실제적인 지침서』 (서울: 순출판사, 2003).

다. 그러므로 교회는 세 가지 주제에 대답해야 한다.

　_ 메타버스는 과연 무엇인가?
　_ 메타버스를 향한 성경 이해와 신학은 어떤 것인가?
　_ 메타버스 선교의 실천 방법은 무엇인가?

　이러한 질문들에 대한 답은 단번에 주어지는 것이 아니다. 지구촌의 모든 교회가 함께 머리를 맞대고 대답을 찾아나가야 한다. 대화를 위한 네트워크와 집단지성이 요구되는 사항이다.

6) 사명은 상황 속에서 다양하게 주어진다

　이러한 맥락에서 볼 때, 교회의 사명(mission)은 그 처한 상황이 다른 만큼 다양하게 주어진다. 농촌에서 교회의 사명과 도시에서 교회의 사명은 다르다. 제1세계에서의 사명과 제3세계에서의 사명 또한 다르다. 그러므로 우리가 교회의 사명에 대해 이야기할 때는 그 처한 상황과의 연관관계 아래에서 이야기해야 한다. 그렇지 않을 때 서로 다른 교회의 사명에 대한 논의는 논쟁으로 끝날 수밖에 없다. 즉 선교학은 다원화된 상황 속에서 보다 다차원적이고 다양한 접근이 필요하다.

　선교학의 고전이 된 데이비드 보쉬(David Bosch)의 『변화하는 선교』의 3부는 포스트모던 상황에서 생겨난 다양한 사명에 관해 소개하고 있다.[18] 여기에서 우리가 눈여겨볼 것은 보쉬의 표현이다. 그는 사명을 소개할 때 'Mission as~'라는 표현을 사용하였다. 사명을 무엇으로 보는가 하는 질문이다. 그 사명은 다음과 같다.

18　데이비드 J. 보쉬, 김만태 옮김, 『변화하는 선교』 (서울: 기독교문서선교회, 2017).

- 세상을 위한 교회로서의 사명(Mission as the Church-With-Others)
- 하나님의 선교로서의 사명(Mission as Missio Dei)
- 구원의 매개로서의 사명(Mission as Mediating Salvation)
- 정의 추구로서의 선교(Mission as the Quest for Justice)
- 복음전도로서의 선교(Mission as Evangelism)
- 상황화로서의 선교(Mission as Contextualization)
- 해방으로서의 선교(Mission as Liberation)
- 토착화로서의 선교(Mission as Inculturation)
- 공동의 증인으로서의 사명(Mission as Common Witness)
- 모든 하나님의 백성들의 사역으로서의 선교(Mission as Ministry by the Whole People of God)
- 다른 살아 있는 신앙고백들을 향한 증인으로서의 사명(Mission as Witness to People of Other Living Faiths)
- 바른 신학을 정립하는 사명(Mission as Theology)
- 희망 안에서 실천하는 사명(Mission as Action in Hope)

이렇게 교회의 사명은 시대와 상황의 요청에 따라 계속 변화한다. 그렇다면 메타버스 시대에는 어떤 사명을 강조해야 할까? 메타버스는 현존하는 가장 통합적인 세계이다. 그렇다면 보쉬가 제시한 사명들이 통합적으로 재해석되어야 하지 않을까? 여기에 이전에 없던 새로운 사명도 추가해야 할 것이다. 선교학의 발빠른 대응이 필요하다.

7) 사명은 글로컬한 접근을 추구한다

'글로컬리제이션'(glocalization)이라는 말은 세계화를 뜻하는 '글로벌리제이션'(globalization)과 지방화를 뜻하는 '로컬리제이션'(localization)을 합한 말이다. 글로컬리즘은 전 지구적인 관점을 유지하면서도 지역의 상황을 고려하는 협력과 상생의 문화를 이룰 대안으로 주목받고 있다.[19] '범지구적으로 사고하고 지역에서 실천하는'(to think globally and act locally) 글로컬리제이션은 우리가 세계 문제를 해결해 가는 중요한 행동지침이 되고 있다.

이 글로컬한 사고를 선교에 적용해 보자.[20] 먼저 우리는 예수님의 성육신 사건에서 글로컬한 접근방법을 보게 된다. 성육신 사건은 우주적이고 글로벌한 하나님께서 구체적인 한 지역(local)에 오셨다는 것을 증언하는 사건이다. 당시 세계화의 주역이던 로마의 수도가 아니라, 변두리의 속국 이스라엘 중에서도 더 변두리인 갈릴리 사람으로 오신 예수님! 이는 하나님의 선교의 시작이 구체적인 한 지역으로부터 출발한다는 것을 보여준다. '범지구적-지역적 상호작용'(global-local interaction)이 여기에 부합한다. 예수님은 갈릴리 지역의 가난한 사람들의 문제에 성실히 대처하면서 우주의 구원사역을 시작하셨다. 하나님 나라의 회복을 생각하면서 구체적인 지역에서 제자들 안에 하나님 나라를 이뤄가셨다. 이는 범지구적으로 사고하고 지역에서 실천하는 접근 방법과 다르지 않다.

그러므로 지구촌 복음화를 향한 사명을 가진 교회는 글로컬한 사고와 삶을 훈련해야 한다. 전 지구적인 관점으로 선교를 보아야 하지만, 동시에 구체적인 선교현장의 사람들을 섬길 수 있어야 한다. 세계적으

---

19 롭 윌슨·위말 디싸나야케, 김용규 옮김, 『글로벌/로컬 문화 생산과 초국적 상상계』(서울: 에코리브르, 2019); 백지희 외, 『글로컬라이제이션 Glocalization』(서울: 컬쳐코드, 2016).
20 이찬석, 『글로컬 시대의 기독교 신학』(서울: 신앙과지성사, 2013); 장우철, 『글로컬 시대의 문화와 국제경영』(서울: 박영사, 2013); Bob Roberts Jr., *Glocalization: How Followers of Jesus Engage the New Flat World* (Zondervan, 2007).

로 인정된 선교전략이라도 구체적인 현장의 상황을 고려하지 않으면 역효과가 나타날 수 있다. 반대로 현장의 사역에만 매몰되어 전 지구적인 흐름을 간과하면 시대에 뒤떨어진 선교를 수행할 수도 있다. 교회는 글로컬한 태도를 유지함으로써 가장 적절한 선교의 길을 모색해야 한다.

메타버스가 세상에 강력하게 영향을 끼칠수록 지구촌은 더 강하게 하나로 연결될 것이다. 동시에 메타버스와 지구촌에는 수많은 민족과 전통들 간에 갈등이 심화될 것이다. 우리 지역에서 행하는 작은 몸짓이 전 세계에 영향을 미치게 될 것이다. 동시에 지구촌의 새로운 트렌드는 곧바로 내 삶에 영향을 주게 될 것이다. 그러므로 메타버스 선교에서 글로컬한 접근은 필수이다.

8) 선교는 총체적이면서 다차원적인 접근이 필요하다

우리가 수고하고 애쓰는 선교의 최종 목표는 이 땅의 총체적 치유와 회복이다. 이것은 이 땅에 하나님 나라가 회복되는 것이고, 다른 말로 온전한 구원이다.[21] 이 세상에서 완전한 구원과 하나님 나라의 회복을 이룰 수는 없을 것이다. 그러나 이러한 종말론적 목표가 있는 교회는 순례와 같은 인생길에서 쓰러지지 않고 최선을 다해 전진하게 된다. 그러므로 교회가 추구하는 사역의 목표는 보다 총체적이어야 하고, 완전한 통합을 지향해야 한다.[22] 그런데 총체적인 목표는 동시에 다차원적

21　대럴 L. 구더, 허성식 옮김, 『증인으로의 부르심: 총체적 구원을 위한 선교적 교회론』 (서울: 새물결플러스, 2016); 로날드 J. 사이더, 이상원·박현국 옮김, 『복음전도와 사회운동: 총체적 복음을 위한 선행신학』 (서울: 기독교문서선교회, 2013); 르네 빠딜라, 이문장 옮김, 『복음에 대한 새로운 이해: 총체적 선교회의 살아 있는 역사 로잔회의』 (서울: 대장간, 2012).
22　스탠 롤랜드, 『전인적 지역사회 개발선교』 (서울: 에벤에셀, 2009); 브라이언트 L. 마이어스, 장훈태 옮김, 『가난한 자와 함께 하는 선교』 (서울: 기독교문서선교회, 2000); John M. Perkins, *Restoring At-risk Communities* (Grand Rapinds, MI: Baker Books, 1995).

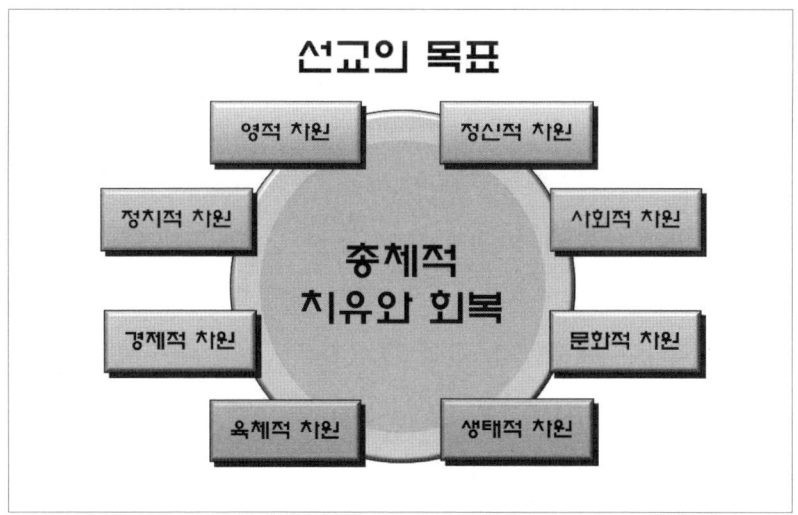

[그림 7]

인 접근을 요청한다. 하나의 차원으로 모든 것을 해결할 수는 없기 때문이다. 총체적 선교를 위한 몇 가지 차원은 [그림 7]과 같다.

- **육체적 차원**: 사람은 육체를 갖고 살아간다. 그러므로 사람이 총체적 건강을 유지하기 위해서는 육체적 차원이 매우 중요하다. 모든 사람들은 육체적 허약, 성장의 불균형, 영적-정신적-육체적 질병에서 건강해져야 한다. 그럴 때 사람들의 몸은 하나님이 거하실 성전이 된다. 그러므로 교회는 먼저 자신의 몸이 온전히 치유되고 회복되도록 노력해야 하고, 다른 사람들도 그렇게 되도록 섬겨야 한다.
- **정신적 차원**: 사람은 육체만이 아니라 정신적인 존재이다. 총체적 건강을 위해서는 정신적 건강이 너무도 중요하다. 세상의 모든 사람들과 단위체들은 한정된 시각, 정신적 장애, 빈약한 자아상, 연약한 마음, 비전의 부족, 자기 발전을 위한 정보의 부족 등으로 온전한 치유와 회복의 단계에 이르지

못하고 있다. 교회는 사역 대상이 하나님으로부터 오는 비전을 통해 희망을 회복하고, 긍정적이고도 적극적인 사고를 하도록 도와야 한다.

- **사회적 차원**: 사람은 이웃과 함께 살아가는 사회적 존재이다. 그런데 많은 사람들이 제한된 사회적 관계, 사회적 능력 부족, 사회적 단절 때문에 신음하고 있다. 이들에게 가족관계의 회복, 공동체 형성, 사회적 조직화, 협력의 네트워크 형성과 같은 지원을 통해 사회적 단절을 회복시켜 주는 것은 사회적 치유와 구원을 향한 중요한 출발점이 된다.

- **문화적 차원**: 사람은 문화적 존재이다. 문화는 사람이 만들지만, 일단 만들어진 문화는 그 문화 안에서 자라난 사람들의 세계관, 가치관, 규범, 삶의 양식 등 모든 것을 규정한다. 그러므로 건강하지 못한 문화에서 자라난 사람들은 건강하지 못한 삶을 몸에 익히게 된다. 운명론적 세계관, 퇴폐적 문화, 끊이지 않는 범죄, 극단적 개인주의 등 수많은 문제가 문화적 차원이 파괴된 결과이다. 그렇다면 교회는 사역 대상을 향해 문화적으로 접근하는 방법에 눈을 떠야 한다. 그리고 문화를 하나님 나라의 빛에 따라 변혁시켜 가야 한다.

- **경제적 차원**: 사람은 경제적 존재이기도 하다. 그러므로 삶을 영위하고 단위체를 움직이기 위한 기본적인 자본이 필요하다. 많은 사람들이 노동과 생계능력 부족, 많은 부양가족, 실업, 재산의 부족, 물질적 가난, 희박한 자원, 제한된 기회, 저축의 부족 등으로 고통받고 있다. 이들에게는 기본적인 생계의 보장, 재정 지원, 자립 능력의 확보, 경제적 능력의 회복 등 많은 지원이 필요하다. 또한 분배 정의의 확보, 기회 균등의 시스템 정착 등 사회구조적 차원도 중요하다. 교회는 사역 대상을 향한 비전을 경제적 차원에서도 이루도록 노력해야 한다.

- **정치적 차원**: 사람은 힘의 역학관계 속에서 살아가는 정치적 존재이다. 어

떤 조직이든 힘의 상호작용이 존재한다. 문제는 이러한 힘과 권력이 한쪽으로 편중되어 있다는 데 있다. 결과적으로 힘을 소유하지 못한 사람들은 평등한 기회를 누리지 못한다. 그러므로 정의와 평등을 향한 하나님 나라의 비전은 이러한 정치적 구조를 바로잡기 위해 필수적이다. 그럴 때 교회의 사역은 권력의 악순환을 끊어낼 수 있다.

- **생태적 차원**: 인간은 지구 안에서 삶을 영위하고 있다. 그리고 이 지구는 사람 이외에도 많은 생명체와 함께하고 있다. 그럼에도 불구하고 사람들은 지극히 자기 중심적이어서 주위의 생명체들을 멸종의 위기로 몰아가고 있다. 교회는 사람 중심적인 좁은 시야에서 벗어나 하나님이 지으신 피조물 전체를 볼 수 있어야 한다. 그리고 이들을 향한 청지기적 사명을 회복해야 한다.
- **영적 차원**: 마지막으로 사람은 하나님의 형상을 따라 지음받은 영적 존재이다. 그렇기 때문에 사람의 모든 문제는 하나님과의 관계에서 시작할 때 온전한 대안을 발견하게 된다. 이 땅의 모든 문제는 사람이 하나님으로부터 떨어져 있는 데서 시작된다. 그 결과 사람은 영적 차원을 상실했다. 그러므로 이 차원을 회복해 주는 것이 교회의 가장 중요한 사명이다. 특히 교회는 "정사와 권세와 이 어두움의 세상 주관자들과 하늘에 있는 악의 영들"의 차원의 문제를 보아야 한다. 그럴 때 정사와 권세에 유혹되어 두려움에 떨며 속박되어 있는 사람을 이해하게 된다. 사람들이 하나님의 살아 계심을 믿고, 소망 가운데 사랑하며 살도록 이끌어주는 것은 교회의 궁극적 목표이다.

이러한 주제들은 메타버스에서도 여전히 유효하다. 오히려 메타버스는 지구촌을 하나로 연결하면서 물리적 세계에도 강력한 영향을 끼치기 때문에 선교의 총체적이면서 다차원적인 접근은 더욱더 강조되어야 한다. 그리고 초연결이 가능한 메타버스에서는 위의 차원들이 통합적으로 관리되고 해결될 수 있다. 그러므로 메타버스 선교는 통합적이고도 다차원적인 접근 방법을 모색하고 실천해야 한다.

9) 총체적 선교를 위해 교회 간의 협력 네트워크가 필요하다
앞에서 우리는 교회 간의 협력을 추구하는 두 개의 큰 흐름을 언급했다. 그중 하나인 에큐메니컬 운동을 대표하는 세계교회협의회는 이 땅에 하나님의 나라를 선포하고 확장하는 일을 강조하는 경향이 있다. 다른 하나는 복음주의 운동을 대표하는 로잔 운동으로서 모든 민족에게 복음을 전하는 일에 집중한다. 그럼에도 불구하고 이 두 운동은 삼위일체 하나님의 총체적 선교에 순종하며 지구촌 선교현장에서 만나고 있다. 마치 두 집합 사이에 교집합이 있는 것 같다. 지구촌의 수많은 문제에 대처하기 위해서는 획일주의적 입장보다는 다양성 속의 일치를 추구하는 것이 훨씬 더 효과적이다. 그리스도의 몸도 다양한 지체들이 서로 협력할 것을 강조하고 있다(고전 12장).

현재 한국교회는 연합의 근거를 모두 상실한 채 각자도생도 어려운 상황이다. 그래서 위의 두 선교운동이 고민하던 선교의 분열 문제가 가장 첨예하게 드러나 있다. 한국교회는 하나님의 총체적 선교를 위해서 다시 한 번 연합과 협력을 향한 논의를 시작해야 한다. 특히 메타버스 시대에는 수많은 문제가 기다리고 있으며, 빠르게 세속화가 진행되고, 복음과 교회의 정체성마저도 흔들리고 있는 상황이다. 메타버스 시대에 교회들이 하나님의 선교에 순종하고 하나로 연합하는 역사를 기대한다.

10) 세상의 단체들과도 새로운 연대관계가 필요하다

메타버스 시대에 지구촌의 변혁을 위해서는 보다 많은 그룹들이 힘을 모아야 한다. 그러므로 총체적 선교를 위해서는 교회 간의 연합에서 그치지 않고, 세상의 단체들과 함께 지구촌의 문제들을 다뤄가야 한다. 이때 교회가 세상의 단체들과 대화하는 주제는 교회 안에서 나누던 주제와는 다르다. 미시오 데이(Missio Dei)가 하나님의 선교에 동참하는 교회들 간의 협력에 대한 이야기라면, 미시오 휴마니타티스(missio Humanitatis)는 '인류의 사명'을 모색하기 때문에 세상과 협력하는 길을 열어준다.[23] 지구촌의 문제들을 걱정하는 많은 사람들과 함께 공동의 책임, 사명, 상호관계, 공동의 일치와 같은 주제를 발전시켜 나갈 수 있기 때문이다. 이 과정에서 세상 사람들은 그리스도인들이 추구하는 세계관과 삶의 제안을 보게 된다. 즉 세상 한가운데에서 삶으로 하나님 나라의 복음을 증거하는 것이다. 가나안 성도들이 교회를 떠나는 가장 큰 이유는 교회가 말씀대로 살지 않기 때문이다. 세상이 교회를 거부하는 이유도 이와 다르지 않다. 교회는 세상을 섬기는 삶이야말로 가장 효과적인 증언 방법이라는 사실을 기억하고 세상 속으로 들어가야 한다.

그렇다면 메타버스 시대에 지구촌에 사는 우리의 사명은 무엇일까? 우리는 지구촌의 회복을 위해 무엇을 해야 할까? 여기에 대해 기독교 신앙은 어떤 사명을 이야기하는가? 메타버스 선교는 이런 질문에서 시작해야 한다. 교회 안의 주제가 아니라 지구촌 전체의 주제에 집중해야 한다는 말이다. 이런 요청에 대해 공공신학에 대한 논의가 시작되고 있

---

23 Thomas M. Thangaraj, *The Common Task: A Theology of Christian Mission* (Nashville: Abingdon Press, 1999), 31~60.

다.[24] 어려운 때일수록 교회는 더욱더 하나님의 사명에 집중하고 적극적으로 공공의 영역으로 나아가야 한다. 세상 사람들과 만나고 지구촌의 회복을 위해 함께 노력해야 한다. 메타버스는 이러한 논의와 협력을 위한 가장 효과적인 공간이 될 수 있다. 메타버스 선교는 메타버스 안의 사람들과 머리를 맞대는 데서 시작된다.

4. 메타버스 문화의 변혁자 그리스도

앞에서 우리는 메타버스가 사람들이 사는 세상이 되었고, 또 문화를 형성했다는 것을 확인했다. 그렇다면 교회는 메타버스 문화를 향해 어떤 태도로 접근해야 할까? 이에 대해서 리처드 니버(H. Richard Niebuhr)의 책 『그리스도와 문화』를 중심으로 몇 가지 지혜를 얻어 보자. 이 책은 교회와 세상 문화의 관계를 다룬 고전이다.[25] 이 책은 역사에서 나타난 교회와 문화 사이의 관계를 다섯 가지 유형으로 나눈다. 이렇게 단순화시키고 나면 자신의 입장이 어떤지를 깨달을 수 있게 된다. 또한 다른 입장에 대해서도 그 차이를 이해할 수 있게 된다.

*
문화를 떠난
교회는 없다.
그러나
그 문화를
대하는 태도는
다양하다.

각 유형을 살펴보기 전에 먼저 확인할 점은 다음과 같다. 우선 이 관점에서 우리의 교회를 돌아보자. 그러면 이 책이 제안하는 바를 보다 명확하게 이해할 것이다.

---

24 류영모 외, 『공적 복음과 공공신학』 (서울: 킹덤북스, 2021); 최경환, 『공공신학으로 가는 길: 공공신학과 현대 정치철학의 대화』 (서울: 도서출판100, 2019).
25 리처드 니버, 홍병룡 옮김, 『그리스도와 문화』 (서울: IVP, 2007).

- 기독교와 문화는 서로간에 긴밀한 영향을 끼쳤다. 어느 특정한 문화를 벗어난 교회는 존재하지 않는다.
- 교회가 문화를 대하는 태도는 다양했다. 하나의 성경을 갖고 있지만, 각 교회는 저마다의 방법으로 성경을 이해하고 그에 따라 문화를 대하는 태도를 형성해 왔다.
- 교회가 문화를 변화시키는 의미나 방법도 다양하다. 우리가 앞에서도 확인했지만 어떤 특별한 상황에서 신학이 형성되면 그에 따라 실천 방법도 달라진다.
- 우리가 복음을 선포할 때 문화적 요소를 얼마나 고려하거나 사용할지에 대해서도 다양한 입장이 있다.

이제 이러한 관점에서 니버의 다섯 가지 유형을 살펴보자. 각 유형을 대할 때도 우리의 교회와 비교하면서 그 유형을 이해해 보려고 노력하자.

1) 문화와 대립하는 그리스도

첫째 유형은 '문화와 대립하는 그리스도'(Christ Against Culture)이다. 이 그룹은 문화를 죄로 가득한 곳으로 본다. 그러므로 교회는 세속문화와 같아서는 안 된다. 그리스도를 따르기 위해서는 죄 된 문화를 거부해야 한다. 역사적으로 세상을 등지고 거룩함을 지키고자 했던 기독교 전통들이 이에 속한다.

메타버스 문화를 향해서도 부정적인 입장을 보이는 교회들이 있다. 여러 가지 이유를 대면서 그곳이 그리스도인의 영성에 도움이 되지 않는다고 주장한다. 그런데 메타버스 문화에 대해 부정적 입장을 보이는 그룹 중에는 또 다른 입장도 있다. 그들은 과거 아날로그 세대에 익숙한 교인들이다. 이들 또한 익숙하지 못한 메타버스를 부정적으로 생각하며 이 부정적인 입장에 편승한다.

그러나 이 입장은 성경적으로 한계가 있다. 교회는 어두운 세상에 빛이 되어야 하고, 썩어가는 곳에 소금의 역할을 감당해야 한다. 예수 그리스도는 이러한 목적 때문에 세상에 성육신하셨고, 제자들을 세상으로 보내시며 하나님 나라의 복음을 전하게 하셨다. 세상은 비록 타락했지만, 하나님께서 지으신 것이고, 우리가 다시 회복해야 할 대상이다.

2) 문화의 그리스도

둘째 유형은 '문화의 그리스도'(The Christ of Culture)이다. 이는 첫째 유형의 정 반대편에 있는 입장이다. 교회는 세상 문화를 인정하고 받아들인다. 세상 문화의 관점에서 자신을 이해하고, 세상 문화를 성취하는 일에 함께한다. 복음과 문화의 높은 차원은 서로 연결되어서 기독교 신앙을 기반으로 한 탁월한 문화를 이룬다.

교회 중에는 메타버스 문화를 적극적으로 수용하고 받아들이려는 입장이 있다. 메타버스 문화에 성육신할 것을 강조하면서 그 문화 속으로 들어가서 사람들과 관계한다. 새로운 기술과 문명이 메타버스 문화를 바꾸는 것에 관심하며 그 흐름을 타고자 노력한다.

그러나 이 접근 또한 한계가 있다. 메타버스 문화를 무분별하게 수용함으로써 기독교 신앙이 왜곡되거나 타락할 수 있다. 교회가 메타버스 문화를 우상화하거나 그리스도보다 더 중요시할 여지를 만드는 것이다. 그러다 보면 꿩 잡는 것이 매라고 무분별하게 메타버스 문화를 수용하며 가시적 결과를 내는 것에만 만족할 수 있다.

3) 문화 위에 있는 그리스도

세 번째 입장은 '문화 위에 있는 그리스도'(Christ Above Culture)이다. 두 번째 유형에 가깝지만 그리스도가 문화 위에 있다는 것을 인정한다. 그리스도는 영원하고 초월적인 형태로 유한한 문화 위에 계시면서 적절하게 문화를 다스리신다. 그 결과 문화는 점진적으로 그리스도에게로 나아간다. 즉 그리스도는 문화가 추구해야 하는 이상형으로 인식된다.

이 입장의 장점은 문화의 모든 영역에서 그리스도의 주권을 인정한다는 점이다. 그리고 그리스도와 문화는 구별되면서도 조화롭게 관계한다. 비록 문화에 악의 요소가 없지 않지만, 문화는 근본적으로 하나님의 선물이다. 결과적으로 문화가 부정되지 않으면서도 그리스도의 주권이 유지된다. 이 입장은 대체로 로마제국이나 서구 유럽처럼 기독교 국가가 다스리던 곳에서 나타났다.

이 입장의 약점은 문화의 죄성이 간과되고 있다는 점이다. 또한 거룩함과 세속, 높은 것과 저속한 것, 신앙과 이성, 신학과 철학 등 세상을 이분법적으로 보는 경향을 가질 수 있다. 메타버스 문화는 서구교회같이 교회의 영향이 뿌리내린 곳이 아니다. 그곳에는 교회의 영향력도 없다. 메타버스는 마치 선교지와 같은 영역이다. 그러므로 이 유형을 적용하기가 쉽지 않다.

4) 역설적 관계 속의 그리스도와 문화

네 번째 유형은 '역설적 관계 속의 그리스도와 문화'(Christ and Culture in Paradox)이다. 이 입장은 양자의 이질성을 강조한다는 면에서 첫 번째 유형과 같다. 하지만 이 부류의 교회는 완전히 세상을 떠나서 살지는 않는다. 세상에 살고 있지만 하나님 나라를 소망하는 역설적 상황에서 살아간다. 이들에게는 교회나 문화 모두 죄의 영향 하에 있다. 그러나 하나님께서는 교회가 죄 된 세상에서 그리스도를 위해 살 수 있는 힘을 주신다. 그러므로 그리스도인은 타락한 문화 속에서 하나님의 은혜로 하나님의 백성으로, 이중시민으로 순례자처럼 살아간다.

이 유형의 교회의 주된 관심은 하늘나라에 있다. 그렇기 때문에 이 땅의 문화는 실존적으로 견뎌내야 하는 곳이다. 이 관점에서는 세상에 만연한 죄를 심각하게 본다. 또한 하나님 나라와 지상의 나라의 분명한 차이를 강조하기 때문에 둘 사이에 혼동이나 혼합이 없다.

메타버스 문화 안에서도 이러한 교회가 존재할 수 있다. 비록 메타버스 문화 속에 부정적인 면이 많더라도 하나님의 은혜에 힘입어 가능한 거룩성을 유지하며 이중시민으로 살아간다. 그러나 이러한 관점은 거룩과 세속의 이분법적 세계관을 야기한다. 죄 된 세상에서 신앙을 유지하다 보니 신앙의 개인화 경향이 생긴다. 결과적으로 메타버스 문화를 변혁하려는 노력을 경시할 가능성이 많아진다.

5) 문화의 변혁자인 그리스도

다섯 번째 유형은 '문화의 변혁자인 그리스도'(Christ the Transformer of Culture)이다. 타락한 문화를 거부하는 것은 첫 번째 유형에 가깝지만 세상을 등지지 않는다. 네 번째 유형처럼 역설적인 삶에 그치지도 않는다. 교회는 하나님 나라의 빛 아래에서 적극적으로 문화를 변혁하기 위해 노력한다. 빛, 소금, 누룩은 이 유형의 교회를 나타내는 주요 이미지이다. 이때 교회는 죄 된 문화를 적극적으로 끌어안는다. 그리고 세상을 향한 사명을 강조한다. 교회는 문화의 전 영역에 총체적 방법으로 복음을 전한다. 결과적으로 문화를 하나님 나라로 바꾸려고 노력한다. 이러한 입장은 거룩과 세속의 이분법을 극복한다. 그래서 죄를 개인적으로 보기보다는 사회적이고 제도적으로 본다.

메타버스 문화를 향해서도 변혁적인 접근이 가능하다. 예수께서 하나님 나라를 이루기 위해 세상에 오셨듯이 교회는 메타버스 문화 속으로 들어간다. 그래서 메타버스 문화 속에서 하나님 나라를 이뤄간다. 그러나 이러한 방법은 사회변화와 변혁을 위해 세상적인 접근 방법도 사용하기 때문에 사회적 이슈에 관심할 때가 많다. 반면에 수직적인 하나님과의 관계가 약화될 수도 있다.

6) 종합적 평가

니버가 제시한 다섯 가지 유형은 각자의 상황에서 성경을 읽는 가운데 나타났다. 그러므로 각 유형마다 세상을 향한 태도와 전략이 다르다. 어떤 유형이라도 이 세상에서 완전한 목적에 이르지는 못할 것이다. 문화 안의 교회는 인식적 한계와 능력의 제한 때문에 완전한 하나님 나라를 이루지는 못하기 때문이다. 그럼에도 불구하고 주님은 교회를 메타버스 세상으로 보내고 계신다. 성령 하나님께서는 용기를 내는 교회들과 세상 끝날까지 함께해 주실 것이다. 그러므로 교회는 메타버스 문화 속으로 성육신해 들어가서 메타버스 문화의 변혁과 지구촌 전체의 변혁을 위해 노력해야 한다.

> * 교회는 메타버스 문화를 변혁하는 변혁자가 되어야 한다.

나가는 말

이 장은 메타버스 시대의 선교를 정의하는 데에 할애했다. 우리가 검토한 것은 다음과 같다.

- 메타버스 선교를 이해하기 위해서 '확장으로서의 메타버스 선교' 모델을 살펴보았다.
- 총체적 선교를 위해서 '메타버스를 도구로 사용하는 선교'보다는 '메타버스를 향한 선교'가 필요하다는 것을 확인했다.
- 메타버스 선교를 정의하기 위해서 선교의 10가지 명제를 메타버스 상황에서 재해석해 보았다.
- 메타버스 문화를 향해 변혁자로서의 교회 모델을 살펴보았다.

아쉽게도 이 장에서 다룬 것은 간단한 스케치일 뿐이다. 보다 깊이 있는 연구는 다음을 기약하기로 한다. 그러나 메타버스 선교에 대해 살펴보면서 우리가 놓치지 말아야 할 중요한 점들이 있었다. 그것은 메타버스 선교가 메타버스 기술을 이용하는 것에서 끝나지 말아야 한다는 점이다. 메타버스 선교는 도구적 차원에 머물러서는 안 된다. 메타버스는 그 자체로 선교지이고 선교의 대상이다. 그러므로 교회는 메타버스 속으로 들어가서 그 안에 있는 사람들에게 선교해야 한다.

> * 메타버스 선교에는 총체적 관점이 필요하다.

또한 메타버스는 물리적 세계와 분리되지 않는다는 점도 기억해야 한다. 메타버스 속에 있는 사람들은 물리적 세계에서도 살고 있기 때문이다. 하나님 나라가 메타버스에 영향을 주면 그 영향은 곧바로 물리적 세계에도 미친다. 그러므로 우리는 이 두 영역이 서로 연결되어 있고, 상호 영향을 끼치는 하나의 세상이라는 것을 잊지 말아야 한다. 그러므로 우리는 이 두 세계를 향한 총제적 관점이 필요하다. 또한 우리는 이 두 세계를 변화시킬 새로운 방법을 모색해야 한다. 이 과정에 주님께서 함께하실 것이다.

실천 과제

1. 메타버스를 제외하고 선교를 생각할 수 없는 시대가 되었다. 지금까지 자신이 생각하던 선교를 정리하고, 여기에 메타버스 상황을 대입해 보자.

2. 메타버스를 통해 지금까지 자신이나 자신의 교회가 감당하던 선교를 확장할 수 있는 방법을 기록해 보자.

3. 메타버스를 포함한 새로운 선교를 실천하기 위해 필요한 사항을 기록해 보자.

4. 이 과제들을 동역자들과 의논하면서 구체화해 보자.

5. 이 과제들의 단계를 정하고, 가장 쉬운 것부터 실천해 보자.

PART 3

이 장에서는 예수님의 사역을 메타버스의 관점에서 조명한다.
12가지 관점은 메타버스 시대의 선교와 목회를
점검해 보는 체크리스트로 사용할 수 있다.
정확한 점검을 위해 각각의 관점에 코칭 질문들을 수록했다.

메타버스에서
예수님처럼 사역하자

이 장의 핵심 질문

메타버스 선교는 성경적인가?

예수님의 사역이 메타버스 선교에도 적용될 수 있을까?

메타버스 시대에 예수님처럼 사역하기 위해서
우리는 무엇을 준비해야 하는가?

• • • • •

코로나19의 언택트 상황을 지나면서 건물 중심의 전통적인 교회가 큰 타격을 입게 되었다. 빠르게 메타버스로 이주하는 세상을 보는 것도 전통적인 교회에게는 큰 부담이다. 메타버스 시대에 교회는 어떻게 변해야 할까? 이것이 미래 교회를 향한 중요한 화두가 되고 있다. 이러한 시기에 예수께로 관심을 돌려보자. 예수께서는 어떻게 사역하셨는가? 예수님의 사역이야말로 우리 제자공동체가 따라야 할 가장 명확한 모델이다. 이에 대해 필자는 늘 '예수님처럼 목회하기'를 강조해 왔다.[1] 이런 관점에서 성경을 보면 우리는 지금의 교회와 사뭇 다른 예수님의 사역을 보게 된다. 예수님의 사역과 마음을 잘 표현한 구절로는 마태복음 9장 35~38절을 들 수 있다.

> 예수께서 모든 도시와 마을에 두루 다니사 그들의 회당에서 가르치시며 천국 복음을 전파하시며 모든 병과 모든 약한 것을 고치시니라 무리를 보시고 불쌍

---

[1] 장성배, 『예수님처럼 사역하라』 (서울: 기독교문서선교회, 2018).

히 여기시니 이는 그들이 목자 없는 양과 같이 고생하며 기진함이라 이에 제자들에게 이르시되 추수할 것은 많되 일꾼이 적으니 그러므로 추수하는 주인에게 청하여 추수할 일꾼들을 보내 주소서 하라 하시니라

이 본문을 보면 예수께서는 건물에 머물지 않고 모든 도시와 마을에 두루 다니셨다. 그가 제자들을 훈련하실 때도 둘씩 짝을 지어서 위와 같이 움직이게 하셨다. 주님이 승천하신 이후 성령을 체험한 제자들도 이렇게 이동하면서 땅끝까지 나갔다.

메타버스 시대에 예수님이라면 어떻게 사역하셨을까?

예수님의 사역은 메타버스의 특징인 모바일 곧 이동성이 강하게 드러나는 사역 방법이었다. 그리고 메타버스의 다른 특성인 소그룹 중심, 네트워킹, 글로컬, 1인 사역의 중요성 등 여러 측면이 예수님의 사역에 적용될 수 있다. 이 장에서는 메타버스의 관점에서 예수님의 사역을 조명해 보려고 한다. 메타버스 시대에도 예수님의 사역이 유효한지 살펴보는 것이다. 이것이 정리되면 교회 또한 그렇게 탈바꿈하면 된다. 그것이 우리 주님의 사역 방법이었고, 교회가 그렇게 움직이는 것은 당연하기 때문이다.

그러므로 이 장은 12가지 관점에서 예수님의 사역을 정리해 보려고 한다. 이 12가지 관점은 서로 별개의 것이 아니라 예수님의 사역을 좀 더 세부적으로 설명해 보고자 하는 시도이다. 이 12가지 관점이 메타버스 시대의 선교와 목회를 점검해 보는 체크리스트로 사용되기를 바란다. 보다 정확한 점검을 위해 각각의 관점에는 그에 해당하는 코칭 질문들을 추가했다. 물론 이 체크리스트는 필자의 성경 읽기와 선교관, 그리고 교회론에서 비롯되었다. 독자들은 하나님께서 주시는 지혜대로 자신에게 맞춰 목록을 수정하면 된다. 중요한 것은 구체적인 체

크리스트를 가지고 자신의 교회를 점검하고 바꿔가려고 노력하는 것이다. 이제 그 점검을 시작해 보자.

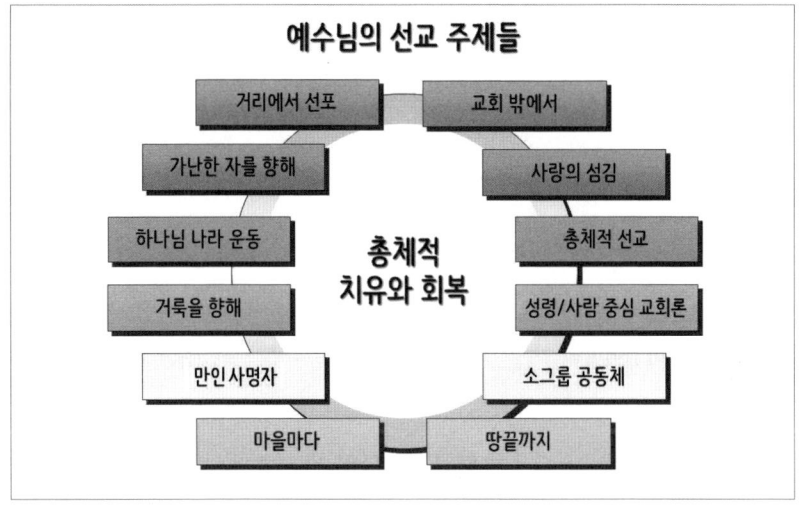

[그림 8]

1. 거리에서 외치는 청년

2,000여 년 전 홀연히 한 청년이 나타나 세상을 향해 하나님 나라를 선포하기 시작했다. "이 때부터 예수께서 비로소 전파하여 이르시되 회개하라 천국이 가까이 왔느니라 하시더라"(마 4:17). "때가 찼고 하나님의 나라가 가까이 왔으니 회개하고 복음을 믿으라 하시더라"(막 1:15). 그 선포는 세상에 매몰되어 살던 사람들에게 하늘이 열리는 것과도 같은 소리였다. 하나님께서 세상을 다스리시기 위해서 이 땅에 임하신다는 소식은, 힘이 없어 하늘을 향해 울부짖던 사람들에게는 기쁨의 소리였다. 반면에 세상 권세를 누리던 사람들에게는 청천벽력과도 같은

선포였다. 그때부터 하나님 나라의 새로운 운동이 시작되었다. 역사의 새로운 장이 열리게 된 것이다.

그렇다면 세상을 향해 선포하시는 예수님의 비전은 어떤 것이었을까? 어떤 세상이 된다는 것인가? 예수님은 그 비전을 이렇게 설명한다.

> 주의 성령이 내게 임하셨으니 이는 가난한 자에게 복음을 전하게 하시려고 내게 기름을 부으시고 나를 보내사 포로 된 자에게 자유를, 눈 먼 자에게 다시 보게 함을 전파하며 눌린 자를 자유롭게 하고 주의 은혜의 해를 전파하게 하려 하심이라 하였더라… 이 글이 오늘 너희 귀에 응하였느니라(눅 4:18~21)

질문해 보자. 이 시대의 교회가 정말 예수님과 같은 비전을 추구하고 있는가? 하나님이 다스리시는 세상을 만들기 위해 최선을 다하고 있는가? 교회는 세상을 향한 분명한 메시지가 있어야 한다. 교회가 세상 한가운데에서 하나님 나라를 선포하고 그 실현을 위해 움직여 나갈 때 세상은 교회를 인정하고 하나님께로 나아올 것이다. "이같이 너희 빛이 사람 앞에 비치게 하여 그들로 너희 착한 행실을 보고 하늘에 계신 너희 아버지께 영광을 돌리게 하라"(마 5:16).

*
교회는 메타버스 한가운데서 하나님 나라를 선포해야 한다.

교회는 예수님처럼 이 시대의 거리인 메타버스로 들어가 복음을 선포해야 한다. 모든 그리스도인도 개인적으로 메타버스 선교사가 되어서 라이프로깅 세계로 들어가 자신들의 삶으로 복음을 전해야 한다. 우리가 행하는 페이스북, 블로그, 인스타그램, 유튜브의 브이로그(Vlog)는 '삶을 통한 전도'(lifestyle evangelism)에 적합하다.[2] 삶을 통한 전도는 믿

---

2 이병욱, 『삶이 전도한다』 (서울: 아르카, 2018); 마이클 프로스트, 오찬규 옮김, 『세상을 놀라게 하라: 삶으로

지 않는 사람들 곁에 함께 살면서 우리의 삶이 매력적인 그리스도의 편지와 향기가 되는 가운데 이뤄진다. 이 과정에서 그리스도인들은 (1) 창조주 하나님이 계시다는 것, (2) 그분은 사랑이셔서 아들을 주시기까지 하셨다는 것, (3) 그분이 다시 이 세상의 주권자가 되어야 세상이 산다는 것, (4) 그래서 그분의 뜻이 이 땅 위에서도 이뤄지도록 간구하고 애써야 한다는 것을 삶으로 증거해야 한다.

> **코칭 질문:** 메타버스에서 선포할 메시지는 분명한가?
>
> _ 우리 교회는 메타버스를 향해 선포할 핵심 메시지가 있는가?
> _ 우리 교회의 메시시는 예수님의 그것과 일치하는가?
> _ 그 메시지가 세상을 살릴 유일한 길임을 확신하고 성도들의 전 삶과 사역을 통해 선포하고 있는가?
> _ 우리 교회는 메타버스 속의 사람들이 우리의 선포를 이해할 수 있도록 다양한 방법을 모색하고 있는가?
> _ 우리 교회는 메타버스 안에서 그 메시지대로 살아서 세상을 변화시키고 있는가?

2. 교회 안이 아니라 교회 밖에서

예수께서 인간의 모습을 띠고 이 땅에 오실 때 그의 선택은 참으로 놀

전도하는 크리스천의 다섯 가지 생활 습관』(서울: 넥서스CROSS, 2016); 박원호, 『삶으로 전도하라』(서울: 쿰란출판사, 2013); 조셉 알드리치, 오정현 옮김, 『생활 전도』(서울: 생명의말씀사, 2003).

라웠다. 그는 로마 황제의 아들로 태어나 황제로서 세상을 바꿀 수도 있었다. 아니면 적어도 헤롯 왕가에 태어나서 잃어버린 다윗의 도성을 회복할 수도 있었다. 그것도 아니라면 대제사장의 가문에서 태어나 영적인 지도자로서 사람들을 이끌 수도 있었다. 그러나 그의 선택은 가난한 목수의 아들로 태어나 변방의 갈릴리 가난한 사람들 곁에서 하나님 나라 운동을 일으키는 것이었다.

이렇듯 예수님의 하나님 나라 운동은 전문 사제들이 사역하던 예루살렘 성전에서가 아니라 갈릴리 나사렛의 가난한 사람들의 삶의 현장에서 시작되었다. 그의 주된 삶과 사역의 이야기들은 가나의 혼인 잔치나 세리 마태의 집과 같은 세상 사람들을 만나는 삶의 현장에서 일어났다. 예수님이 이렇게 선택한 이유는 바리새인을 향한 예수님의 대답에 잘 나타나 있다. "건강한 자에게는 의사가 쓸 데 없고 병든 자에게라야 쓸 데 있느니라 너희는 가서 내가 긍휼을 원하고 제사를 원하지 아니하노라 하신 뜻이 무엇인지 배우라 나는 의인을 부르러 온 것이 아니요 죄인을 부르러 왔노라 하시니라"(마 9:12~13). 이처럼 예수님은 사랑과 긍휼의 마음으로 죽어가는 사람들을 찾아가서 그들 곁에서 구원의 이야기를 시작하셨다.

제사장들이나 바리새인들의 눈에 이러한 예수님이 어떻게 보였는지는 다음 구절이 잘 표현하고 있다. "인자는 와서 먹고 마시매 말하기를 보라 먹기를 탐하고 포도주를 즐기는 사람이요 세리와 죄인의 친구로다 하니"(마 11:19). 그렇다면 우리는 예수님을 어떻게 볼까? 이 시대에 예수님이 나타나셔서 죄인들과 함께 먹고 마시는 것을 본다면 우리 그리스도인들도 그들처럼 말하지 않을까? 분명한 것은 예수님의 사역이 전통적인 제사장들이나 바리새인들이 말하는 예배나 경건과는 너무도 달랐다는 것이다.

　그렇다면 메타버스 시대에 예수님의 동선(動線)을 따르는 교회는 어디에서 무엇을 하고 있어야 할까? 말씀이 육신을 입어 사람들 곁으로 오신 것을 성육신이라고 한다면, 교회는 어떻게 메타버스의 사람들과 같이 되어 그들의 삶 속으로 들어갈 수 있을까? 교회는 교회 건물 밖으로 나와 메타버스 안에 존재하는 삶과 사역 방법에 대해 고민해야 한다. 이렇게 메타버스 사역을 개발하는 것은 교회가 예수님의 뒤를 따라 세상으로 들어가는 한 모형이 된다. 그리고 메타버스 안에는 복음이 필요한 거의 모든 인류가 살고 있다. 그러므로 메타버스에서의 사역은 그 범위와 효과 면에서 상상을 초월한다.

> * 교회는 메타버스 안에서 사역해야 한다.

　물리적 세계에서 교회가 세상으로 나가는 것은 지극히 일회적이고 한 지역에 국한된 사역으로 그친다. 단기선교를 가더라도 막대한 비용을 들여서 해외로 나가지만, 우리가 섬기는 한 지역에서의 일회적인 이벤트로 끝난다. 그러나 메타버스에서의 사역은 공간적으로도 전 지구적이고, 시간적으로도 한 번 업로드된 콘텐츠는 계속적인 영향을 미친다. 교회는 물리적 세계의 교회 안에서만의 사역에서 벗어나 지구촌 전체를 연결하고 있는 메타버스로 나아가야 한다.

| 코칭 질문: 메타버스 안에서 사역할 수 있는가?

　_ 우리 교회의 주요 사역은 물리적 교회 건물 안에서 이뤄지고 있는가, 아니면 교회 밖에서 이뤄지고 있는가? 특히 메타버스 안에서 이뤄지고 있는 것은 무엇인가? 그 예를 들어 보자.

_ 예수님의 관점에서 볼 때 우리 교회의 메타버스 사역은 어떻게 평가될 수 있는가?

_ 우리 교회는 예수님처럼 메타버스에 사는 사람들의 삶 속으로 성육신할 수 있는가? 있다면 우리 교회의 구체적인 성육신 단계는 어떤 것인가?

3. 가난한 사람들을 향하여

예수님의 사역은 가난하고 상처투성이인 사람들 곁에서 시작되었다. 고아와 과부와 나그네와 가난한 사람들은 구약에서부터 하나님의 우선적 관심 대상이었다. 혼자 설 수 없는 사람, 의지할 곳 없는 사람, 그래서 하늘을 향해 울부짖을 수밖에 없는 사람! 하나님의 마음은 늘 그들을 향해 있었고, 그의 아들 예수님도 그들 곁에서 사역을 시작했다.

세례 요한이 자신의 제자 둘을 예수께 보내며 메시아의 증표를 보여 달라고 했을 때 예수님은 의미심장한 대답을 하셨다. "너희가 가서 보고 들은 것을 요한에게 알리되 맹인이 보며 못 걷는 사람이 걸으며 나병환자가 깨끗함을 받으며 귀먹은 사람이 들으며 죽은 자가 살아나며 가난한 자에게 복음이 전파된다 하라"(눅 7:22). 이는 앞에서 살펴본 대로 이사야가 예고한 예수님의 사역과 일치한다. 같은 맥락에서 마태복음 4장도 예수님의 사역을 잘 요약하고 있다.

> 예수께서 온 갈릴리에 두루 다니사 그들의 회당에서 가르치시며 천국 복음을 전파하시며 백성 중의 모든 병과 모든 약한 것을 고치시니 그의 소문이 온 수리아에 퍼진지라 사람들이 모든 앓는 자 곧 각종 병에 걸려서 고통 당하는 자,

> 귀신 들린 자, 간질하는 자, 중풍병자들을 데려오니 그들을 고치시더라 갈릴리와 데가볼리와 예루살렘과 유대와 요단 강 건너편에서 수많은 무리가 따르니라(마 4:23~25)

그렇다면 현재 한국교회 사역의 초점은 예수님의 초점과 같은가? 이 땅의 소외되고 어려움 당하는 사람들이 교회의 주요 사역 대상인가? 교회는 진정 그들에게 기쁨과 희망이 되고 있는가? 한국교회는 열심히 달려가던 길을 잠시 멈추고, 그 길이 예수님의 길과 같은지 질문해야 한다. 그렇지 않으면 열심히 사역을 하고도 주님께 버림받을 수도 있다. "나더러 주여 주여 하는 자마다 다 천국에 들어갈 것이 아니요 다만 하늘에 계신 내 아버지의 뜻대로 행하는 자라야 들어가리라"(마 7:21).

메타버스에는 밝은 면도 있지만 어두운 면도 많다. 직업적인 블로거와 유튜버들은 구독자 수를 올릴 수 있는 콘텐츠를 중심으로 업로드한다. 그러다 보니 메타버스는 더 자극적이고 폭력적이며 선정적인 콘텐츠로 채워지고 있다. 또한 그곳에는 방황하는 포스트모던 세대들이 헬조선을 외치며 자신들의 분노를 쏟아내고 있다. 가상 세계를 찾는 사람들은 게임방에서 밤을 새우며 게임에 중독되기도 한다. 그러나 이들 모두가 주님의 사랑의 대상이고, 복음이 필요한 사람들이다. 바리새인들은 이들을 죄인이라고 외면했겠지만, 주님은 그들의 친구가 되시려고 그들 곁으로 성육신하실 것이다. 교회는 사역의 초점을 분명히 해야 한다.

* 메타버스 시대에 소외된 자를 돌보고, 그들을 다시 세우자.

▎ **코칭 질문**: 메타버스의 가난하고 도움이 필요한 사람들에게로 사역의 초점이 맞춰져 있는가?

_ 가난하고 소외된 사람들을 향한 우리 교회의 인식은 어떠한가?
_ 우리 교회의 관점과 예수님의 관점이 같은가?
_ 우리 교회가 메타버스를 통해 감당하고 있는 소외된 사람들을 위한 사역에는 무엇이 있는가?
_ 그 메타버스 사역이 우리의 주된 사역인가? 아니면 부수적인 사역인가?
_ 메타버스에서 가난하고 소외된 사람들을 향한 장기적 계획을 갖고 있는가?

4. 사랑의 섬김으로

예수께서 이 땅에 오신 이유는 자신이 사랑하는 세상을 구원하려는 것이었다(요 3:16). 그 사랑 때문에 절대자가 인간이 되었고, 영원하신 분이 시간 안의 존재가 되었으며, 거룩하신 분이 죄 많은 세상의 일원이 되었다. 그것을 믿을 수 없어서 그리스 배경의 그리스도인들은 가현설로 설명했고, 유대 배경의 그리스도인들은 '에비오니즘'(Ebionism)을 주장하게 되었다. 그러나 초대교회는 양쪽 모두를 이단으로 정리하며 참된 하나님이 참된 인간으로 오셨다고 고백했다. 예수님이 이토록 무리수를 두며 인간이 되신 것은 세상을 향한 하나님의 사랑이 얼마나 큰지를 잘 보여준다.

예수님은 이러한 사랑의 섬김을 다음과 같이 표현하신다. "인자가 온 것은 섬김을 받으려 함이 아니라 도리어 섬기려 하고 자기 목숨을 많은 사람의 대속물로 주려 함이니라"(마 20:28). "내가 온 것은 양으로 생명을 얻게 하고 더 풍성히 얻게 하려는 것이라… 나는 양을 위하여 목숨을 버리노라"(요 10:10~15). 하나님의 자기희생적 사랑이야말로 사람들에게 큰 감동을 준다. 사랑을 받은 사람들은 하나님의 사랑에 감격하게 되고, 주님을 향해 자신의 모든 것을 바치게 된다. 이렇게 사랑의 섬김이야말로 가장 강력한 전도 방법이다. 어떤 논리적 설득이나 뛰어난 전략으로도 얻을 수 없는 사람의 마음을, 사랑의 섬김을 통해 얻을 수 있다. 사랑의 섬김은 상심해서 쓰러져 있는 사람들을 소생시키는 가장 강력한 방법이다. 사랑의 섬김을 받은 사람들은 잃었던 자존감과 자신감을 되찾게 된다. 그들은 용기를 갖고 일어나 다른 사람들을 섬기는 일에 동참하게 된다. 결과적으로 사랑의 섬김이 사랑으로 섬기는 세상을 만든다. 그것이 곧 하나님 나라이다.

교회는 사랑으로 섬기기 위해 메타버스 속의 사람들에게 다가가야 한다. 그들에게 실제적인 도움을 주며 사랑으로 그들을 섬겨야 한다. 일순간에 결과가 없다고 포기해서는 안 된다. 사랑은 결코 포기하지 않기 때문이다. 인내하면 사랑의 열매를 맺는다.

> *
> 교회는 메타버스 안의 사람들을 사랑으로 섬겨야 한다.

특히 메타버스에서의 사역은 대부분의 교회에게는 낯선 일이다. 그러므로 메타버스 안에서의 교회의 섬김이 불완전하고 미숙할 수도 있다. 메타버스 사람들에게도 교회의 이런 모습이 낯설게 느껴질 것이다. 그러나 메타버스 사역이 메타버스 사람들에게 익숙하게 느껴질 때까지 계속해서 더 나은 방법을 모색해 가야 한다. 사람은 새로운 것에 쉽게 적응한다. 얼마 가지 않아서 메타버스에서의 섬김의 사역이 익숙해지고 당연해질 것이다.

> **코칭 질문**: 뜨거운 사랑의 열정으로 메타버스 사람들을 섬기고 있는가?
>
> _ 사랑은 그 대상을 향한 관심과 희생적 섬김을 통해서 드러난다. 그렇다면 우리의 메타버스 사역은 사랑에 기반을 두고 있는가?
>
> _ 예수님의 사역이야말로 전형적인 사랑의 사역이다. 우리 교회의 메타버스 사역을 예수님의 사역과 비교해서 설명해 보라.
>
> _ 사랑에 근거한 메타버스 사역을 계속하기 위해서 꼭 필요한 것은 무엇인가?

5. 하나님 나라 운동

하나님 나라는 예수님 사역의 알파와 오메가이다. 예수님의 사역의 시작은 하나님 나라를 선포하는 것이었고, 부활하신 뒤에는 40일 동안 제자들과 함께하시면서 하나님 나라 일을 정리해 주시고 승천하셨다(행 1:3). 제자들은 예수께서 가르쳐 주신 기도를 할 때마다 늘 하나님 나라가 이 땅에 임하도록 기도했다. "나라가 임하시오며 뜻이 하늘에서 이루어진 것 같이 땅에서도 이루어지이다"(마 6:10). 또한 예수님은 먼저 하나님 나라와 그 의를 구하라고 가르치셨다.

> 그러므로 염려하여 이르기를 무엇을 먹을까 무엇을 마실까 무엇을 입을까 하지 말라 이는 다 이방인들이 구하는 것이라 너희 하늘 아버지께서 이 모든 것이 너희에게 있어야 할 줄을 아시느니라 그런즉 너희는 먼저 그의 나라와 그의 의를 구하라 그리하면 이 모든 것을 너희에게 더하시리라(마 6:31~33)

하나님 나라는 제자들이 추구해야 할 가장 중요한 목표이자 종착점이다. 하나님께서 다스리시는 나라가 되어야 모든 상처가 치유되고 창조의 질서가 회복되기 때문이다. 이것이야말로 하늘의 뜻이 이 땅에 이뤄지는 것이다. 하나님께서 이 땅에 온전히 임하시고, 운행하시며, 모든 피조물이 하나님을 찬양하는 것이야말로 구약의 선지자들이 꿈꾸던 나라이다.

> *하나님 나라는 메타버스 안에서도 이루어져야 한다.

분명한 하나님 나라를 추구하게 되면 세상의 풍조에 흔들리지 않게 된다. 세상의 어떤 권세나 유혹에도 흔들리지 않는 삶을 살게 된다. 사랑의 하나님께서 다스리시는 곳에는 싸움과 분열도 사라진다. 교회가 하나 되고, 사회도 사랑으로 하나가 된다. 끝내는 세상 만물이 하나님의 뜻 가운데서 아름다운 지구촌을 만들어간다. 예수님은 그 하나님 나라가 누룩과 같아서 적은 양이라도 빵을 부풀게 하듯이, 겨자씨와 같아서 작지만 큰 나무가 되듯이 작은 사랑의 공동체를 통해 시작된다고 가르치셨다. 우리가 하나님 나라의 원리를 믿을 때 각자가 처한 곳에서부터 하나님 나라가 시작될 수 있다.

메타버스에도 사람이 산다면, 하나님 나라는 그곳에도 임해야 한다. 그동안 그 세계에 대해 관심하지 못했다면, 지금이라도 메타버스에 관심을 갖고 그곳에 하나님 나라가 임하기를 기도해야 한다. 그렇다면 메타버스에 하나님 나라가 임하는 것은 어떤 모습인가? 어떤 상태가 되면 하나님 나라가 이뤄지는 것인가? 역사적으로도 하나님 나라에 대한 관점은 너무도 다양했다.³ 그럼에도 교회는 보다 성경적이고 현실 세계에 적용 가능한 형태의 하나님 나라에 대해 논의하고 적용하도록 노

---

3   톰 라이트, 양혜원 옮김, 『마침내 드러난 하나님 나라』 (서울: IVP, 2009); 마틴 로이드 존스, 전의우 옮김, 『하나님 나라』 (서울: 복있는사람, 2008); 하워드 스나이더, 이승학·이철민 옮김, 『하나님 나라의 모델』 (서울: 두란노서원, 1999).

력해야 한다. 그것이 주님의 명령이기 때문이다.

> **코칭 질문**: 하늘의 뜻을 메타버스에서도 이루려고 노력하고 있는가?
>
> _ 우리 교회는 메타버스와 지구촌 안의 하나님 나라를 추구하고 있는가? 무엇을 보고 그것을 알 수 있는가?
> _ 성경적 관점에서 하나님 나라가 이뤄진 메타버스와 지구촌을 구체적으로 설명해 보라.
> _ 우리 교회는 성경의 하나님 나라를 메타버스 안의 사람들이 이해할 수 있는 방법으로 설명할 수 있는가?
> _ 메타버스 안에서 하나님 나라를 추구하는 구체적인 실천 방법과 단계는 무엇인가?

6. 총체적 선교

예수께서 꿈꾸시던 하나님 나라는 인간의 영혼만이 구원받는 나라가 아니었다. 모든 나라와 민족, 그들이 사는 사회와 이 땅의 모든 피조물이 치유되고 하나님이 창조하신 원형을 회복하는 나라였다. 이를 위해 예수님은 말씀만 선포하신 것이 아니라 병자들을 고치시고, 굶주린 사람들을 먹이시며, 마음의 상처를 치유하시고, 하나님 나라 공동체를 만들어가셨다. 이렇게 하나님께서 다스리시는 나라에 대한 비전은 성경의 가장 중요한 관심사이다. 성경의 몇 구절만 살펴보자. 구약에서 환상 중에 그 나라를 가장 극적으로 그려낸 사람은 이사야 선지자이다. 그는 여호와께서 이루실 새 하늘과 새 땅을 다음과 같이 묘사했다.

> 보라 내가 새 하늘과 새 땅을 창조하나니 이전 것은 기억되거나 마음에 생각나지 아니할 것이라… 이리와 어린 양이 함께 먹을 것이며 사자가 소처럼 짚을 먹을 것이며 뱀은 흙을 양식으로 삼을 것이니 나의 성산에서는 해함도 없겠고 상함도 없으리라(사 65:17~25)

이 비전이 예수님의 제자들에게는 다음과 같이 고백되었다. "하늘에 있는 것이나 땅에 있는 것이 다 그리스도 안에서 통일되게 하려 하심이라"(엡 1:10). "내리셨던 그가 곧 모든 하늘 위에 오르신 자니 이는 만물을 충만하게 하려 하심이라"(엡 4:10). "그 바라는 것은 피조물도 썩어짐의 종 노릇 한 데서 해방되어 하나님의 자녀들의 영광의 자유에 이르는 것이니라"(롬 8:21). "또 내가 새 하늘과 새 땅을 보니 처음 하늘과 처음 땅이 없어졌고 바다도 다시 있지 않더라"(계 21:1).

이 관점에서 교회가 감당해야 할 선교의 비전과 목표는 이 세상 모든 피조물의 총체적 치유와 회복이다. 이는 영적 차원뿐만 아니라 정신적·정치적·사회적·경제적·문화적·육체적·생태적 차원 모두를 포함한다. 또한 하워드 스나이더(Howard Snyder)가 쓴 『하나님 나라의 모델』에서 볼 수 있듯이 하나님 나라는 (1) 영적-물질적, (2) 하나님의 행위-인간의 행위, (3) 급진적-점진적, (4) 미래적-현재적, (5) 하나님 나라-교회, (6) 개인적-사회적 긴장 관계 속에서 존재한다. 이러한 긴장 관계는 교회로 하여금 늘 깨어 있도록 하고, 겸손하게 하며, 하나님의 도우심을 간구하게 한다.[4]

*
메타버스 선교는 총체적 접근이 필요하다.

4 　슈나이더, 『하나님 나라의 모델』.

이처럼 최선을 다해 하나님 나라의 사명을 감당하는 교회는 하나님 나라 공동체가 되고, 먼저 새로운 피조물이 되어 세상을 새로운 질서 안으로 이끈다. 그 질서는 은혜와 사랑, 그리고 섬김의 질서이다. "보라 내가 만물을 새롭게 하노라"(계 21:5).

메타버스는 이러한 총체적 선교의 대상에서 배제되지 않는다. 이 메타버스는 물리적 세계와 분리될 수 없기 때문이다. 오히려 메타버스는 교회가 총체적 선교를 구성하고 실천하는 데 물리적 세계보다 훨씬 더 효과적일 수 있다. 지구를 염려하고 지키려는 모든 국제기구와 NGO가 메타버스에서 긴밀하게 협력하고 있다. 지구촌의 모든 정보도 메타버스에 있다. 메타버스에서는 국제적인 협력과 집단지성이 강력하게 일어나고, 그 영향은 즉각적으로 물리적 세계에 미친다. 그러므로 교회는 총체적 선교를 위해서 메타버스로 뛰어들어야 한다. 그곳에서 메타버스의 사람들과 지구촌의 다양한 이슈를 공유하고 협력하면서 총체적 선교를 감당해야 한다.

> **코칭 질문**: 메타버스와 지구촌의 총체적인 치유와 회복을 지향하고 있는가?
>
> _ 우리 교회의 메타버스 사역은 예수 믿고 구원받아 교회의 일원이 되는 일에만 집중하는가? 아니면 하나님의 뜻이 메타버스와 지구촌에 이뤄지기 위해 일하고 있는가?
>
> _ 총체적 목회와 선교의 관점에서 수정해야 할 우리 교회의 메타버스 사역에는 어떤 것들이 있는가?
>
> _ 우리 교회가 계획하고 있는 메타버스와 지구촌을 향한 총체적 목회와 선교 전략은 무엇인가?

7. 거룩을 향하여

하나님 나라가 이 땅에 임한다는 것은 거룩함의 문제와 무관할 수 없다. 예수님은 "하늘에 계신 너희 아버지의 온전하심과 같이 너희도 온전하라"(마 5:48)라고 강조하셨다. 우리가 하나님께서 거하실 전이 되어야 하기 때문이다. 거룩하신 하나님께서 우리 안에 거하시기 위해서는 우리가 먼저 거룩해져야 한다. "내가 너희에게 이르노니 너희 의가 서기관과 바리새인보다 더 낫지 못하면 결코 천국에 들어가지 못하리라"(마 5:20). 그리고 우리가 거룩하신 하나님을 모시게 되면 이제는 사탄의 불경과 더러움이 우리의 삶에 침입하지 못하게 된다. 거룩은 우리 삶 속에서 온전히 이뤄지고, 그럴 때 우리는 세상을 거룩하게 하는 빛과 소금의 사명을 감당하게 된다.

> 너희는 세상의 소금이니 소금이 만일 그 맛을 잃으면 무엇으로 짜게 하리요 후에는 아무 쓸 데 없어 다만 밖에 버려져 사람에게 밟힐 뿐이니라 너희는 세상의 빛이라 산 위에 있는 동네가 숨겨지지 못할 것이요 사람이 등불을 켜서 말 아래에 두지 아니하고 등경 위에 두나니 이러므로 집 안 모든 사람에게 비치느니라 이같이 너희 빛이 사람 앞에 비치게 하여 그들로 너희 착한 행실을 보고 하늘에 계신 너희 아버지께 영광을 돌리게 하라(마 5:13~16)

예수께서 십자가를 지시기 전날 밤, 제자들을 위한 기도를 드리실 때에도 제자들이 악에 빠지지 않고 진리로 거룩하게 되기를 간구하셨다.

> 내가 비옵는 것은 그들을 세상에서 데려가시기를 위함이 아니요 다만 악에 빠

지지 않게 보전하시기를 위함이니이다 내가 세상에 속하지 아니함 같이 그들도 세상에 속하지 아니하였사옵나이다 그들을 진리로 거룩하게 하옵소서 아버지의 말씀은 진리니이다(요 17:15~17)

메타버스 시대의 교회 역시 거룩함을 강조해야 한다. 하나님께서 거룩하시기 때문이다. 교회가 거룩할 때 사회를 변화시키는 힘을 갖게 된다. 반면에 교회가 타락하면 세상의 조롱을 받게 되고, 사회는 거룩하게 될 구원의 기회를 영영 상실하게 된다. 그러므로 교회는 세상을 거룩하게 하는 거룩한 제자들의 공동체이다.

> *
> 메타버스도
> 거룩해져야
> 한다.

그러므로 교회는 메타버스 안에 거룩을 심기 위해 노력해야 한다. 부정적인 부분이 많은 메타버스에서 거룩의 영역을 확대해 가야 한다. 그러기 위해 그리스도인들은 더욱 적극적으로 메타버스 안으로 들어가야 한다. 메타버스의 거룩을 위한 운동이 물리적 세계를 거룩하게 변화시킬 때까지 기도하면서 전 지구적인 노력을 기울여야 한다. 특히 메타버스에서는 모든 세계 종교와 대중 종교가 자신의 영적인 영역을 확장하고 있다. 그 세계에서 교회의 영성과 거룩한 삶은 시험대에 오를 것이다. 그럴수록 교회는 더욱 깊은 영성과 거룩한 삶을 통해 그리스도의 향기를 드러내야 한다.

▎**코칭 질문**: 개인적 성화와 메타버스의 성화를 지향하고 있는가?

_ 거룩함이 예수님에게 그토록 중요했던 이유는 무엇일까?
_ 개인적 성화를 이뤄냈을 때 나의 삶의 상태를 설명해 보라.
_ 메타버스 안에서 사회적 성화를 이뤄냈을 때 메타버스와 지구촌의 상태를 설

명해 보라.
- _우리 교회 구성원들의 삶과 사역은 개인적 성화와 사회적 성화를 이뤄내고 있는가?
- _혹시 그렇지 못하다면 개선할 목회 방법에는 어떤 것들이 있는가?
- _오늘부터 이 목표를 향해 움직일 각오가 되어 있는가?

8. 성령과 사람 중심의 교회론

예수님의 교회론을 엿볼 수 있는 성경 본문으로는 예수께서 사마리아 여인과 대화를 나누시던 요한복음 4장을 들 수 있다. 예수님이 선지자라고 확신하게 되자 사마리아 여인은 성전의 정통성에 대해 묻는다. "우리 조상들은 이 산에서 예배하였는데 당신들의 말은 예배할 곳이 예루살렘에 있다 하더이다"(요 4:20). 이에 대해 예수께서는 장소와 건물 중심의 교회가 아닌 새로운 교회에 대해 이야기하신다.

> 예수께서 이르시되 여자여 내 말을 믿으라 이 산에서도 말고 예루살렘에서도 말고 너희가 아버지께 예배할 때가 이르리라… 아버지께 참되게 예배하는 자들은 영과 진리로 예배할 때가 오나니 곧 이 때라 아버지께서는 자기에게 이렇게 예배하는 자들을 찾으시느니라 하나님은 영이시니 예배하는 자가 영과 진리로 예배할지니라(요 4:21~24)

영으로 하나님을 예배하는 교회는 장소와 건물에 국한될 필요가 없다. 특히 성령님은 바람처럼 사람들을 이끌어가신다. "바람이 임의로

불매 네가 그 소리는 들어도 어디서 와서 어디로 가는지 알지 못하나니 성령으로 난 사람도 다 그러하니라"(요 3:8). 예수님의 예언처럼 사도행전의 초대교회 사람들은 성령의 인도하심을 받아 증인의 사명을 감당하기 위해 땅끝까지 나아갔다. 그들은 어디에서나 영이신 하나님을 영과 진리로 예배했는데, 마가의 다락방이나, 누가의 집이나, 심지어 핍박 중에는 카타콤에서도 예배를 드렸다. 그들은 어디에서나 하나님을 예배하는 사람들, 곧 교회였다.

특히 성령이 이끄시는 교회는 세상의 어떤 박해와 사탄의 공격에도 쓰러지지 않는 힘을 갖게 되었다. "오직 성령이 너희에게 임하시면 너희가 권능을 받고"(행 1:8). 하늘이 주시는 힘이야말로 교회의 강력한 무기이다. 그들은 또한 땅끝까지 증인의 삶을 살게 되었다. "예루살렘과 온 유대와 사마리아와 땅 끝까지 이르러 내 증인이 되리라"(행 1:8). 더 나아가서 성령님은 그리스도의 몸 된 교회 안에서 지체의 역할을 감당하도록 여러 은사를 주셨는데, 그 결과 아름다운 은사공동체가 탄생하게 되었다(고전 12장). 또한 성령을 모신 사람들은 성령의 열매까지 맺게 되었다. "오직 성령의 열매는 사랑과 희락과 화평과 오래 참음과 자비와 양선과 충성과 온유와 절제니 이같은 것을 금지할 법이 없느니라"(갈 5:22~23).

이런 교회는 메타버스에서 더욱 효과적으로 구현될 수 있다. 라이프로깅 세계는 사람들을 연결하도록 기획된 플랫폼이다. 거울 세계의 줌과 같은 미팅 플랫폼들도 흩어져 있는 사람들이 함께 모이고 교제하기에 최적화되어 있다. 사람들이 이러한 플랫폼을 통해 주님의 이름으로 모여서 신령과 진정으로 예배한다면, 그곳에 교회공동체가 형성될 수 있다. 특히 이러한 플랫폼

* 메타버스 안에도 성서적 교회가 가능하다.

들은 거리를 초월하고, 심지어 시간까지도 초월할 수 있는 강점이 있다. 메타버스에서 선교적 교회에 대한 성경적 이해와 적용이 절실하다.

> **코칭 질문:** 성령이 이끄시는 예수님의 제자로서의 교회를 추구하고 있는가?
>
> _ 예수님의 교회에 대한 이해는 우리의 메타버스 교회의 이해와 일치하는가? 그 구체적인 예를 들어보라.
> _ 우리 메타버스 교회에는 성령의 인도하심과 은사, 그리고 성령의 열매가 나타나는가?
> _ 예수님의 교회론을 수용하면 우리 메타버스 교회의 목회와 선교는 어떻게 바뀌어야 하는가?
> _ 예수께서 꿈꾸시던 교회가 되기 위해 구체적인 메타버스 목회계획을 세워보자.

9. 만인사명자

예수님의 하나님 나라 운동은 평신도들의 운동이었다. 예수님이 목수의 아들이었고, 제자들은 어부, 세리 등 세상의 직업을 갖고 있었다. 특히 예수님의 사역에는 시대적으로 보기 드물게 여성들이 많이 등장했다. 그런데 이것은 성경 전체를 관통하는 일관된 경향이다. 구약에서도 하나님께 불림받은 많은 사람들 중에 제사장은 극히 일부에 불과하다. 대부분의 사람이 평신도였다. 노아, 아브라함, 요셉, 모세, 여호수아,

사사들, 사무엘, 다윗, 다니엘 등이 그렇다. 그렇다면 구태여 목회자와 평신도를 구분할 것 없이 모든 사람들이 자신의 상황 속에서 하나님의 사명자로 세움받았다고 보는 것이 성경적이지 않을까.

태초에 인간은 삼위일체 하나님의 형상을 따라 지음받았다. 그들에게는 이 땅을 다스리라는 문화명령이 주어졌는데, 그 사명을 감당하는 인간의 모습을 보고 하나님은 기뻐하셨다(창 1:26~31). 비록 죄 때문에 죽을 수밖에 없는 존재로 전락했지만 예수 그리스도의 십자가로 구원받은 사람들은 다시 사명 앞에 서게 된다.

주님은 그의 제자들을 세상 한가운데로 보내시며 말씀하신다. 너희는 세상의 소금이 되고 빛이 되어야 한다, 너희는 서로 사랑해야 한다, 너희는 하나님 나라를 선포해야 한다, 너희는 가서 모든 나라와 민족을 제자 삼아야 한다, 성령이 너희에게 임하시면 너희는 땅 끝까지 내 증인이 되어야 한다고! 이러한 명령에서 예외인 제자는 한 사람도 없다. 모든 제자들은 스승이요 주님 되신 예수 그리스도의 명령을 따라야 한다. 심지어 지금 믿지 않는 사람이라 할지라도 반드시 주님을 영접하고 그의 명령 앞에 서야만 살 수 있다. 그리고 주님은 모든 영혼이 그렇게 되기를 간절히 바라신다. 주님의 눈에는 모든 사람들이 사명자로 보이고, 그것이 이뤄지기를 소원하신다. 이것이 필자가 만인사명자직을 주장하는 이유이다.

*
모든 그리스도인은 메타버스 선교사가 되어야 한다.

그러므로 메타버스 시대의 교회는 모든 사람들이 저마다의 자리에서 하나님의 사명에 응답하고, 함께 협력하여 교회공동체를 이뤄가며, 세상의 빛과 소금이 되고, 하나님 나라를 선포하며, 모든 나라와 민족을 제자 삼는 사명자가 되도록 도와야 한다. 또한 교회는 모든 그리스도인들을 메타버스 선교사로 세워서 메타버스 속으로 파송해야 한다. 모든 그리스도인들은 자신의 전문 능력에 따라 메타버스 '전문인' 선교사가 되어야 한다. 이들이 함께 협력하고 시너지를 낸다면 교회는 더욱 강력하게 증인의 사명을 감당할 수 있을 것이다. 메타버스 안의 모든 사람들이 주님의 사명자로 설 때까지 교회는 이러한 파송의 역할을 감당해야 한다.

> 코칭 질문: 모든 사람을 메타버스 선교사로 세우고 있는가?
>
> _ 만인사명자직에 대한 성경적 관점이 우리 메타버스 교회의 목회관과 일치하는가? 그 이유를 구체적으로 설명해 보라.
> _ 예수님의 만인사명자직을 수용하면 우리 메타버스 교회의 목회와 선교는 어떻게 바뀌어야 하는가?
> _ 모든 사람을 사명자로 세우기 위해 구체적인 계획을 세워 보자.

10. 강력한 소그룹 공동체

성경에서 교회의 공동체성을 논할 때 우리는 먼저 초대교회 공동체를 떠올린다. 그러나 공동체성은 본래 하나님의 본성과 존재방식에서 비롯된다. 삼위로 사역하시는 하나님은 동시에 한 공동체로 존재하신다. 삼위일체 하나님의 동역은 창조 활동 때부터 나타나고 있다. "하나님이 이르시되 우리의 형상을 따라 우리의 모양대로 우리가 사람을 만들고 그들로 바다의 물고기와 하늘의 새와 가축과 온 땅과 땅에 기는 모든 것을 다스리게 하자 하시고"(창 1:26). 인간도 남자와 여자를 서로 다르지만 하나 되게 창조하셨다(창 1:27). 하나님의 공동체성이 피조물에게도 드러나게 된 것이다. 하나님께서 지으신 동산은 하나님의 품안에서 하나의 큰 공동체였다.

성경은 하나님을 떠난 인간이 하나님의 공동체성을 상실했다고 말한다. 이에 반해 하나님은 피조물 안의 잃어버린 공동체성을 회복하기 위해 움직이셨다. 노아의 방주 속에 있던 생명공동체, 이스라엘 민족공동체, 예수님과 함께하던 제자공동체, 오순절 이후의 교회공동체, 이사야의 예언대로 사자와 어린양이 함께 뛰노는 비전이 성취될 요한계시록의 마지막 공동체는 삼위일체 하나님께서 만들어가시는 회복의 이야기 중 일부이다. 공동체성을 회복하기 위해서 예수님은 제자들을 부르시고 소그룹에서부터 공동체성을 회복하는 훈련을 하셨다. 십자가를 지시기 전날 제자들을 위한 예수님의 기도는 이러한 그의 뜻을 잘 반영하고 있다. "아버지여, 아버지께서 내 안에, 내가 아버지 안에 있는 것 같이 그들도 다 하나가 되어 우리 안에 있게 하사 세상으로 아버지께서 나를 보내신 것을 믿게 하옵소서"(요 17:21). 그 결과는 이 땅의 모든 피조물이 하나님의 공동체성 안에서 회복되는 것이었다. "하늘에 있는 것이나 땅에 있는 것이 다 그리스도 안에서 통일되게 하려 하심이라"(엡 1:10).

그러므로 교회의 사명은 분열된 세상을 삼위일체 하나님의 공동체성 안으로 인도하는 것이다. 그것이 예수님의 기도를 이루는 것이고, 뜻이 하늘에서 이룬 것 같이 하나님 나라가 이 땅에서도 이뤄지는 길이다. 그러기 위해서 교회는 성령의 인도하심 안에서 강력한 공동체를 이루기 위해 힘써야 한다. "성령이 하나 되게 하신 것을 힘써 지키라"(엡 4:3). 특히 예수님은 소그룹

> * 메타버스에서 강력한 소그룹을 형성하자.

의 힘을 강조하셨다. 열두 제자의 강력한 공동체는 더 작은 단위로 나뉠 수도 있었다. "두세 사람이 내 이름으로 모인 곳에는 나도 그들 중에 있느니라"(마 18:20). 제자들은 둘씩 짝지어져 마을과 마을로 파송되었다. 작지만 힘 있게 모인 공동체들은 세상을 향해 나아가 세상을 변화시키는 누룩이 된다. 그리고 그 작은 공동체들이 더 큰 단위로 네트워킹되면 세상을 움직이는 강력한 힘이 된다.

메타버스는 소그룹 공동체와 그들의 네트워크를 활용하기에 가장 적합한 곳이다. 작은 공동체들이 시공을 초월해서 긴밀하게 움직일 수 있고, 확장되면 거대한 네트워크를 형성한다. 메타버스야말로 성경의 이상을 가장 잘 구현할 수 있는 조건이다. 그리고 그 기술은 빠르게 진화해서 더욱 편리하고 강력해질 것이다. 더 늦기 전에 교회는 메타버스로 들어가서 하나님이 준비하신 방법을 활용해야 한다.

> **코칭 질문**: 메타버스에서 소그룹 공동체와 그들의 네트워크를 활용하고 있는가?
>
> _ 당신은 예수님의 사역 속에 나타난 소그룹 공동체가 왜 그토록 중요하다고 생각하는가?
> _ 우리의 메타버스 교회는 예수님의 소그룹 공동체 사역을 충분히 이해하며 활용하고 있는가?
> _ 만약 그렇지 않다면 소그룹 공동체를 활용하기 위해 우리의 메타버스 교회가 준비할 것들은 무엇인가?
> _ 지금 당장 무엇부터 시작하겠는가?

11. 마을마다

예수께서는 성전 안에서 하나님 나라 운동에 대해 설교만 하고 계시지는 않았다. 그분은 직접 마을과 마을을 다니시며 하나님 나라 운동을 실천하셨다. "예수께서 모든 도시와 마을에 두루 다니사 그들의 회당에서 가르치시며 천국 복음을 전파하시며 모든 병과 모든 약한 것을 고치시니라"(마 9:35). 그분이 그토록 수고하고 애쓰며 다니신 이유는 고통당하는 사람들을 향한 뜨거운 사랑 때문이었다. "무리를 보시고 불쌍히 여기시니 이는 그들이 목자 없는 양과 같이 고생하며 기진함이라"(마 9:36). 사랑 때문에 쉬지 않고 움직이는 것이 삼위일체 하나님의 속성이다. 그리고 이 사랑 때문에 우리가 구원을 얻고 나음을 입는다.

그런데 인간의 몸을 입고 오신 예수님의 걸음으로는 찾아가야 할 사람이 너무도 많았다. 세상 곳곳에서 상처받고 신음하는 사람들, 하나님 나라의 기쁜 소식을 들어야 하는 사람들이 주님의 사역을 기다리고 있었다. 이 많은 사람들을 치유하고 회복하기 위해서는 더 많은 일꾼이 필요했다. 그래서 예수님은 제자들에게 말씀하신다. "이에 제자들에게 이르시되 추수할 것은 많되 일꾼이 적으니 그러므로 추수하는 주인에게 청하여 추수할 일꾼들을 보내 주소서 하라 하시니라"(마 9:37~38). 마태복음 9장이 일꾼을 요청하면서 끝났다면, 10장에서 우리는 제자들을 마을마다 파송하시는 주님을 만난다.

> 예수께서 그의 열두 제자를 부르사 더러운 귀신을 쫓아내며 모든 병과 모든 약한 것을 고치는 권능을 주시니라⋯ 예수께서 이 열둘을 내보내시며 명하여 이르시되 이방인의 길로도 가지 말고 사마리아인의 고을에도 들어가지 말고 오

히려 이스라엘 집의 잃어버린 양에게로 가라 가면서 전파하여 말하되 천국이 가까이 왔다 하고 병든 자를 고치며 죽은 자를 살리며 나병환자를 깨끗하게 하며 귀신을 쫓아내되 너희가 거저 받았으니 거저 주라 (마 10:1~8)

이처럼 제자들은 주님이 하신 것과 같이 모든 도시와 마을을 다니며 하나님 나라를 선포했다. 그렇다면 메타버스 시대의 교회도 주위의 공동체들을 하나님 나라로 바꿔가는 비전을 가지고 강력한 하나님 나라 운동을 전개해야 하지 않을까?

이러한 사역에 대해 메타버스는 강점을 가지고 있다. 물리적 세계에서는 이웃집의 사람들에게 말을 거는 것도 쉽지 않다. 그러나 메타버스에서는 누구에게나 말을 걸 수 있고 관계를 맺을 수 있다. 또한 다양한 목적의 커뮤니티를 형성하는 것도 수월하다. 그리고 이 커뮤니티에서 저 커뮤니티로 이동하고 관계를 맺는 것도 자연스럽다. 그래서 동시에 다양한 커뮤니티들과 사역을 진행할 수도 있다. 커뮤니티 사이를 이동하는 데 시간이 걸리지도 않는다. 지구 반대편에 있는 커뮤니티와도 실시간으로 교제하고 사역할 수 있다. 주님의 사역을 가장 효과적으로 성취할 수 있는 메타버스 선교를 기대한다.

*메타버스에서 이웃을 만들고, 전도하고, 선교하자.

> 코칭 질문: 메타버스의 공동체들을 바꾸고 그것이 확장되는 변혁운동을 지향하고 있는가?
>
> _ 우리는 메타버스 환경을 어떤 눈으로 보고 있는가?
> _ 메타버스 환경을 변화시키기 위해 우리 메타버스 교회는 무엇을 하고 있는가?

- 메타버스 환경을 변화시키기 위한 우리 메타버스 교회의 장기적 계획은 무엇인가?
- 이 변화가 메타버스 환경을 바꾸고 지구촌으로 확장되는 운동성에 대해 우리 메타버스 교회의 비전과 계획은 무엇인가?

12. 땅끝으로

하나님 나라를 향한 예수님의 비전은 모든 나라와 백성들에게까지 확장된다. 복음서는 온 천하에 복음이 전파되어야 할 것을 다음과 같이 표현한다. "또 이르시되 너희는 온 천하에 다니며 만민에게 복음을 전파하라"(막 16:15). "이 천국 복음이 모든 민족에게 증언되기 위하여 온 세상에 전파되리니 그제야 끝이 오리라"(마 24:14). 요한복음은 부활하신 주님이 제자들을 세상으로 파송하셨다고 기록하고 있다. 이때 주님은 제자들에게 성령을 주셨고 죄 사함의 권세도 부여하셨다. "예수께서 또 이르시되 너희에게 평강이 있을지어다 아버지께서 나를 보내신 것 같이 나도 너희를 보내노라 이 말씀을 하시고 그들을 향하사 숨을 내쉬며 이르시되 성령을 받으라 너희가 누구의 죄든지 사하면 사하여질 것이요 누구의 죄든지 그대로 두면 그대로 있으리라 하시니라"(요 20:21~23). 누가복음의 후편인 사도행전을 보면 제자들은 오순절 다락방에서 성령 체험을 하고 땅끝까지 증인의 사명을 감당하게 된다. "오직 성령이 너희에게 임하시면 너희가 권능을 받고 예루살렘과 온 유대와 사마리아와 땅 끝까지 이르러 내 증인이 되리라 하시니라"(행 1:8). 특별히 마태복음 28장은 교회에게 주어진 가장 큰 위임(the great commission)으로 유명하다. 역사상 수많은 교회가 이 말씀을 근거로 땅 끝까지 복음을 들고 나갔다.

> 그러므로 너희는 가서 모든 민족을 제자로 삼아 아버지와 아들과 성령의 이름으로 세례를 베풀고 내가 너희에게 분부한 모든 것을 가르쳐 지키게 하라 볼지어다 내가 세상 끝날까지 너희와 항상 함께 있으리라 하시니라(마 28:19~20)

중요한 것은 복음을 들고 하나님 나라를 선포하는 제자들과 세상 끝날까지 함께하시겠다는 주님의 약속이다. 이는 요한복음 20장 22절과 사도행전 1장 8절에 나타난 성령 곧 주님의 영과 동일시된다. 예수님은 당신의 영으로 우리와 함께하시며 우리에게 능력을 주셔서 사명을 완수하게 하신다.

이제 메타버스에서는 주님의 명령을 수행하기가 훨씬 더 수월하고 강력해졌다. 그야말로 하나님의 선교의 대로가 준비된 것이다. 현재의 기술과 플랫폼만 가지고도 지구촌 땅끝의 사람들과 엄청나게 다양한 사역을 진행할 수 있다. 내 집안에서 지구촌의 어떤 기관이나 단체와도 협력 프로젝트를 수행할 수 있다. 그리고 기술과 플랫폼의 진화는 상상을 초월한다. 교회는 지금의 기술을 따라가지 못하면 영영 도태된다는 긴장감을 가지고 메타버스 선교에 동참해야 한다. 그럴 때 하나님의 지상위임을 제대로 감당하게 될 것이다.

* 메타버스에서 지구촌을 향해 선교하자.

| **코칭 질문**: 메타버스를 통한 지구촌 전체의 회복을 향한 비전과 전략이 있는가?

- 모든 나라와 민족에게 가라는 주님의 명령은 네 복음서 모두에서 나타나고 있는 가장 중요한 명령이라는 것에 동의하는가?
- 그렇다면 우리 메타버스 교회에는 주님의 이 명령이 살아 있는가?
- 이 명령을 수행하기 위한 우리 메타버스 교회의 구체적인 계획은 무엇인가?
- 이미 국내에는 땅끝에 있던 사람들이 우리와 함께 살고 있다. 필자는 이들을 향한 선교를 국내 땅끝 선교라고 부른다. 국내 땅끝 선교를 위한 우리 메타버스 교회의 계획은 무엇인가?
- 다음 세대들이 메타버스 선교를 감당하기 위해서는 어떤 준비가 필요할까?

나가는 말

예수님처럼 목회하라! 이 제안은 그리스도의 몸 된 교회라면 거부할 수 없는 중요한 과제이다. 그럼에도 불구하고 많은 교회들이 예수님의 동선(動線)과는 달리 교회 건물 안에서 교회성장만을 위해 애쓰고 있다. 교회들 사이에는 개교회주의와 개교단주의가 팽배해지고 세상을 변화시키는 동력은 사라져 간다. 그런 교회들은 메타버스 속으로 들어가 그곳에 하나님 나라를 세워가는 일에 힘쓰지 않는다. 뜻이 하늘에서 이루어진 것 같이 이 땅에서도 이뤄지기를 간절히 바라며 메타버스 선교 방법을 모색하지도 않는다. 이제 교회는 다시 예수님을 바라봐야 한다. 그리고 용기를 내어 예수님과 제자들처럼 도시와 마을의 삶의 현장과 메타버스 속으로 들어가야 한다. 우리가 용기를 내어 일어선다면 주님께서 성령의 모습으로 땅끝까지 우리와 함께하실 것이다.

교회여, 예수님처럼 목회하자!

실천 과제

1. 자신의 삶과 사역에서 예수님의 뒤를 따라야 하는 이유를 정리하자.

2. 예수님의 사역을 설명한 12가지 명제마다 주어진 코칭 질문들에 답하자.

3. 위의 제안 외에도 예수님의 사역에 대한 자신의 명제 목록을 만들어 보자.

4. 코칭 질문들에 답을 찾아가면서 구체적으로 예수님을 따르자.

PART 4

메타버스 교회는 새로운 선교지로 들어가는 교회이다.
그러므로 전통적인 교회 모델은 이에 적합하지 않다.
메타버스 시대에 선교적 교회는 어떤 형태를 띠어야 하는지 살펴보고,
지역교회가 메타버스로 사역을 확장할 수 있는 방법을
중대형교회와 작은교회의 경우로 나누어 소개한다.

지역 교회여!
메타버스로
사역을 확장하자

이 장의 핵심 질문

메타버스 시대에 교회의 의미는 무엇인가?

메타버스 시대에 선교적 교회는 어떤 형태를 띠어야 하는가?

메타버스 교회는 어떤 사역을 하는가?

이를 위해서 지역교회는 무엇을 준비해야 하는가?

• • • • •

    교회란 무엇인가? 21세기 대한민국에는 교회를 떠나는 사람들의 수가 늘어나고 있다. 가나안 성도라는 말은 벌써 옛말이 되었다. 코로나19 때문에 모일 수 없게 된 교회들은 혼란에 빠졌다. 흔들리는 교회를 향한 세상의 인식은 더욱 부정적이 되었다. 그리고 세상은 빠르게 메타버스 시대로 전환되고 있다. 이러한 상황에서 우리는 다시 묻는다. 교회란 무엇인가?

    교회는 예수 그리스도의 제자들의 공동체에서 출발했다. 특별히 그들이 오순절 다락방에서 성령을 체험하고 확실한 증인공동체가 되었을 때부터 사람들은 교회라는 실체를 보게 되었다. 그러나 성경 전체에 흐르는 하나님의 역사와 섭리를 생각하면, 교회는 하나님의 구속사에서 나타난 하나님의 선교의 도구이다. 자신의 형상을 따라 사랑으로 창조한 인간이 죄를 짓고 하나님으로부터 떨어져 나갔을 때부터 하나님은 창조의 회복을 위해 일해 오셨다. 그리고 선교하시는 하나님께서는 당신의 사명을 수행하기 위해 사람들을 쓰신다. 성경의 대표적인 예는 다음과 같다.

- 방주를 지어 구원 계획에 쓰임받은 노아
- 약속의 민족을 세워서 모든 나라와 민족을 구원하는 계획에 불림받은 아브라함
- 그 민족을 가나안 땅에 들여보내기 위해 세움받은 모세와 여호수아
- 사사들과 왕들과 예언자들
- 만민에게 복음을 전파하기 위해 파송받은 예수님의 제자들
- 그 외 수많은 믿음의 사람들

이렇듯 교회는 세상을 회복하기 원하시는 사랑의 하나님을 떠나서는 설명할 수가 없다. 그러므로 교회는 이 땅의 모든 나라와 민족을 회복하기 위한 사명공동체이다. 교회가 사명을 잃어버리면 그것은 마치 빛이 세상을 비추지 못하는 것과 같고 소금이 맛을 잃은 것과 같다. 소금이 맛을 잃어버리면 "아무 쓸 데 없어 다만 밖에 버려져 사람에게 밟힐 뿐"이다(마 5:13). 사명을 잘 감당하던 에베소교회가 첫사랑을 잃어버린 것처럼 오늘의 교회 역시 사명을 저버리면 하나님께서 촛대를 옮기실 수 있다(계 2:5). 그러므로 한국교회는 다시 초심으로 돌아가 주님의 사명에 집중하고 그 외의 것들은 과감히 버리는 결단이 필요하다.

한국교회는 대한민국 근대사의 엄청난 변화와 함께해 왔다. 몇 가지 예를 들면 다음과 같다.

- 일제에 합병되었을 때 독립운동에 동참했고, 나라를 위해 기도하고 백성들을 위로했다.

- 한국전쟁 때는 피난하는 국민들과 함께하며 그들을 위로하고 도왔다.
- 도시화 과정에서 서울로 몰려온 꼬방동네 사람들에게 희망을 주고 그들이 사회의 주역이 되도록 도왔다.
- 대한민국이 세계화하는 과정에서 많은 선교사를 보내며 세계를 섬겼다.

이제 한국교회는 또 한 번 변화의 시대에 서 있다. 메타버스가 지구촌 전체를 송두리째 바꾸는 이때에 한국교회는 변화 속의 낙오자들을 격려해서 다시 세상의 주역으로 세우는 사명을 감당해야 한다.

이러한 맥락에서 메타버스 선교의 시작이 코로나19라는 것은 의미가 깊다. 이것 또한 하나님의 섭리였을까? 코로나19가 아니었다면 교회는 메타버스 선교를 생각하지 못했을 것이다. 세상은 메타버스로 들어가고 있는데, 교회는 모이는 것에만 집중하다가 세상에서 도태되었을지도 모른다. 그런데 코로나19 때문에 한국교회는 할 수 없이 메타버스로 들어갔다. 그리고 2년의 시간이 흐르는 동안 메타버스의 맛을 보게 되었다. 이러한 상황은 초대교회 당시 예루살렘교회가 핍박을 받아 예루살렘을 떠나야 했던 상황을 상기시킨다. 예루살렘교회를 떠난 제자들은 하나님께서 예비하신 로마의 대로와 항로가 있는 것을 발견하게 되었다. 그리고 그 대로와 항로를 타고 그들은 땅끝까지 복음을 전하러 나갔다. 그렇다면 한국교회에게 코로나19는 하나님의 계획이었을까?

*코로나19는 메타버스 선교를 감당하라는 하나님의 음성이었을까?

메타버스는 지금보다 훨씬 더 빠른 속도로 진화할 것이다. 그러므로 교회는 지금의 메타버스 방법들을 익히고 활용하도록 노력해야 한다. 그래야 다음의 변화도 따라갈 수 있다. 그러므로 이 장에서는 지금의 교회가 당장 시도할 수 있는 방법들을 모색해 보려고 한다. 그 이후의 방법은 메타버스 기술의 진화를 보면서 논의하면 될 것이다.

1. 코로나19와 메타버스 교회

*지역교회가 메타버스 선교를 감당하기 위한 12단계를 기억하라.

여기에서 우리는 한국교회가 메타버스로 들어가는 주제들을 다뤄보고자 한다. 코로나19 상황에서 시작해서 단계적으로 무엇을 준비해야 할지 생각해 보았다. 그 단계들은 [그림 9]와 같다. 이 단계를 따라간다면 큰 어려움 없이 메타버스로 진입할 수 있을 것이다.

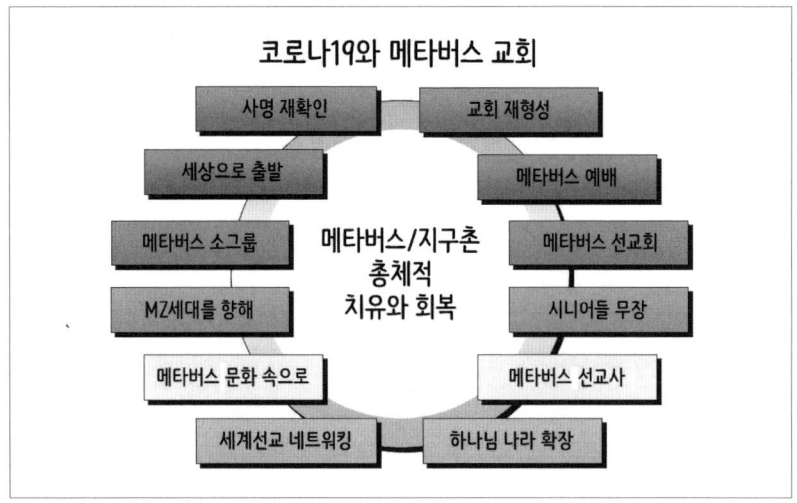

[그림 9]

1) 교회의 사명에 대해 다시 묻다

코로나19를 통해 하나님께서는 한국교회를 향해 '잠시 쉬라'고 하셨다. 그리고 '네가 무엇을 향해 달려가고 있느냐?'고 물으셨다. 하나님의 사랑으로 죽어가는 영혼들을 품고 아파하고 있는지, 아니면 교회의 성장을 걱정하고 있는지 물으셨다. 우리가 만나야 할 하나님! 그분은 죄로 죽어가던 세상을 너무도 사랑하셔서 인간의 모습으로 이 땅에 오시고 십자가에서 생명을 주신 분이다. 우리는 죄인이고, 은혜로 구원받았다. 그분은 내세울 것 없는 우리에게 '내 양을 먹여 달라고' 부탁하셨다(요 21:15~17).

주님을 사랑하듯 우리가 사랑해야 할 사람들! 교회는 고통 속에 죽어가는 사람들을 사랑의 눈으로 보고 있는가? 그들을 향해 진정으로 안타까워하고 있는가? 아니면 바리새인처럼 그들을 정죄하고, '저들과 같지 않음을 감사합니다.'라고 기도하고(눅 18:11) 있는가? 이제 한국교회가 회복해야 할 마음은 사랑에 근거한 긍휼의 마음이다. 이것이 하나님의 선교에서 가장 중요한 출발점이다.[1] 사랑이 선교 현장에서 구체적으로 작동할 수 있도록 다음과 같은 점을 기억하면 좋겠다.

- 사랑은 그 대상에게 관심을 갖게 만든다. 자녀를 향한 관심이 그와 같을 것이다. 내 자녀에게 관심을 두듯 선교대상에게 관심을 갖는 것이 선교의 시작이다.
- 사랑은 그 대상을 향해 자신을 희생하게 만든다. 곧 사랑은 자연스럽게 섬김의 실천을 가져온다. 마치 자녀에게 하듯이!
- 사랑은 변하지 않는다. 자녀를 향한 사랑이 변하지 않듯이 우리도 선교 대상을 향해 변함없이 신실해야 한다.

---

1   딘 플레밍, 한화룡 옮김, 『하나님의 온전한 선교』(서울: 대서, 2015); 존 파이퍼, 이선숙 옮김, 『하나님의 선교를 열망하라』(서울: 좋은씨앗, 2013); 크리스토퍼 라이트, 한화룡 옮김, 『하나님의 선교: 하나님의 선교 관점으로 성경 내러티브를 열다』(서울: IVP, 2010); 아서 글라서, 임윤택 옮김, 『성경에 나타난 하나님의 선교』(서울: 생명의말씀사, 2006).

이러한 사랑의 마음이 준비되면, 교회는 다시 선교할 수 있다. 이제 다시 시작이다.[2]

2) 교회를 '재형성'(reshaping)하다

코로나19 상황에서 온라인 예배가 진행되자 한국교회는 당황하지 않을 수 없었다. 그렇게 많던 교회의 행사들이 멈춰 섰다. 한국교회는 이러한 상황이 교회에 큰 어려움을 줄 것이라고 걱정했다. 그러나 하나님께서는 이 고난을 통해서 교회를 정금같이 새롭게 하고 싶으셨던 것은 아닐까? 하나님께서 원하시는 교회의 모습과 사명을 회복하고 싶으셨던 것은 아닐까?

초대교회는 예수 그리스도의 삶과 죽음, 그리고 부활을 통해 생겨난 공동체이다. 그러므로 초대교회는 예수 그리스도 중심적인 제자들의 공동체였다. 그들은 예수 그리스도의 사랑의 삶을 추구하는 사람들이었고, 그 결과 세상과 구별된 삶을 사는 사람들이었다. 더 나아가서 초대교회는 머리 되신 예수 그리스도와 연결된 그리스도의 몸이었다. 몸에는 여러 지체가 있어서 맡은 기능을 감당하듯이 성령께서는 뜻하신 대로 각 성도들에게 은사를 주셔서 그리스도의 몸의 기능을 하게 하셨다.

그리스도의 뒤를 따르는 초대교회는 제자도를 강조했다. 제자는 예수님을 주라고 고백하고 자신들의 삶 속에서 그를 따라가려고 결심한 사람들이다. 제자들에게는 예수님의 삶과 가르침이 매우 중요했다. 그러므로 초대교회가 말하는 제자도는 예수 그리스도의 삶을 따라가는 것이다. 초대교회 그리스도인들은 그들의 신앙생활 때문에 박해를 받

---

2 케니스 C. 플레밍, 채영삼 옮김, 『우리가 잃어버린 예수: 섬김의 사역』(서울: 바울, 2006).

을 준비가 되어 있었다.

초대교회의 가장 중요한 제자도의 성격은 공동체에 있었다. 제자가 되려는 결단이 신앙의 개인적인 단계라면, 제자들이 들어서야 할 새로운 삶은 공동체적이었다. 제자가 되는 것은 사람들로 하여금 참된 공동체를 이루게 했다. 이 공동체는 장차 올 하나님 나라를 예시해 주는 것이었다. 그들은 이 땅에 "가시적인 사랑의 공동체"(visible community of love)를 형성했다.[3]

그렇다면 지금의 교회에도 이러한 신앙과 삶, 그리고 공동체만 있으면 되지 않을까? 웅장한 교회 건물이 없어도, 자랑하고 싶은 프로그램이 없어도 참된 제자들만 살아 움직인다면 충분하지 않을까? 오히려 가시적인 화려함에도 참된 제자들이 없다면 그것이 더 큰 문제가 아닐까? 하나님께서는 지금의 한국교회를 다시 한번 정금같이 새롭게 하고 계신다고 믿는다.

3) 무너져 가는 세상을 향해 나아가다

우주는 고사하고 지구 전체가 하나님의 피조물이라는 생각을 해 보았는가? 지구 안의 모든 것은 하나님께서 땀 흘려 창조하신 하나님의 피조물이다. 그 가운데 하나님의 형상을 닮은 인간이 청지기로서 당신의 피조물들을 관리하는 모습을 보는 것이 하나님의 기쁨이었다. 그러나 인간이 하나님을 떠나 죄 가운데 빠지면서 만물 또한 구원의 날을 고대하며 신음하게 되었다(롬 8:22). 한국교회가 하나님의 마음을 품었다면 무엇을 해야 할까? 하늘의 뜻이 이 땅에 이루어지기를 기도하는 우

---

3 사도행전 2:42~47.

리는 새 하늘과 새 땅을 향해 어떤 사명을 감당해야 할까?[4] 이것이 하나님의 선교에 동참하는 한국교회가 가져야 하는 질문이다. 우리가 전체적인 관점을 잃지 않아야 하나님의 뜻을 바로 선포할 수 있다. 그래야 사역을 하는 중에 지엽적인 것에 빠지거나 길을 잃지 않을 수 있다.[5]

한국교회는 지구 전체가 하나님 나라가 되는 환상을 보며 선교해야 한다. 이를 위해 생태신학, 환경신학, 에코신학 등도 검토할 필요가 있다. 인간 사회를 향한 선교도 전체적인 맥락에서 바라봐야 한다. 공공신학의 제안도 도움이 된다. 상처 입은 사람들을 돌보기 위해서는 디아코니아에 대한 논의가 도움이 될 것이다. 그러나 가장 중요한 것은 하나님의 마음이고, 하나님의 관점이다. 그러므로 늘 하나님과 소통하는 것이 필요하다.

4) 모일 수 없는 사람들이 신령과 진정으로 함께 예배하다

성전을 봉헌한 솔로몬은 하나님께서 성전에 제한될 수 없는 분임을 알고 있었다(왕상 8:27~30). 예수님은 예루살렘 산도 아니고 그리심 산도 아닌 세상의 모든 곳에서 사람들이 영과 진리로 예배할 것이라고 하셨다(요 4:23~24). 그러므로 한국교회는 성전에 제한되지 않는 진정한 예배에 대해 신중하게 숙고해야 한다. 본질이 정리되면 그 방법을 찾게 될 것이다.

코로나19 때문에 유튜브를 통한 예배나 줌(Zoom)예배 등 메타버스 기술을 통한 다양한 예배가 시행되었다. 모이는 예배에 익숙했던 한국

---

[4] 앨런 허쉬, 오찬규 옮김, 『잊혀진 교회의 길: 선교적 교회 운동의 근본 개념 교과서』 (서울: 아르카, 2020); 크레이그 밴 겔더·드와이트 J. 샤일리, 최동규 옮김, 『선교적 교회론의 동향과 발전』 (서울: CLC, 2015); 찰스 E. 벤 엥겐, 임윤택 옮김, 『하나님의 선교적 교회』 (서울: CLC, 2014).

[5] 글렌 마이어스, 백인숙 옮김, 『세계를 품은 그리스도인이 되려면』 (서울: 죠이선교회, 2011).

교회에게는 매우 충격적인 상황이었다. 그러나 역사적으로 보면 성전에 모이는 예배만 있었던 것은 아니다. 오히려 제자들에게 성령이 임하신 곳은 마가의 다락방이었다. 초대교회 시절에는 고넬료의 집과 같은 가정집이 예배의 장소가 되었다. 핍박의 때에는 카타콤이 예배 처소였다. 지금도 믿음생활이 자유롭지 않은 나라에서는 지하에서, 가정에서 예배드리고 있다. 예배는 시공을 초월해 계시는 하나님을 만나는 것이다. 시대와 상황에 따라 다양한 예배 형태가 생겨났다가는 사라졌다. 그렇다면 한국교회의 예배 형태만이 예배의 전부라고 주장할 필요는 없다. 그리고 미래의 예배 형태에 대해서도 진지하게 고민해 봐야 한다. 특히 태어나면서부터 스마트폰을 손에 쥐고 자라난 Z세대와 알파(Alpha) 세대가 교회와 사회의 주역이 되었을 때의 예배에 대해 생각해 봐야 한다.

  우리가 건물 중심의 예배에서 자유할 수 있다면 선교지의 어떤 예배자리에서도 신령과 진정으로 예배할 수 있게 된다. 메타버스가 선교지라면 그곳에서도 하나님과 만나는 예배를 드릴 수 있다. 지구 반대편의 그리스도인들과도 한마음으로 하나님 앞에 설 수 있다. (1) 물론 온라인 영상예배보다는 물리적으로 모이는 것이 더 좋다. (2) 그러나 물리적으로 모이는 것보다는 진짜를 누리는 것이 더 좋다. 실재하시는 하나님을 만나는 영적 체험이 더 중요하다는 말이다. (3) 그리고 진짜를 누린 뒤에는 우리 삶이 변화되어야 한다. (4) 더 나아가서 우리가 변화된 후에는 세상을 변화시키는 것이 더 좋다. (5) 그리고 세상을 변화시킨 사람들이 다시 모여 감사의 예배를 드릴 수 있어야 한다. 그것이 온라인 영상예배이든, 물리적 만남의 예배이든 이 사이클이 계속해서 일어나는 예배가 중요하다.

5) 공간을 초월해서 다양한 소그룹으로 모이다

초대교회를 보면 믿음생활의 핵심은 (1) 성전에 모이고, (2) 집에서 애찬을 나누며 교제하는 것이었다(행 2:43~47). 즉 성전의 공적 예배와 함께 나눔이 있는 소그룹 모임이 중요하다. 그러나 소그룹 모임이 코로나 바이러스 전파의 주범처럼 되면서 모임이 쉽지 않게 되었다. 이러한 상황에서 Zoom은 소그룹 모임에 많은 도움을 주었다.[6] 다른 여러 화상회의 도구가 있지만, Zoom만큼 다양한 기능이 있으면서 무료로 제공되는 도구는 없다. Zoom으로 모인다면 소그룹 모임에 참여하려고 정해진 장소로 이동해 가는 시간을 줄일 수 있다. 교회가 Zoom에 익숙해진다면, 오히려 소그룹 모임을 활성화하는 결과를 가져올 것이다. 특히 Zoom은 출장을 가거나 모임 장소에 올 수 없는 거리에 있는 사람도 쉽게 참여할 수 있다. 메타버스 시대에 화상회의 도구들은 빠르게 진화하고 있다. 인터넷 속도가 더 빨라진다면 활용도는 더욱 높아질 것이다. VR이나 AR 기술이 발전한다면 메타버스 안에서의 소그룹 모임은 더욱 활성화될 것이다.

메타버스 안에서 소그룹 모임을 효과적으로 진행하기 위해서는 다양한 방법을 함께 사용하는 것이 좋다. 필자가 온택트 수업을 할 때는 수업을 관리하는 구글클래스룸, 동영상 강의를 업로드하기 위한 유튜브, 화상수업을 위한 Zoom, 빠른 소통을 위한 카카오 단톡방을 사용했다. 구글클래스룸은 수업에 특화된 플랫폼으로서 현재로서는 최상이라고 할 수 있다.[7] 그러나 학교가 아니면 비용 부담이 쉽지 않은 것이 큰 단

---

[6] 앤미디어, 『줌 & 영상 편집: 줌 영상 회의와 실전 온라인 수업을 위한 지침서』 (서울: 성안당, 2020); 김란 외 3인, 『줌 수업에 날개를 달아 줌: 줌 기초부터 학생 중심 온라인 수업까지』 (서울: 테크빌교육, 2020); 이임복, 『된다 된다 줌 Zoom: 곁에 두고 바로 써먹는 온라인 강의 실전 가이드』 (서울: 라이온북스, 2020); 김기진, 『아하 나도 줌 zoom 마스터: 화상회의, 온라인 Live 교육의 안정적 운영을 위한 최강 줌 활용 가이드북』 (서울: 흔들의자, 2020); 고정욱 외 3인, 『줌을 알려줌: 화상수업, 강연을 위한』 (서울: 비전코리아, 2020).

[7] Google Educator Group South Korea, 『구글 클래스룸 수업 레시피: 21세기 수업을 이끄는 스마트한 구

점이다. 그래서 평신도들과 함께하는 선교훈련과정에서는 구글클래스룸 대신 밴드를 사용했는데, 매우 만족스러웠다. 외국인들을 훈련하게 된다면 밴드 대신 페이스북 비공개 그룹이 효과적이다. 밴드는 대한민국 사람만 익숙하게 사용할 수 있기 때문이다. 중요한 것은 상황에 맞게 창의적으로 메타버스 도구들을 사용하는 능력이다. 또한 서로의 사용 경험을 공유함으로써 더 좋은 방법을 찾아가는 것이 중요하다.

6) 메타버스 선교회를 출범하고 메타버스 교회를 개척하다

기존의 교회가 메타버스 선교를 시작하기 위해서는 교회 안에 이를 감당할 선교회부터 시작하기를 제안한다. 처음부터 메타버스 교회를 시작하기보다는 메타버스 선교회를 통해 다양한 시도를 해 보는 것이 좋다. 메타버스 교회는 교회가 갖춰야 하는 기본적 요소들에 대한 문제가 해결되어야 하지만, '선교회'(para-church)는 그러한 요구에서 비교적 자유롭기 때문이다. 또한 선교회는 타문화권에 진입하는 것을 목적으로 다양한 선교전략을 모색하고 실천할 수 있는 강점이 있다. 메타버스 선교회의 기능으로는 다음과 같은 것을 들 수 있다.

- 메타버스 연구
- 메타버스 선교전략 모색
- 메타버스 선교실천
- 메타버스 선교교육

글 도구』(서울: 프리렉, 2020); 앤미디어, 『구글 클래스룸 수업: 따라만 하면 다 되는 실전 온라인 수업 지침서』(서울: 성안당, 2020); 윤지영, 『상상하는 수업 구글 클래스룸: 에드테크로 교육과정·수업·평가·기록 일체화』(서울: 기역, 2020).

메타버스 선교회의 노력으로 교회가 메타버스 선교를 할 수 있는 준비가 되면 교회 안에서 메타버스 교회를 시작할 수 있다. 청년교회, 청소년교회와 같이 메타버스 선교를 감당할 또 하나의 자율적인 교회를 세우는 것이다. 이때 메타버스 선교회가 교회개척의 모판이 될 수 있다. 메타버스 교회는 기존 교회에 다음과 같은 이익을 줄 수 있다.

- 교회가 메타버스 영역으로 확장된다.
- 메타버스의 사람들에게 복음을 전할 수 있다.
- 거리상 기존 교회에 참석하기 어려운 사람들도 교회의 일원이 될 수 있다.
- MZ세대를 향한 접촉점이 된다.
- 기존 교회와 메타버스 교회 사이에 시너지가 발생한다.

7) 메타버스에서 MZ세대를 만나다

최근에 밀레니얼 세대에 대한 관심이 크게 일어나고 있다.[8] 이에 더해서 Z세대에 대한 이야기도 나온다.[9] 이 둘을 합쳐서 MZ세대라고 부른다. 최근에는 알파세대에 대한 논의도 시작되었다.[10] 특히 1990년대 중반에서 2000년대 중반에 태어난 Z세대나 그 이후에 태어난 알파세대는 어려서부터 스마트폰이나 태블릿 같은 인터넷 모바일 기기를 사용하며 자라났다. 이들에게는 IT 기술과 소셜미디어가 곧 문화이다. 그들은 같은 방에 있으면서도 채팅으로 대화를 하고 모바일 기기를 중심으로 논다. 이러한 Z세대들에게는 교회에 가서 일방적인 설

---

[8] 심혜경, 『밀레니얼에 집중하라』 (서울: 북스고, 2019); 박소영·이찬, 『밀레니얼은 처음이라서』 (서울: kmac, 2019); 임홍택, 『90년생이 온다』 (서울: 웨일북, 2018).
[9] 고승연, 『Z세대는 그런 게 아니고: 밀레니얼도 모르는 모바일 네이티브』 (서울: 스리체어스, 2020).
[10] 최은영, 『알파세대가 학교에 온다: 인공지능시대의 디지털 키즈』 (서울: 지식프레임, 2021).

교를 듣고, 세대차이 나는 선생님과 대면하며 소그룹 모임에 참여하는 것이 매우 부담스러운 일이다. 이들을 완전히 잃어버리기 전에 언택트 상황이 되어서 교회가 메타버스 안으로 들어가게 된 것은 오히려 다행일 수도 있다.

이처럼 MZ세대는 새로운 선교대상이 되고, 이들이 살고 있는 가정은 새로운 선교지가 되었다. 교회는 부모들을 선교사로 인정하고 MZ세대 선교에 힘을 모아야 한다.[11] 이와 함께 한국교회는 새로운 세대들을 만나기 위해서 더욱 적극적으로 그들의 메타버스 문화 속으로 들어가 그들의 언어로 대화해야 한다. 10여 년 후 그들이 교회의 주역으로 자리 잡을 때 한국교회의 모습이 어떻게 변해 있을지를 상상한다면 지금의 언택트 상황을 부정적으로만 볼 것이 아니다.

2년이 넘게 온택트 수업이 진행되면서 이에 대한 교육학적 이론과 방법론에 대한 책과 연구물이 폭발적으로 쏟아져 나오고 있다.[12] 반갑게도 메타버스 주일학교에 대한 경험과 방법에 대한 책도 출판되고 있다.[13] 앞으로 교회는 MZ세대와 소통하고 그들에게 복음을 전수하기 위해 더 많은 예산과 노력을 쏟아부어야 한다. Z세대들을 위해 메타버스 안에 교회학교를 만들고 그들을 미래의 메타버스 선교사로 세워가야 한다.[14] Z세대가 주류를 이루는 대학교 캠퍼스도 열악한 선교지가 되고 있다. 교회는 이제 Z세대를 캠퍼스 선교사로 파송하는 계획

11　호성기, 『선교의 제4물결을 타라』 (서울: 국민일보, 2021), 26~29.
12　Google Educator Group South Korea, 『구글 클래스룸 수업 레시피』; 앤미디어, 『구글 클래스룸 수업』; 앤미디어, 『줌 & 영상 편집』; 김란 외 3인, 『줌 수업에 날개를 달아 줌』.
13　신형섭·신현호, 『슬기로운 메타버스 교회학교: 이 시대의 땅끝, 메타버스에 복음을 전하다』 (서울: 두란노, 2022); 김현철·조민철, 『메타버스 교회학교: 메타버스 시대의 교회학교 실전 매뉴얼 40』 (서울: 꿈미, 2021); 문화랑, 『미래 교회교육 지도 그리기: 비대면 시대 교회교육 살리기』 (서울: 생명의말씀사, 2021); 이정현, 『주일학교 체인지: 주일학교 통째로 바꿔라!』 (서울: 생명의말씀사, 2021).
14　호성기, 『선교의 제4물결을 타라』, 30~33.

을 세워야 한다.[15] 이러한 일은 한 교회의 노력으로는 불가능하다. 교회교육에 대해 교회 간 그리고 교단 간 협력을 늘리고 더 좋은 방법을 찾기 위해 머리를 맞대야 한다. 이들 MZ세대가 없으면 교회의 미래도 없기 때문이다.

8) 초고령사회를 향해 교회의 시니어들을 준비시키다

대한민국은 세계에서 가장 빠른 속도로 초고령사회를 향해 가고 있다. 2025년이 되면 65세 이상의 인구가 전체 인구의 20% 이상이 되는 초고령 사회가 된다. 2050년이 되면 대한민국 국민의 40% 정도가 65세 이상이 되어 일본을 제치고 세계 최고령 국가가 될 것이다. 60세 이상으로 보면 인구의 절반이 노인이 되는 셈이다. 교회에 젊은이가 없다면 교회의 고령화는 사회의 그것보다 훨씬 더 심각할 것이다.

이 상황에서 이미 고령인구가 많은 한국교회는 어떤 준비를 해야 할까? 이 주제만 가지고도 많은 연구가 필요하지만, 여기서는 시니어들을 향한 메타버스 교육을 언급하고자 한다. 사회의 모든 분야가 메타버스 속으로 들어가는 이때에 앞으로 30~40년을 더 살아야 할 시니어들을 위해서 메타버스 교육은 필수이다. 시니어들이 온라인 예배와 Zoom을 통한 소그룹 모임을 어렵게 느낀다고 그들을 교육대상에서 배제할 것이 아니다. 오히려 더욱 적극적으로 교육하여 시니어들이 이 문화에 적응하도록 도와야 한다. 우리나라 선교 초기에 문맹이던 사람들이 성경을 읽기 위해 한글을 배우고, 기독교와 함께 서구 문화를 배운 결과 당시의 사회를 이끄는 사람들이 되었었다. 이처럼 메타버스 시대에 교회는 시니어들이 미래를 살아갈 수 있도록 메타버스 예배에 참여

---

15   호성기, 『선교의 제4물결을 타라』, 34~37.

하는 법과 소그룹 활동을 위한 Zoom 사용법을 교육해야 한다. 더 나아가 자신의 블로그를 만들어 글과 사진을 올리고, 인스타그램을 활용하며, 페이스북에서 만나고, 유튜버가 되어 자신의 강점으로 사회에 기여하도록 도와야 한다. 그렇게 되면 그들이 대한민국의 시니어 문화를 이끄는 리더들이 될 것이다.

9) 교회가 메타버스 문화 속으로 들어가다

세상은 거의 모두 메타버스 세상 속으로 들어갔다. 특히 IT 강국인 대한민국에서 한두 개 정도 소셜미디어를 하지 않는 사람은 없다고 봐도 과언이 아니다. 작은 사업이나 단체를 시작하더라도 홈페이지, 블로그, 페이스북 페이지, 인스타그램은 기본이고, 유튜브까지 준비해야 한다. 최근 1인 기업이 급증하면서 이러한 추세는 대세가 되었다.

교회도 빨리 메타버스 문화 속으로 들어가야 한다. 사람들이 커뮤니케이션하는 언어와 방법에 맞추지 않으면 세상과 소통할 수 없기 때문이다. 그럴 때 꼭 기억할 것은 '나'(I) 중심의 접근이 아니라 '너'(You) 중심의 접근이 필수적이라는 사실이다. 많은 교회들이 홈페이지를 만들 때 '우리 교회는…'이라고 화려하게 소개한다. 그러나 세상은 그러한 정보에 큰 관심이 없다. 이보다는 '만약 당신이 우리 교회의 일원이 되신다면, 당신에게는 … 같은 유익이 있을 것입니다.'처럼 독자가 원하는 것을 알려주는 것이 중요하다. 지금까지 선포 중심의 문화에 익숙한 교회에게는 쉽지 않은 제안이겠지만, 이것이 세상의 소통 방법이다. 주님께서 세상 문화 속으로 성육신해 오셨듯이 교회도 세상을 향해 성육신해 가는 사랑의 몸부림이 필요하다.

교회가 메타버스 속으로 들어가야 하는 또 한 가지 이유는 효과성 때문이다. 메타버스에서는 한 사람의 작은 목소리가 세상을 바꾸는 경우를 많이 본다. 작은 개척교회 목회자도 블로그나 유튜브를 통해 지구 끝에 있는 사람들과 큰 울림이 있는 메시지를 나눌 수 있다.[16] 이전에는 큰 교회가 힘이 있었지만, 메타버스 시대에는 메시지와 영성, 그리고 세상과 소통할 수 있는 언어만 알면 더 큰 목소리를 낼 수 있다.

10) 교인들이 메타버스 선교사가 되다

전통적으로 선교사는 타문화권으로 들어가 선교하는 사람들을 일컬어 왔다. 이들의 희생과 노력은 따로 말할 필요도 없다. 그러나 최근에는 모든 그리스도인이 타문화권 선교사가 될 수 있다. 바로 메타버스를 통해서다. 그들은 퇴근 후 메타버스 세상으로 들어가 선교사역을 한다. 사역의 성격에 따라 다양한 영역에서 지구촌 전체를 누비며 사역을 만들어간다. 한국교회 1,000만 성도가 메타버스 선교사가 되어 사람들을 섬기고 하나님 나라를 이뤄간다면 세상이 어떻게 바뀔까? 상상만으로도 가슴이 벅차다. 이를 위해서 교회는 모든 성도들을 메타버스 선교사가 되도록 도전하고, 그들이 사명을 잘 감당하도록 메타버스 도구들을 교육해야 한다. 또한 그들이 서로 도움을 주고받으며 힘을 합쳐 사역을 하도록 다양한 지원을 해야 한다. 메타버스를 통해 주님과 함께 땅끝까지 선교하는 메타버스 선교사들의 모습을 그려본다.

11) 지구촌 선교를 네트워킹하다

메타버스 시대에는 초연결이 필수가 되었다. 그 결과 지구촌의 모든 것

---

16 김경달, 『유튜브 트렌드 2021: 연결역량이 중요한 시대』 (서울: 이은북, 2020); 김성우·엄기호, 『유튜브는 책을 집어삼킬 것인가: 삶을 위한 말귀, 문해력, 리터러시』 (서울: 따비, 2020); 박노성 외 4인, 『플랫폼을 넘어 크리에이터로 사는 법, 최강의 유튜브: 온택트 시대, 콘텐츠 기획부터 영상 촬영 편집, 마케팅, 수익 창출까지』 (서울: 성안북스, 2020).

이 서로 연결되고 있다. 이는 하나님께서 한국교회를 위해 마련해 놓으신 선교의 대로이다. 한국교회는 이러한 하나님의 대로를 타고 지구촌에 있는 선교사들과 연결해야 한다. 세계 선교단체들과 네트워킹도 가능하다. 그럴 때 세계적인 선교 네트워크가 실제적으로 가능하게 된다. 개교회나 심지어 개인조차도 방 안에서 국제선교컨퍼런스를 열 수 있다. 화상회의를 하면서 실시간 방송도 가능하다. 그 안에서 발표를 하고, 자료들을 나누며, 회의를 기록하고, 추후에도 유튜브를 통해 오래도록 공유할 수 있다. 비싼 항공료와 많은 시간을 들여 정한 장소까지 이동해 비싼 호텔비를 지불하면서 선교대회를 할 필요가 없다. 필요하면 언제든지 비용부담 없이 국제회의를 개최할 수 있다. 기억하자. 지구촌 선교를 네트워킹할 수 있는 하나님의 대로가 준비되어 있다.

12) 하나님 나라를 확장하다

메타버스 문화는 인터넷 초기에 말하던 사이버 세상과는 다르다. 당시에 사이버 세상은 가상 세계, 물리적 세계와는 거리가 있는 또 하나의 세계였다. 그러나 현재의 메타버스는 현실의 한 부분이다. 아니 메타버스야말로 세상을 변화시키는 더 중요하고 영향력 있는 영역이 되었다. 대한민국의 정권을 바꾼 촛불집회도 인터넷에서 한 사람이 글을 올리면서 시작되었다. 대선이나 총선과 같은 선거에서도 메타버스 선거운동은 필수가 되었다. 이와 같이 메타버스 시대에 세상을 바꾸는 일은 블로그나 페이스북의 글에서 시작될 때가 많다.

이제 한국교회는 메타버스를 통해 세상을 변화시킬 수 있다는 사실에 눈을 떠야 한다. 그 범위는 교회가 있는 지역사회를 넘어서 지구촌 전체와 연결된다. 교회가 진심을 담아서 사랑의 마음으로 연대하고 집단지성을 발휘한다면, 지구촌 전체의 문제를 해결하고 하늘의 뜻을 이 땅 위에 이뤄갈 수 있다. 하나님께서 예비하신 선교의 대로를 타고 하나님 나라를 확장하는 일에 뛰어들자. 지구촌 전체를 향한 총체적 선교가 가능하게 되었다.[17]

2. 메타버스 교회를 위한 두 개의 선행된 모델

*지역교회가 메타버스 선교를 감당하기 위해서는 선교적 교회의 경험과 지혜가 필요하다.

메타버스 교회는 새로운 선교지로 들어가는 교회이다. 그렇기 때문에 전통적인 교회 모델은 이에 적합하지가 않다. 21세기에 들어서 '선교적 교회'(missional church)에 대한 논의가 활발히 진행되었다. 그 대표적인 모델은 미국을 중심으로 일어난 '이머징 교회'(Emerging Church)와 영국을 중심으로 일어난 '프레시 익스프레션스'(Fresh Expressions of Church) 운동이다. 여기서는 그 운동들의 선교적 특성을 이해하는 데 집중해 보자.

1) 이머징교회

이머징교회는 포스트모던 사람들에게 복음을 전하고자 일어난 새로운 선교적 교회운동이다. 이 운동에 속한 교회들 사이에는 하나로 설명할 수 없는 다양성이 있지만 많은 책에서 공통적인 특징을 제시하고 있다. 그 몇 가지를 살펴보자.

---

17 로날드 J. 사이더, 이상원·박현국 옮김, 『복음전도와 사회운동: 총체적 복음을 위한 선행신학』(서울: CLC, 2013); 르네 빠딜라, 이문장 옮김, 『복음에 대한 새로운 이해: 총체적 선교회의 살아 있는 역사 로잔회의』(서울: 대장간, 2012).

에디 깁스(Eddie Gibbs)와 리안 볼거(Ryan Bolger)는 이머징교회를 다른 교회와 구별할 수 있는 9가지 실천사항을 제시하고 있는데 그것은 다음과 같다.[18]

- 예수의 삶과 동일시하기(Identifying with Jesus)
- 세속 영역 변혁하기(Transforming Secular Space)
- 공동체적 삶 살기(Living as Community)
- 외부인 환영하기(Welcoming the Stranger)
- 자비를 가지고 섬기기(Serving with Generosity)
- 생산자로서 참여하기(Participating as Producers)
- 피조물로서 창조하기(Creating as Created Beings)
- 그리스도의 몸으로서 이끌기(Leading as a Body)
- 고대와 현대의 영성 합하기(Merging Ancient and Contemporary Spiritualities)

짐 윌슨(Jim L. Wilson)은 그의 책(*Future Church*)에서 이머징교회를 다음과 같이 7가지로 설명한다.[19]

- 창조적이기(Get Creative)
- 영적이기(Get Spiritual)
- 근본적이기(Get Radical)
- 실재적이기(Get Real)
- 정직하기(Get Truthful)

---

18   Eddie Gibbs·Ryan K. Bolger, *Emerging Churches* (Grand Rapids, MI: Baker Academic).
19   Jim L. Wilson, *Future Church* (Nashville, TE: Broadman&Holman Publishers, 2004).

- 다양해지기(Get Multi)
- 연결되기(Get Connected)

레너드 스윗(Leonard Sweet)도 『영성과 감성을 하나로 묶는 미래교회』라는 책에서 미래교회는 다음과 같은 교회라고 말한다.[20]

- 경험하고 느끼는 교회
- 참여하고 상호 작용하는 교회
- 이미지와 은유로 사고하는 교회
- 관계가 살아 있는 공동체를 세우는 교회

필자 또한 『사명을 다하는 교회로 바로 세워라: 21세기 교회의 존재방식, M-church』에서 선교적 교회의 특징을 다음과 같이 정리했다.[21]

- 교회 중심적 선교에서 하나님 중심의 선교로
- 모이는 구조에서 흩어지는 구조로
- 교구 구조에서 선교단체 구조로
- 편파적 선교에서 총체적 선교로
- 정형화된 교회 구조에서 개방적 구조로
- 건물 중심에서 사람 중심으로
- 위계질서적 구조에서 공동체형 구조로
- 성직자 중심에서 만인제사장 중심으로

---

20 레너드 스윗, 김영래 옮김, 『영성과 감성을 하나로 묶는 미래교회』 (서울: 좋은씨앗, 2002).
21 장성배, 『사명을 다하는 교회로 바로 세워라: 21세기 교회의 존재방식, M-church』 (서울: kmc, 2009), 4장.

- 개교회 중심에서 에큐메니컬 차원으로
- 지역 중심에서 글로벌 중심으로

새로운 포스트모던 세대를 향해 선교적으로 접근하고 있는 이머징 교회의 접근방법은 메타버스를 향해 선교적 교회를 세우고자 할 때 큰 통찰력을 제공해 준다. 이것을 메타버스 선교와 연관해서 다음과 같이 정리해 보자.

- 사명 중심적 교회
- 세상 중심적 교회
- 창의적 커뮤니케이션
- 예수 중심적 교회
- 하나님 나라 중심적 교회

2) 프레시 익스프레션스

프레시 익스프레션스는 후기 기독교 사회 속에서 게토화되어 가는 영국교회가 세상 사람들에게 다가가기 위해 시작한 새로운 운동이다.[22] 프레시 익스프레션스는 기존 교단 밖에서의 운동이 아니라 영국의 주

---

22 마이클 모이나·롭 피보디, 강도현 옮김, 『리프레시: 교회 밖에서 교회로 살아가는 새롭지만 낯설지 않은 방법』(서울: 뉴스앤조이, 2020); 트레비스 콜린스, 이삼열·주상락 옮김, 『교회의 새로운 표현들 101』(서울: 다리빌더스, 2018, 전자책); 잉글랜드성공회 선교와사회문제위원회, 브랜든선교연구소 옮김, 『선교형 교회: 변화하는 상황에서 교회 개척과 교회의 새로운 표현』(서울: 비아, 2016); Travis Collins, *From Steeple to the Street: Innovating Mission and Ministry through Fresh Expressions of the Church* (TE: Seedbed Publishing, 2016); Travis Collins, *Fresh Expressions of Church* (TE: Seedbed Publishing, 2015); Working Party, *Fresh Expressions in the Mission of the Church: Report of an Anglican-Methodist Working Party* (London: Church House, 2012); Graham Cray·Ian Mobsby, ed., *Fresh Expressions of Church and the Kingdom of God* (London: Canterbury Press, 2012); David Goodhew·Andrew Roberts·Michael Volland, *Fresh!: An Introduction to Fresh Expressions of Church and Pioneer Ministry* (London: SCM Press, 2012); Angela Shier-Jones, *Pioneer Ministry and Fresh Expressions of Church* (London: SPCK, 2009).

요 교단들인 영국성공회(The Church of England), 영국감리교회(The Methodist Church of Great Britain), 스코틀랜드국교회(The Church of Scotland), 구세군(The Salvation Army), 영국개혁교회(The United Reformed Church) 안에서 일어난 운동이라는 특징이 있다. 이 운동 또한 전 세계적으로 확산되고 있어서 하나로 설명하는 것이 쉽지 않다. 여기서는 프레시 익스프레션즈가 제안하는 교회 개척 단계를 살펴보는 것으로 만족하려고 한다.[23]

이 과정을 보다 잘 이해하기 위해서 한 이야기부터 시작해 보자.

쿡채플(Cook@Chapel) 이야기

한 마을에 사는 세 여인은 그리스도인으로서 교회 밖의 십대 청소년들과 복음을 나누고 싶어 했다. 그들은 십대가 무엇을 좋아할지 의견을 나누기 시작했다. 세 여인은 모두 요리하는 것을 좋아했기에 우연히 십대를 초청하여 십대가 좋아하는 요리를 함께 만들어 같이 먹었다. 이 시간은 자연스럽게 서로간의 삶에 대해 이야기를 나누는 기회가 되었다. 모임이 정례화될수록 대화는 자연스럽게 되었고 여인들은 기독교 신앙이 자신들의 삶에 어떤 의미가 있는지를 나눌 수 있었다.

어느 사이엔가 자연스럽게 축복기도로 식사를 시작하게 되었다. 그리고 청소년들이 그 기도에 자신의 감사를 더하도록 격려했다. 기도가 의미 있어지면서 청소년들은 이 기도에 자신의 기도를 요청하게 되었다. 청소년들은 그들의 기도를 종이에 써서 요리 그릇에 넣고, 돌아가면서 그 기도를 읽었다.

---

23   https://www.freshexpressions.org.uk/guide/develop; https://www.freshexpressions.org.uk/guide/develop/journey

십대들은 점점 더 기독교에 대해 이야기를 나누기 시작했고 자연스럽게 Cook@Chapel이 생겨났다. 그들은 점점 더 삶을 나누는 신앙공동체가 되었고, 이러한 그룹들이 여기저기에서 생겨났다.[24]

이 사례를 통해 프레시 익스프레션스는 [그림 10]과 같은 교회 개척 단계를 제안한다.

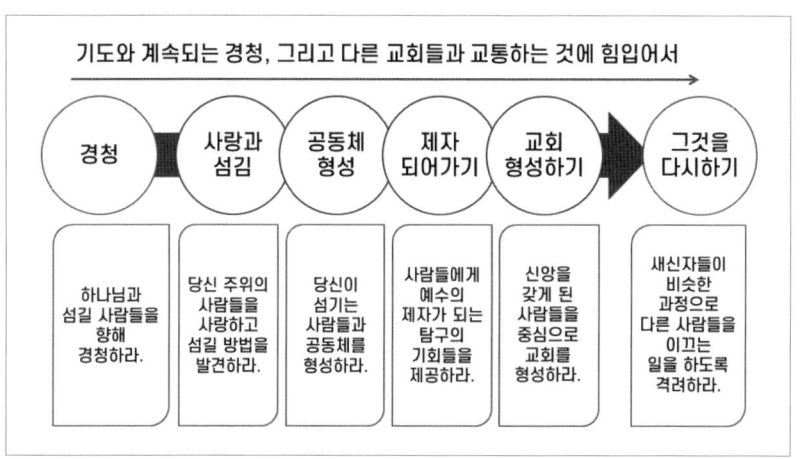

[그림 10]

(1) 경청하기

첫째, 우리는 하나님보다 앞서가서는 안 된다. 삼위일체 하나님께서 전개하시는 구원사역에 민감해야 하며, 그분의 부르심에 따라 움직여야 한다. 둘째로, 우리는 우리가 만날 사람들을 향해 경청하는 태도를 가져야 한다. 작게는 개인을 향한 경청이고, 크게는 그들의 공동체, 네트워크, 지역사회를 향한 경청이다. 이 두 방향에서 잘 경청할 때 우리는 하나님과 이웃을 향한 참된 관계를 이어갈 수 있다.

---
24   freshexpressions.org.uk/stories/cookatchapel

(2) 사랑으로 섬길 방법을 발견하기

경청의 자세로 사람들에게 다가가면 그들을 사랑으로 섬길 방법을 발견하게 된다. 교회는 세상에서 상처받고 외로운 사람들에게 사랑의 마음으로 다가가야 한다. (1) 그들과 함께하며, (2) 관계를 맺고, (3) 작은 필요에 응답하다 보면, (4) 그들을 섬길 꼭 필요한 방법을 발견하게 된다.

(3) 공동체 형성하기

섬기는 사람들과 공동체를 형성해야 한다. 그것이 어떤 형태이든 자주 만나 함께 삶을 나누고 섬기는, 마음이 통하는 공동체여야 한다. 그 속에서 사람들은 마음을 열고 더 깊은 삶의 이야기를 나누게 된다.

(4) 함께 제자 되어가기

그리스도인들은 공동체 모임 안에서 그리스도가 자신의 삶에 끼친 영향을 나누며 서서히 사람들을 신앙의 주제로 이끄는 것이 좋다. 세상의 주제들로 이야기를 나눌 때에도 이 주제들에 대한 기독교적 지혜를 소개하면 좋다. 특히 인생의 목적이나 종착점에 대한 대화는 기독교적 세계관을 소개할 중요한 기회이다. 기회가 되면 예수의 삶과 사상에 대해 소개하거나, 성경의 하나님을 소개할 수도 있다. 이 과정에서 그리스도인은 사람들이 영적 탐구여행을 잘 하도록 돕는 친구가 되어주어야 한다. 그들의 눈높이에서 그들을 이해하며 함께 영적 여행을 떠나야 한다. 이것이 사람들을 향한 그리스도인의 성례전적 역할이다.

(5) 교회 공동체 형성하기

새롭게 신앙을 갖게 된 사람들을 중심으로 그들에게 맞는 교회공동체를 형성한다. 이 과정에서 고려할 점은 다음과 같다.

- 예배는 가능한 간결하고, 삶에 도움이 되며, 마음을 담는 것이면 좋다. 또한 참여자가 자신의 은사를 통해 기여할 수 있는 공동의 예배이면 좋다. 그럴 때 예배는 참가자들을 하나님과 하나로 묶어주고 참여자들의 삶을 변화시킬 것이다.
- 설교보다는 대화가 적절하다. 찬양과 짧은 대화 후에 그 주제를 중심으로 대화하면 '숨은 커리큘럼'(hidden curriculum)이 작동된다. 사람들은 서로 질문하고 대답하면서 서로 배우고 풍성함을 체험하게 된다.
- 공동체적 교회에서 애찬은 매우 중요하다. 함께 커피를 내리고, 빵을 구우며, 음식을 만들고, 그것을 나눌 때 더욱더 가까워지고 하나 되는 체험을 할 수 있다.
- 더 중요한 것은 산 제사로서의 예배이다. 교회 공동체의 아름다운 이야기는 주중에 세상으로 흩어진 그리스도인들의 성례전적 삶을 통해 세상에 전해지고 주위를 변화시킨다.

(6) 그것을 다시 하기

성공적으로 교회를 개척한 사람들은 같은 방법으로 또다시 교회를 개척해야 한다. 한 번 성공한 사람은 보다 효과적으로 실수를 줄이며 새로운 교회를 개척할 수 있기 때문이다. 그리고 이러한 배가의 과정이 계속적으로 반복되면 하나의 교회개척운동이 된다. 결과적으로 비슷한 주제로 고통받던 사람들이 문제를 해결받고 교회공동체의 일원이 되는 아름다운 결과를 보게 될 것이다.

3. 메타버스 교회를 시작하는 방법

메타버스 교회를 시작하는 것은 미지의 세계를 탐험하는 것 같아서 엄청난 부담이 따른다. 그럼에도 불구하고 그 세계로 들어가야 한다면 어디서부터 시작해야 할까? 이미 이뤄지고 있는 메타버스 사역에 대해서는 다음의 몇 가지 책을 통해 확인할 수 있다.

- 이상훈의 『온라인 사역혁명: Re_Connect 리커넥트』는 현재 미국교회를 중심으로 일어나고 있는 사례들을 잘 소개하고 있다.[25] 교회의 비전과 가치를 온라인으로 실현하고 있는 새들백처치(Saddleback Church), 하나님 나라 복음을 디지털에 담고 있는 라이프처치(Life.Church), 다음 세대를 위해 대담한 시도를 하고 있는 처치홈(Churchome), 소셜미디어를 통한 온라인 사역의 모델이 되고 있는 엘리베이션처치(Elevation Church), 페이스북 온라인 교회공동체인 퍼슈트처치 라이브(Pursuit Church Live), 네트워크를 통한 온라인 사역에 집중하는 프레쉬 익스프레션스(Fresh Expressions), 영적 성장과 제자도 형성을 위한 온라인 플랫폼 사역을 하고 있는 라잇나우 미디어(RightNow Media)의 이야기를 들으면 우리의 가슴이 뛴다.
- 김병삼은 『올라인 교회: 이제 우리는 올라인(All Line)으로 간다』를 통해 만나교회의 경험을 공유하고 있다.[26] 코로나19를 겪으면서 새로운 교회를 위

---

25 이상훈, 『온라인 사역혁명: Re_Connect 리커넥트』 (서울: 교회성장연구소, 2021).
26 김병삼 외, 『올라인 교회: 이제 우리는 올라인(All Line)으로 간다』 (서울: 두란노, 2021).

한 실제 사례들을 소개하고 있다. 중요한 것은 '올라인 교회'라는 표현이다. 사역을 온라인(On Line)과 오프라인(Off Line)으로 나눠서 생각할 것이 아니라 올라인(All Line)으로 사역에 임해야 한다는 것이다. 이것은 메타버스와 물리적 세계를 분리할 수 없다는 우리의 생각과 같다.

- 캐빈 리는 『온라인 사역을 부탁해: 온라인 예배에서 소그룹 양육까지』를 통해 새들백교회 온라인 사역자로서 자신이 경험한 것을 나누고 있다.[27] 그는 새들백교회에서 온라인으로 연결된 성도들을 소그룹에 배치하고, 온라인을 통해 리더를 양육하는 사역을 감당하고 있다. 현재 그가 맡고 있는 온라인 소그룹은 2,000개가 넘고, 참여자들은 지구촌 전체에 퍼져 있다.

- FMnC(Frontier Mission and Computer) 선교회는 『온라인으로 선교합니다: 스마트 선교, 복음을 담을 새 부대가 되다』에서 자신들의 비전과 사역을 소개하고 있다.[28] 이 선교회는 IT를 통해 선교를 수행하는 단체이다. 특히 이 선교회는 SVS(Smart Vision School)이라는 교육과정을 통해 메타버스 선교사들을 배출해 왔다.

- 메타버스 선교에 대한 구체적인 제안을 제시한 것은 월간 「교회성장」이다. 눈에 띄는 특집 제목만 살펴봐도 월간 「교회성장」의 관심을 확인할 수 있다. (1) "한국교회, 온라인 예배로 모이다"(2020. 05), (2) "유튜브 목회, 어떻게 성장하나?"(2020. 09), (3) "위드 코로나 시대의 새로운 성장동력, 가정예배"(2020. 10), (4) "세상 속 교회의 본질과 이미지 회복"(2020. 12), (5) "2021 목회플랜, 인(人)택트-온(On)택트"(2021. 01), (6) "새로운 선교 현장, 유튜브 설교"(2021. 04), (7) "MZ세대에 주목하다"(2021. 05), (8) "메타버스와 교회"(2021. 10).

---

27 케빈 리, 『온라인 사역을 부탁해: 온라인 예배에서 소그룹 양육까지』 (서울: 두란노, 2021).
28 FMnC선교회, 『온라인으로 선교합니다: 스마트 선교, 복음을 담을 새 부대가 되다』 (서울: 두란노, 2021).

> *
> 메타버스
> 교회를
> 시작하기 위한
> 두 가지 방법

우리가 위의 책들을 통해 분명하게 확인할 수 있는 것은 메타버스 사역이 지역교회에 적용될 수 있다는 사실이다. 그렇다면 이러한 메타버스 사역을 우리 교회에는 어떻게 접목할 수 있을까? 다양한 방법이 있겠지만, 우선 (1) 중대형교회와 (2) 소형교회의 경우로 나눠서 방안을 모색해 보자.

1) 중대형교회의 경우

(1) 메타버스 선교회를 출범하다

중대형교회는 먼저 교회 안에 메타버스 선교회를 시작할 것을 제안한다. 교회 안에 메타버스 지식과 경험이 있는 사람들을 중심으로 모임을 구성하고, 그들의 창의적인 많은 아이디어를 얻을 수 있다. 여기에 젊은 부사역자가 함께하면서 목회적·신학적 안내를 해주면 좋겠다. 이때 담임목회자는 전체 회중에게 메타버스 선교를 향한 교회의 비전을 알리고, 메타버스 선교회를 기도와 물질로 후원하도록 해야 한다.

(2) 메타버스 사역을 시작하다

큰 조직이 변화되기 위해서는 구성원 전체가 느낄 수 있는 분명한 효과가 있어야 한다. 그 효과를 위해 큰 프로젝트를 기획할 필요는 없다. 그러나 메타버스 선교가 꼭 필요하다는 분명한 메시지가 담겨야 한다. 이제 메타버스 선교회는 다양한 실험을 하면서 메타버스 선교의 길을 탐험하기 시작한다.

(3) 교인들을 교육하다

교회 전체에 메타버스 선교의 필요성이 전달되면 모든 교인들이 메타버스 사역에 동참할 수 있도록 메타버스 교육을 시작한다. 위에서 살펴보았듯이 시니어도 이 교육에서 제외되면 안 된다. 오히려 이러한 교육을 통해 시니어들이 메타버스를 항해하는 능력을 갖추도록 도와야 한다.

(4) 메타버스 교회를 시작하다

중대형교회들은 그 안에 청년교회, 청소년교회, 교회학교, 시니어교회 등 다양한 자율적 교회들이 존재한다. 이와 같이 메타버스 교회를 시작하면 된다. 메타버스 선교회가 메타버스 교회를 시작하는 모판이 되면 좋겠다. 이제 그들은 메타버스 선교회의 차원을 넘어서 메타버스 교회로의 실험을 시작한다.

(5) 물리적 교회와 메타버스 교회 사이에 시너지를 내다

메타버스 교회는 물리적 교회와 별개의 것이 아니다. 청년교회가 청년들의 영역을 확장하기 위해서 존재하듯이 메타버스 교회도 그 영역을 확장하기 위해 존재한다. 결과적으로 본교회의 영역이 메타버스로 확대된다. 메타버스 안에서 예배를 시작하면 그런 예배가 좋은 사람들과 지역적으로 접근이 힘들었던 사람들을 중심으로 예배공동체가 형성된다. 이 공동체에 동력이 생기면 예배를 넘어서 메타버스 안에 다양한 사역들이 일어난다. 그리고 이러한 메타버스 교회의 존재는 모든 교인들에게 메타버스 선교를 향한 용기를 주게 된다.

2) 소형교회의 경우
(1) 메타버스 선교회를 시작하다

소형교회는 물리적 건물과 성도들이 있지만 그 크기가 작은 교회이다. 이러한 경우 소형교회 목회자는 물리적 교회보다는 메타버스 선교회에 무게를 두어야 한다. 주중에 많은 시간을 메타버스 선교에 할애하고, 주일에 물리적 예배모임을 갖는 형태가 좋다. 목회자와 소수의 동역자들은 블로그, 유튜브, 인스타그램 등 소셜미디어 도구들을 사용해서 세상에 교회의 비전을 알리고, 사람들과 소통해야 한다. 예수님, 바울, 존 웨슬리가 그랬던 것처럼 메타버스 세상으로 들어가 복음을 나눠야 한다. 이 시대에도 학생선교단체 간사들은 캠퍼스 안으로 들어가고 있다.

(2) 메타버스 안에서 다중 역할을 감당하다

시공간의 제약을 벗어난 메타버스 안에서는 목회자도 다양한 역할을 감당할 수 있다. 유튜브나 블로그의 인플루언서가 될 수도 있고, NGO 대표도 가능하다. 또한 카페나 빵공장 등 다양한 업종의 비즈니스 대표가 될 수도 있다. 최근에는 1인 유튜버, 1인 기업, 1인 연구소 등 혼자서 할 수 있는 일이 너무도 많아졌다.

목회자가 이런 일을 병행하는 첫 번째 이유는 복음전도의 접촉점을 늘리기 위해서다. 많은 경우 전도는 인간관계 속에서 일어난다. 둘째는 자비량 사역을 위해서다. 건전한 비즈니스는 오히려 하나님의 선교에 도움이 된다. 최근에 Business as Mission(BAM) 운동은 선교의 중요한 방법이 되고 있다. 같은 맥락에서 필자는 NGO as Mission(NAM)의 중요성도 강조하고 있다. 예수님도 갈릴리 나사렛 동네의 목수였기 때문에 어부나 다양한 직업을 가진 제자들을 만날 수 있었다. 바울은 텐트를 만드는 사람이었다. '텐트메이킹 선교'(Tentmaking Mission)

가 중요한 이때에 목회자의 다중 역할, 다중 사역이 인정되어야 한다.

(3) 메타버스 안에서 전도하고 양육하다
목회자는 메타버스에서 만난 사람들에게 기회가 있는 대로 복음을 전해야 한다. 그리고 복음을 전할 때는 메타버스 사람들의 언어와 방법을 사용해야 한다. 예수님이 인간의 언어, 그중에서도 아람어를 사용하신 것은 선교의 원형이다. 또한 제자양육도 메타버스 사람들에게 익숙한 방법으로 이뤄져야 한다.

(4) 메타버스 안에 신앙공동체를 만들다
제자가 된 사람들은 믿음의 공동체가 필요하다. 예수님도 제자들의 공동체를 만드셨다. 존 웨슬리도 소사이어티, 속회, 밴드와 같은 다양한 소그룹을 만들었다. 학생선교단체 간사들은 캠퍼스 안에 다양한 소그룹을 만든다. 이와 같이 메타버스 안에서 복음을 나누고 신앙공동체를 만드는 것은 당연한 단계이다.

(5) 가능한 곳부터 오프라인 공동체를 시작하다
온라인 공동체는 오프라인 공동체로 이어질 수 있다. 목회자는 오프라인 모임을 적극적으로 격려하고 도와야 한다. 예수님, 바울, 존 웨슬리, 학생선교단체 간사들은 순회하면서 이러한 공동체들을 돌봤다. 모바일 시대에 소형교회 목회자도 모바일해야 한다.

(6) 작은 공동체들의 네트워크로서의 교회를 형성하다
교회는 한 건물 안에 한정되지 않는다. 앞에서 살펴본 것처럼 예수님의 사역은 건물 없이 전개되었다. 그것이 더 큰 확장성과 운동성이 있다. 이 단계까지 온 목회자는 더 이상 소형교회의 목회자가 아니다. 메타버스로 연결된 커다란 선교운동의 리더가 된 것이다. 이때 이 교회는 대한민국을 넘어서 전 세계에 흩어져 있는 수많은 신앙공동체들의 네트워크가 된다. 이 비전을 [그림 11]과 같이 그려 보았다.

[그림 11]

4. 복음전도의 내용과 방법

1) 복음전도의 내용

복음전도를 함에 있어서 가장 중요한 것은 우리가 무엇을 믿고 어떤 삶을 살아야 하는지를 함께 정리하는 것이다. 이를 위해서는 초교파적 교회공동체의 논의와 토론이 필요하다. 이것이 메타버스에서 일어나면 전 지구적인 해석학적 공동체를 형성할 수 있다. 지구촌 안의 모든 교회는 한 분 하나님, 하나의 성경, 그리고 하나의 거대한 기독교 전통을 강조해야 한다. 그래야 이단들과의 차이를 분명히 할 수 있다.

> *교회는 메타버스에서 어떤 메시지를 전할 것인가?

그렇다면 우리는 어떻게 전 지구적인 해석학적 공동체를 형성할 수 있을까? 이에 대해 데이비드 보쉬는 『변화하는 선교』에서 '국제적인 해석학적 공동체'(an international hermeneutical community)를 제안한다.[29] 그에 따르면 우리의 생각은 부분적이고, 문화적으로나 사회적으로 편향되어 있다. 그래서 우리는 우리의 생각이 절대라고 말할 수 없다. 그럼에도 불구하고 우리에게는 대답이 없다고 말할 필요도 없다. 비록 파편적으로 보고 있지만, 우리는 우리가 처한 상황에서 하나님의 역사를 분명히 보고 있다. 그렇다면 우리는 다음과 같은 태도가 필요하다.

- 사명자는 '다른 관점에 대해 개방적'(open to other views)이어야 한다. 내 생각이 절대적인 것이 아니기 때문에 다른 관점이 내 생각을 보완해 줄 수 있다. 심지어 비기독교적인 주장을 향해서도 닫혀 있으면 안 된다. 이러한 태도가 사명자의 세계관을 확장해 준다.
- 사명자는 다른 관점을 대할 때 '창조적인 긴장'(a creative tension)을 유지해야 한다. 상대의 생각을 무비판적으로 수용하는 것이 아니라, 내 주체성을 유지하면서 창조적으로 수용하는 태도가 필요하다.
- 사명자는 다양한 학문 분야의 공헌을 통합적으로 검토하려고 노력해야 한다. 각 학문은 부분적으로 깊이 있는 통찰을 제공하기 때문이다. 이러한 지

---

[29] 데이비드 J. 보쉬, 김만태 옮김, 『변화하는 선교』 (서울: 기독교문서선교회, 2017), 310~13. David Bosch, *Transforming Mission* (NY: Orbis Books, 1993), 185~87 비교.

혜들을 총체적이고 통합적으로 연결해 갈 때 보다 넓고 깊은 통찰력을 갖게 된다.

- 사명자는 분명히 자신의 상황에서 출발한다. 자신이 자란 문화와 환경에 따라 세계관이 형성되기 때문이다. 하지만 사명자는 계속해서 전 지구적 관점을 형성하도록 노력해야 한다. 즉 글로컬한 태도를 유지해야 한다.
- 사명자는 '겸손한 담대함'(a humble boldness)이 필요하다. 사명자가 갖춰야 할 자세 중 그 첫째는 겸손함인데, 사명자는 자신의 한계를 인정해야 한다. 자신의 생각이 파편적이라는 사실 앞에 겸손해야 한다. 하지만 사명자는 그 한계 안으로 들어오신 하나님을 만났다는 신앙고백에서는 담대해야 한다. 그럴 때 사명자는 하나님 앞에서나 사람 앞에서 겸손하면서도 담대하게 사명을 감당할 수 있다.
- 사명자는 다른 사명자들과 함께 '국제적인 해석학적 공동체'(an international hermeneutical community)를 형성해야 한다. 한 사람의 사명자는 분명히 한계를 가지고 있지만, 사명자들이 집단지성을 형성한다면 세상을 변화시킬 수 있다.
- 사명자는 다른 사명자들을 '동역자'(partner)로 인정해야 한다. 그들 모두 같은 하나님으로부터 사명을 받았고, 자신들의 사명을 감당하고 있기 때문이다. 하나님의 선교 안에서 모든 사명자는 동역자들이다.

전 지구적인 해석학적 공동체는 단번에 형성되지 않는다. 그러나 지구촌 안의 교회들이 그 필요성을 인정하고 공동의 노력을 기울인다면 전혀 불가능한 것은 아니다. 그리고 그 노력 위에 하나님께서 함께하실 것이다. 그러므로 교회들은 지구촌 전체를 향한 전 지구적 고백과 신학을 형성해야 한다. 그리고 메타버스 공간은 이러한 네트워킹과 소통에 적합하다. 지구촌의 교회들이 수시로 만나고, 대화하고, 기록하고, 전파하고, 다음세대로 전달하는 것이 가능한 세계상이 되었다. 하나님의 대로를 타고 사명을 감당하는 교회가 되기를 기대한다.

2) 복음전도의 방법

이러한 토대 위에서 우리의 고백/선포의 내용을 보다 다양한 콘텐츠로 준비하고 나눠야 한다. 세상과 소통하기 위해서는 다양한 방법이 필요하다. 우리가 세상 사람들에게 접근하는 방법의 예는 다음과 같다.

*
메타버스에서 어떻게 전도하고 사역할 것인가?

- 개인 간증
- 삶의 증언
- 공동의 증언
- 변증
- 초대
- 바른 신학
- 세상의 주제를 다루는 상황화 신학
- 그리스도인 교육
- 그리스도인 훈련
- 그리스도인 자기개발
- 그리스도인 라이프코칭
- 그리스도인 상담

3) 콘텐츠의 길이

보편적으로 한국교회 목회자의 설교 시간은 20~40분이다. 코로나19 동안 거의 모든 교회가 온라인 예배 영상을 교회 사이트에 올려놓았다. 대부분 예배실황 전체를 올려놓거나 설교만 편집해서 올려놓는다. 목적에 따라 두 가지 다 효과가 있다. 그러나 조금 더 세상 사람들과 소통하기 위해서는 최근 소셜미디어에서 사용하는 방법에 주의를 기울이는 것이 좋다. 교인들이 대상이 아니라 복음전도를 위한 콘텐츠를 제작한다면 소셜미디어의 양식을 따라해야 한다. 이것이 세상의 언어로 대화하는 방법이다.

> *
> 메타버스에 맞는 메시지 길이를 생각하라.

(1) 짧은 형태

정보가 넘쳐나는 시대에 사람들은 보다 짧고 명확한 정보를 선호하게 되었다. 특히 포노 사피엔스들은 이동 중에 정보를 검색하고 바로 실행에 옮기는 경향이 강하다. 그들에게는 유튜버들의 5분 영상도 길게 느껴진다. 비슷한 콘텐츠가 넘쳐나기 때문에 7초 안에 고객의 마음을 사로잡아야 한다는 제안도 있다.[30] 최근에는 숏폼 콘텐츠들이 많은 인기를 얻고 있다. 학습의 영역에서도 '마이크로러닝'(Microlearning)이 관심을 받고 있다.[31] 교육내용을 개념 단위로 잘라서 짧은 시간 내에 다양한 모바일 기기로 학습하도록 하는 방법이다. 교회도 이러한 경향에 주목해야 한다. 특히 MZ세대에게 복음을 전하기 위해서는 반드시 기억해야 할 점이다. 교회가 고백하는 핵심을 짧고 명확한 콘텐츠로 만들어 메타버스 안의 사람들과 소통해야 한다.

---

30 팀 스테이플스·조시 영, 이윤진 옮김, 『유튜브 7초에 승부하라』 (서울: 매일경제신문사, 2020).
31 이효은, 『소셜러닝과 마이크로러닝: 새로운 것을 함께 배우는 기술』 (서울: 세계와나, 2018).

(2) 중간 형태

중간 길이의 강의 형태로 유명한 것은 TED와 세바시를 들 수 있다. 그 둘을 좀 더 구체적으로 살펴보자.

TED: TED는 기술(Technology), 엔터테인먼트(Entertainment), 디자인(De-sign) 분야를 중심으로 명강사들의 강연을 제공하는 비영리단체이다. 이 단체의 목적은 가치 있는 아이디어를 세상에 확산시키는 것에 있다. 제레미 도노반(Jeremey Donovan)은 그의 책 『TED 프레젠테이션』에서 TED 강연자들을 분석하면서, 18분 안에 청중들을 감동시키는 방법을 제안하고 있다.[32]

TED에 초청받는 연사들은 (1) 탁월한 능력을 가진 사람들이거나, (2) 평범하지만 자신의 삶에서 주목할 만한 스토리를 갖고 있는 사람들이다. 우리는 첫 번째 부류의 사람이 아니더라도 그리스도인으로서 이 땅을 살아오면서 고난을 이겨낸 저마다의 스토리를 갖고 있다. 이러한 스토리는 같은 고난을 헤쳐가는 사람들에게 감동과 위로를 줄 수 있다. 중요한 것은 전달 방법인데, 저자의 제안이 도움이 될 것이다.

콘텐츠와 스토리를 구성할 때 저자의 제안을 따라 다음의 항목을 기억하는 것이 좋다.

- 깊은 자기 성찰에서 시작하라.
- 명쾌한 핵심 메시지를 개발하라.
- 프로필도 메시지에 연결하라.
- 오프닝이 분위기를 지배한다.

---

32 제레미 도노반, 김지향 옮김, 『TED 프레젠테이션 세계가 감동하는 TED, 12가지 비밀』 (서울: 인사이트앤뷰, 2020).

- 스토리의 프레임을 설계하라.
- 결론은 청중을 설득할 마지막 기회이다.
- 스토리는 청중과의 여행지도이다.

또한 훌륭한 프레젠테이션을 위해서는 다음의 사실이 중요하다. 본인의 프레젠테이션을 점검하고 실천해 보자.

- 열정적인 스토리텔러가 되어라.
- 스토리에 유머를 녹여라.
- 표정과 몸짓으로 스토리를 빛내라.
- 발표 자료는 간결할수록 좋다.
- 연습하고 준비하고 또 연습하라.
- 실전에 뛰어들라.

세바시: 세바시(세상을 바꾸는 시간 15분)는 다양한 분야의 강연자들이 자신의 지식과 삶의 이야기를 나누는 강연 프로그램이다. 대한민국의 TED라고 불릴 정도로 많은 사람들의 관심을 불러일으킨 국내 최장수 강연 프로그램이다. TED의 강연 시간이 18분이라면 세바시는 15분 동안 강연을 한다. 1,300개 이상의 강연을 하는 동안 누적 조회 수는 10억 회 이상이 되었다. 무엇이 이러한 결과를 가져왔을까? 과연 기독교 콘텐츠는 이러한 영향을 끼칠 수 있을까? 그러기 위해서 우리는 무엇을 준비해야 하는가? 세바시 또한 TED의 관점에서 살펴보고 기독교 콘텐츠를 개발하는 데 적용하면 큰 도움이 될 것이다.

(3) 긴 형태

소셜미디어에 익숙한 사람들과 소통하기 위해서 짧은 형태와 중간 형태의 콘텐츠를 생산하는 것은 매우 중요하다. 그러나 긴 형태의 설교, 교육, 강의, 세미나 콘텐츠도 나름의 목적이 있고 유효하다. 시리즈 교육이나 강의를 온라인상에 공유한다면 작은 교회나 작은 모임이 자체적으로 교육을 하는 데 많은 도움을 줄 것이다. 또한 그 주제에 대해 깊이 알기를 원하는 개인에게도 큰 도움이 된다.

4) 복음의 전달 방법

메타버스 사람들은 유튜브나 인스타그램에서 예쁜 카페의 영상이나 사진을 보면, 직접 그곳에 가서 커피를 마시며 사진을 찍고 싶어 한다. 그러나 여기에서 끝나는 것이 아니다. 영상을 보고 찾아간 사람들이 실제로 만족을 느껴야 한다. 그래야 높은 별점을 받고, 계속해서 사람들이 몰려오는 핫플레이스가 된다.

교회도 소셜미디어를 사용해야 한다. 직접 찾아가고 싶은 마음이 들도록 예배내용을 구성해야 하고, 그것을 영상과 사진에 담아 메타버스 사람들에게 공유해야 한다. 이때 잊지 말아야 할 것은, 찾아간 사람들이 실제로 그런 만족감을 느껴야 한다는 점이다. 성령의 임재가 느껴지는 찬양, 그 안에 사람들이 하나 되는 체험, 감동을 주는 말씀, 치유와 회복의 역사, 새로운 희망의 체험이 있어야 한다. 그러면 그 교회는 입소문을 타고 수많은 사람들이 몰려오는 곳이 될 것이다.

* 메타버스에서 수신자 중심으로 복음을 전하라.

중요한 것은 실제이다. 어느 한 카페의 영상이나 사진을 통해 마음이 움직였어도, 실제로 가본 카페가 만족을 주지 못하면 오히려 악플이 달리는 역효과가 날 것이다. 교회 또한 영상으로는 화려하고 매력적인 예배를 보여주더라도 실제 교회가 그렇지 않으면 오히려 역효과를 가져올 것이다. 중요한 것은 실제이고, 그 후에 그것을 포장하는 방법이 추가적으로 중요하게 된다. 포장할 때 긴 콘텐츠는 보지 않는다. 짧고 매력적인 충격이 선행되어야 조금 더 긴 콘텐츠를 보게 되고, 점점 더 마니아가 된다. 그리고 그의 삶 전체를 하나님께 드리게 된다. 기억하라. 짧은 것은 실제를 포기하라는 것이 아니다. 실제로 초대하기 위한 마중물이다. 현재 마중물로 사용할 대중적인 메타버스 방법은 다음과 같다.

- 유튜브 영상
- 블로그의 글
- 인스타그램의 이미지
- 페이스북의 짧은 메시지
- 페이스북의 조금 긴 메시지
- 카드뉴스

이 외에도 메타버스 안의 사람들과 접촉할 방법은 무궁무진하다. 위의 것들은 우리가 쉽게 이해할 수 있는 예일 뿐이다. 이러한 다양한 방법은 통합적으로 사용이 가능하다. 디지털의 강점은 편집, 변형, 융합이 가능하다는 것이다. 같은 콘텐츠도 상황과 대상에 따라 재조립할 수 있다. 중요한 것은 나 중심이 아니라 복음을 받을 사람 중심, 즉 수신자 중심의 마음이다. 우리가 섬기는 사람의 온전한 치유와 회복을 바라는 간절한 마음이 중요하다. 그 마음이 전해지면 소통은 빠르게 진행될 것이다.

5. 메타버스 교회학교

코로나19 동안에 전 세계의 학교들이 온라인으로 이동했다. 그러면서 교육 패러다임도 혁신적으로 바뀌었다. 그동안 우선순위에서 뒤로 밀렸던 디지털 러닝, 플립 러닝,[33] 액션 러닝,[34] 프로젝트 학습,[35] 문제기반 학습,[36] 홈에듀케이션, 홈스쿨링, 에듀테크 등의 주제가 핵심으로 등장했다. 무크와 미네르바스쿨 등 캠퍼스 없는 대학에 대한 논의도 새롭게 점화되었다.[37] 학교와 대학의 기능을 넘어서 존재가치에 대한 논의가 일어나고, 교사와 교수의 역할에 대해서도 새로운 정의가 내려지고 있다.[38] 걱정했던 학생들은 오히려 이런 변화에 더 빨리 적응하고 있다. 그들은 본래 포노 사피엔스인 MZ세대였던 것이다.[39]

이러한 상황에서 교회학교도 메타버스 영역으로 들어갔다. 그 결과 메타버스와 연관된 기독교의 첫 책은 교회학교 분야에서 나왔다. 바로 『메타버스 교회학교』이다.[40] 저자 중 김현철은 행복나눔교회 담임목사로서 교회학교를 열정적으로 메타버스 세상으로 이끌어갔다. 이 책에서 저자들은 "다음세대 선교는 선교지의 언어로" 수행되어야 한다

---

[33] 류광모·임정훈, 『나는 거꾸로 교실 거꾸로 교사: 거꾸로 교실 현장 실천 가이드』 (서울: 살림터, 2018).
[34] 이규완, 『학습팀 혁신전략: 액션러닝과 전략 커뮤니티』 (서울: 북코리아, 2015); 고수일, 『액션러닝으로 배우는 성공적인 조직생활 전략』 (서울: 전북대학교 출판문화원, 2015).
[35] 정준환, 『설레는 수업, 프로젝트학습 PBL 달인 되기 1: 입문』 (서울: 상상채널, 2019); 최경민·김율리·곽혜민, 『프로젝트 학습, 즐거움으로 배움을 요리하다』 (서울: 공동체, 2018); 유재선, 『세계시민교육: 주제통합 프로젝트 학습으로 펼치는』 (서울: 바른북스, 2018); 존 라머·존 머겐달러·수지 보스, 최선경·장밝은·김병식 옮김, 『프로젝트 수업 어떻게 할 것인가?: 철학에서 실천까지, 교사들을 위한 PBL의 모든 것』 (서울: 지식프레임, 2017).
[36] 장경원 외, 『알고 보면 만만한 PBL 수업』 (서울: 학지사, 2019); 조연순 외, 『문제 중심 학습의 이론과 실제』 (서울: 학지사, 2017); 최정임·장경원, 『PBL로 수업하기』 (서울: 학지사, 2015).
[37] "캠퍼스 없는 혁신대학, '미네르바스쿨'을 아시나요?" http://www.bloter.net/archives/239571; 커티스 봉크·미미 리 외 편집, 변호승·엄우용·김경지 옮김, 『Mooc와 개방교육』 (서울: 아카데미프레스, 2016).
[38] 이현청, 『왜 대학은 사라지는가』 (서울: 카모마일북스, 2015).
[39] 최재붕, 『포노 사피엔스: 스마트폰이 낳은 신인류』 (서울: 쌤앤파커스, 2019).
[40] 김현철·조민철, 『메타버스 교회학교: 메타버스 시대의 교회학교 실전 매뉴얼 40』 (서울: 꿈미, 2021).

*메타버스에서 MZ세대를 만나고 교육하라.

고 강조한다.[41] 그러므로 Z세대 이후 알파세대를 대상으로 하는 교회학교는 메타버스의 언어로 복음을 전해야 한다.

또한 저자들은 "언제나 해답이 먼저 있었다."라고 말한다. 초대교회가 복음을 전하도록 로마의 대로를 준비하신 하나님은 지금 이 시대에도 선교의 길을 준비하고 계신다. 그러므로 코로나19와 메타버스 상황을 하나님의 계획으로 보고 적극적으로 그 길을 열어나가야 한다.

신형섭과 신현호의 『슬기로운 메타버스 교회학교』도 주목할 만하다.[42] 이 책 또한 교회가 전통적인 목회와 교회교육에 안주할 것이 아니라 하나님의 꿈을 위해 위대한 믿음의 걸음을 시작해야 한다고 강조한다. 특히 이 책은 메타버스 교회교육을 위한 8가지 실천사항을 제안하는데, 다음과 같다.

- **예수 그리스도**: 메타버스 교회교육의 중심으로 삼으라.
- **균형**: 올라인을 통해 온라인과 오프라인의 균형을 잡으라.
- **관계**: 의미 있는 공동체와 만남을 경험하도록 도우라.
- **실재감**: 하나님의 현존이 구현되는 교육적 실재감을 추구하라.
- **교육적 상상력**: 보이는 것을 넘어 보이지 않는 의미를 상상하라.
- **말씀**: 하나님 나라의 이야기와 우리의 이야기를 스토리 링킹하라.
- **예언자적 참여**: 성경적 가치관과 분별력을 기르는 디지털 신앙 교육 리터러시를 하라.
- **선교적 교육**: 새로운 땅끝으로 나아가는 제자로 삼으라.

---

41 김현철·조민철, 『메타버스 교회학교』, 40~41.
42 신형섭·신현호, 『슬기로운 메타버스 교회학교: 이 시대의 땅끝, 메타버스에 복음을 전하다』 (서울: 두란노, 2022).

그 외에도 메타버스라는 용어를 사용하지는 않았지만 온라인을 통한 대안적인 교회교육에 대해 많은 책이 출간되어 있다.[43] 교회교육은 교회의 미래를 준비하는 중요한 영역이다. 메타버스 시대에 진지한 실험이 계속되기를 바란다.

나가는 말

메타버스를 향한 세상의 변화는 급물살을 탈 것이다. 메타버스는 말 그대로 거대한 세계가 되고 있다. 그러나 그 세계는 물리적 세계와 유리되지 않고 상호 영향을 미치는 혼합현실을 형성할 것이다. 이러한 시대에 교회는 분명한 정체성을 가지고 메타버스 선교에 뛰어들어야 한다. 그곳에서 사람들을 만나 복음을 전하고 그곳에 하나님 나라를 확장해 가야 한다. 그러기 위해서 교회의 조직구조나 사역방법도 바뀌어야 한다. 교인들이 사명을 감당하도록 훈련해야 하고, 메타버스 세상에서 증인으로 살도록 격려해야 한다. Z세대와 알파세대를 교육해야 할 교회학교도 새로운 교육 패러다임을 준비해야 한다.

이 과정에서 우리가 기억해야 할 것이 있다. 사람들이 메타버스에서만 살지는 않는다는 사실이다. 그들은 연남동이나 성수동의 핫플레이스를 찾고, 차박을 하고, 캠핑을 즐긴다. 아날로그의 경험이 신선하다면 그것을 더 선호할 수도 있다. 중요한 것은 사람들의 경험, 스토리, 의미와 같은 차원이다. 그렇다면 MZ세대가 교회에 오지 않는 진짜 이

---

43 문화랑, 『미래 교회교육 지도 그리기』; 이정현, 『주일학교 체인지: 주일학교 통째로 바꿔라!』 (서울: 생명의말씀사, 2021); 유지혜, 『우리 교회 온택트 주일학교: 비대면 시대에도 우리 아이들이 예배를 잊지 않게』 (서울: 생명의말씀사, 2021); 장한섭, 『다음세대교육, 가정이 답이다』 (서울: 한국NCD미디어, 2020); 권순웅 외 6인, 『코로나 이후, 교회교육을 디자인하다: 언택트 시대의 신앙 교육, 해법을 찾다』 (서울: 들음과봄, 2020).

유는 그들에게 교회를 찾을 이유가 사라졌기 때문이다. 교회가 메타버스 선교를 기술적인 측면에서만 다루지 말아야 할 이유가 여기에 있다.

이제 우리는 나 중심적인 생각에서 벗어나야 한다. 메타버스 사람들에게 교회는 어떤 의미가 있을까를 물어야 한다. 그들이 찾아올 이유가 있는 교회! 이것이 메타버스 시대에 교회가 풀어야 할 숙제이다.

실천 과제

1. 메타버스 시대에 성경적 교회를 새롭게 정의해 보자.

2. 메타버스 시대에 선교적 교회는 어떤 형태를 띠어야 할지 생각해 보자.

3. 메타버스 교회가 감당할 사역 리스트를 만들자.

4. 작은 것부터 실천해 보자.

PART 5

이제는 선교하는 나라와 선교를 받는 나라의 구분이 사라졌다.
민족의 전 지구적 이동의 결과, 세계종교의 영역도 희미해졌다.
메타버스로 하나가 된 지구촌에서 새로운 선교 패러다임을 만들기 위해
우리가 할 일을 제안한다.

메타버스를 타고 세계선교를 하자

이 장의 핵심 질문

메타버스 시대에 지구촌 선교의 의미는 무엇인가?

메타버스 시대에 기존의 세계선교는 어떻게 바뀌어야 할까?

이를 위해 우리는 무엇을 준비해야 할까?

● ● ● ● ●

지구촌 전체가 전혀 경험해 보지 못한 일상을 맞고 있다. 3년째 계속되는 코로나19는 언제 끝날지, 끝난 후의 모습은 어떨지 아직도 예측이 분분하다. 그럼에도 불구하고 '포스트 코로나'라는 용어는 인류가 해결해야 할 새로운 상황을 지칭하는 용어로 급부상하고 있다.[1] 분명히 코로나19는 사람들의 사고방식이나 살아가는 모습을 근본에서부터 바꿔 놓았다. 사회구조나 경제구조 또한 혁명적으로 바뀌었다. 이는 우리의 지구촌선교 상황도 근본에서부터 바뀌고 있다는 의미이다. 지금 우리는 새로운 패러다임의 세계로 옮겨가고 있는 것이다.

*메타버스에서의 지구촌 선교! 무엇이 달라질까?

그중에 제일 관심을 끄는 것이 메타버스이다. 언택트 시

---

[1] 이경상, 『코로나19 이후의 미래: 카이스트 교수가 바라본 코로나 이후의 변화』 (서울: 중원문화, 2020); 최윤식, 『빅체인지, 코로나19 이후 미래 시나리오』 (서울: 김영사, 2020); 하나금융경영연구소, 『코로나 시대, 부의 흥망성쇠: 변화하는 산업구조, 살아남을 방법은 무엇일까?』 (서울: 시목, 2020); 제이슨 솅커, 박성현 옮김, 『코로나 이후의 세계』 (서울: 미디어숲, 2020); 김수련 외, 『포스트 코로나 사회: 팬데믹의 경험과 달라진 세계』 (서울: 글항아리, 2020); 한국경제신문 코로나 특별취재팀, 『코로나 빅뱅, 뒤바뀐 미래: 코로나 시대에 달라진 삶, 경제, 그리고 투자』 (서울: 한국경제신문사, 2020); 임승규 외, 『포스트 코로나: 우리는 무엇을 준비할 것인가』 (서울: 한빛비즈, 2020).

대에 사람들은 온택트의 세계가 있다는 것을 알게 되었다. 특히 선교사들은 급박한 코로나19 상황에서도 메타버스 기술을 통해 서로 연결하면서 난관을 극복해 왔다. 그야말로 '뉴노멀'(New Normal), 새롭고 낯설던 것이 일상이 되었다. 이러한 상황은 개인의 삶뿐만 아니라 가정과 직장, 사회와 국가, 지구촌 전체를 바꿔가고 있다.[2] 한 칼럼니스트는 「뉴욕타임즈」에 코로나19가 가져올 변화를 설명하면서 BC(Before Corona)와 AC(After Corona)의 세상으로 구분할 정도라고 하였다.[3] 포스트 코로나 시대가 되면 우리는 전혀 새로운 세상인 메타버스에서 만나 새로운 선교를 수행하게 될 것이다.

21세기에 들어서면서 지구촌 선교현장에 많은 변화가 있었다. 그 주된 몇 가지를 들면 다음과 같다.

- 전통적으로 선교를 주도하던 제1세계 교회가 쇠퇴하고 있다.
- 선교의 주도권이 '지구촌 남반구'(Global South)에서 '지구촌 동부'(Global East)로 이동했다.
- 전통적 선교사보다 전문인 선교사의 요청이 커가고 있다.
- 전통적 선교지에 대한 구분이 약해지고 지구촌 전체의 선교를 생각하게 되었다.

론 베이미도 『제4의 선교 물결』에서 이 시대는 새로운 선교 패러다임이 필요하다고 강조한다. 그 중요한 초점은 다음과 같다.[4]

---

2 고상환 외, 『뉴노멀로 다가온 포스트 코로나 세상』 (서울: 지식플랫폼, 2020); 이종찬, 『코로나와 4차 산업혁명이 만든 뉴노멀』 (서울: 북랩, 2020).
3 Thomas L. Friedman, "Our New Historical Divide: B.C. and A.C.—The World Before Corona and the World After. Here Are Some Trends to Watch." https://www.nytimes.com/2020/03/17/opinion/coronavirus-trends.html
4 론 베이미, 안정임 옮김, 『제4의 선교 물결』 (서울: 예수전도단, 2017).

- 모든 연령대의 성도들이 선교사가 된다.
- 모든 국적의 모든 사람에게 선교한다.
- 구체적인 삶의 모든 영역에 들어가서 선교한다.
- 혁신적인 첨단기술을 사용해서 선교한다.
- 친밀한 인간관계를 맺으며 선교한다.

호성기도 『선교의 제4물결을 타라』에서 다양한 제안을 한다. 모든 것이 중요하지만 그중에서 몇 가지를 책의 차례에 있는 표현대로 정리해 본다.[5]

- 이 시대 가장 시급한 선교지는 나의 자녀와 다음세대이다.
- 이 시대 최고 급한 선교지는 후진국이 아닌 '가정'이다.
- Z세대에게 '복음 놀이터'를 만들어 주고 선교사로 세울 때이다.
- 대학은 열악한 선교지이다. Z세대를 '캠퍼스 선교사'로 파송하라.
- 내가 있는 '여기'가 내 선교지이다. 교회의 목적도 성장에서 파송으로 바뀌어야 한다.
- 한인 디아스포라 750만 명 시대의 '디아스포라 물결'은 하나님의 뜻이다.
- 밀어내거나 끌어당기는 '디아스포라 물결'을 타라.

메타버스 선교는 급변하는 지구촌 선교의 요청에 여러 가지 방법으로 응답할 수 있다. 앞에서 살펴본 메타버스 선교를 바라보는 같은 맥락에서 다음의 몇 가지를 먼저 제안해 본다.

---

5   호성기, 『선교의 제4물결을 타라』 (서울: 국민일보, 2021).

- 지구촌 선교현장 사이를 빠르고 효과적으로 연결할 수 있다.
- 결과적으로 강한 네트워크를 형성할 수 있다.
- 복음의 메시지를 순간적으로 전 세계 사람들에게 전할 수 있다. 유튜브, 페이스북, 블로그 등 다양한 소셜미디어 플랫폼은 지구촌 사람들을 연결해 준다.
- 지구촌 모든 곳에서 접속하는 실시간 모임이 가능하다. 선교회의, 예배, 교육, 제자훈련, 소그룹 모임 등 어떤 것이든지 가능하다.
- 건물 없이 메타버스 교회나 메타버스 선교회 운영이 가능하다.

이제 지구촌 선교를 메타버스의 관점에서 구체적으로 살펴보자.

1. 지구촌 선교의 이슈들과 메타버스

1) 지구촌의 변화

지구촌 선교현장이 급변하고 있다. 특별히 코로나19가 3년째 지속되면서 전통적인 선교가 기능하지 못하고 있다. 반면에 4차 산업혁명의 영향이 10년은 빨리 우리 앞에 현실이 되었다. 과연 포스트 코로나 시대에 지구촌 선교는 어떤 모습일까?

　지구촌 전체의 변화는 너무도 많은 변수를 가지고 있어서 한 가지 이론으로 설명할 수 없다. 실제로 한계 있는 인간이 미래를 예측하고 계획한다는 것이 바벨탑을 쌓는 헛된 노력일 수 있다. 더 나아가서 신앙적으로 볼 때 미래는 하나님의 영역이다. 그러므로 지구촌의 미래를 예견할 때 우리는 겸손함을 잃지 말아야 한다. 그럼에도 불구하고 우리는 하나님께서 열어가시는 선교의 방향을 민감하게 주시해야 한다. 주님이 주신 지혜로 예측 가능한 변수들을 면밀히 살펴야 한다. 그리고 지혜로운 다섯 처녀처럼 신랑을 맞이하기 위해 기름을 준비해야 한다.

포스트 코로나 시대를 예측하기 위해서 몇 가지 변수를 고려해 보자. 중요한 것은 이 변수들의 상호 연관성이다. 변수들은 별개의 것이 아니라 서로 영향을 주고받으며 전체적인 방향을 만들어간다. 그러므로 각 변수를 세심하게 검토할 뿐만 아니라 그 변수들의 연관관계에 대해서도 많은 관심을 기울여야 한다. 지구촌의 변화가 우리의 선교와 목회의 변화에 지대한 영향을 미치기 때문이다.

포스트 코로나 시대에 우리가 만나는 지구촌에는 [그림 12]와 같은 중요한 선교적 주제들이 기다리고 있다. 그림의 오른쪽 주제들은 지구촌 전체에 영향을 주고 있는 것들이다. 필자의 관점에서 그 충격의 크

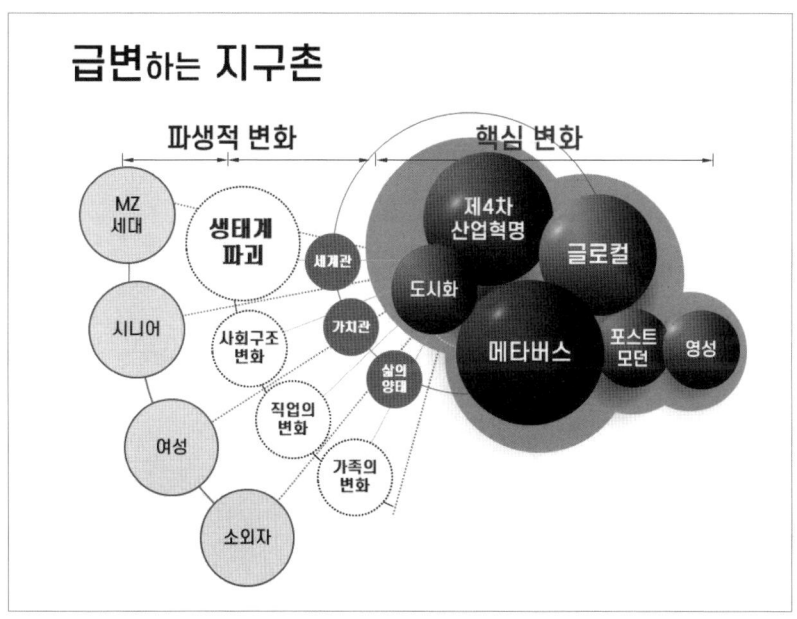

[그림 12]

기에 따라 원의 크기를 달리해 보았다. 그림에서 왼쪽의 주제들은 오른쪽 주제들의 변화에 따라 파생되는 주제들이다. 그리고 이 모든 것이 우리의 목회와 선교에 영향을 미친다.

지면 관계상 위의 그림에 대한 자세한 설명은 다음으로 미뤄야 하겠다. 그리고 '메타버스', '4차 산업혁명', '글로컬'의 연관관계에 대해서는 이 책 앞쪽에서 다뤘기에 생략한다. '도시화'는 더 강력하게 진행될 것인데, 위의 세 주제가 영향을 끼치게 되면서 (1) 스마트 도시, (2) 지구촌 전체와 네트워크화된 도시, (3) 메타버스와 하나가 된 도시로 변해 갈 것이다. 20세기 중반에 시작된 '포스트모던 운동'은 포노 사피엔스와 연결되면서 MZ세대를 대표하는 문화로 자리잡았다. 20세기 중반 이후에 지구촌화와 민족의 대이동이 '세계종교들(영성)'을 지구촌 전체로 확장시켰다. 이제 세계종교들은 전통적 지역에서 벗어나 지구촌 안에 공존하고 있으며 메타버스 안에서 긴밀하게 접촉하고 있다.

> *메타버스 시대에 지구촌의 변화를 직시하라.

이러한 핵심 변화는 사람들의 '세계관', '가치관', '삶의 양태'에 지대한 영향을 끼친다. 과거 어느 때보다 메타버스 시대의 사람들은 같은 정보를 공유하고 있다. 스마트폰은 개발도상국의 사람들까지도 메타버스 안으로 끌어들이고 있다. 그렇다고 정보의 공유가 화합과 일치를 만드는 것은 아니다. 저마다의 상황과 처지에 따라 더 많은 갈등을 유발할 가능성이 많다.

이러한 변화는 지구촌 인구의 폭발과 함께 '생태계'의 파괴를 가속화하고 있다. 그 결과 중의 하나가 코로나19이다. '사회구조'도 급격하게 변하고 있다. 코로나19, 4차 산업혁명, 메타버스의 결과 정치, 경제, 문화의 모든 것이 거울 세계로 들어간 것이 한 예이다. 가까운 시일 내에 현재의 '직업' 중 절반이 사라질 것이라고 한다. '대가족'은 핵가족으로, 그리고 1인 가구로 변하고 있다. 'MZ세대'가 주체가 되는 세상, '초고령화' 세상, '여성'의 역할이 부상하는 세상, 그 변화를 따라가지 못하는 '소외자들'의 확대는 교회가 감당해야 할 중요한 선교 주제이다.

2) 메타버스 선교 이슈

지구촌의 변화와 함께 또 하나 우리가 해결해야 할 것은 교회 내부의 주제이다. 그것을 [그림 13]과 같이 정리해 보았다. 첫째는 '부르심'에 대한 문제이다. 세상은 급변하고 있고, 수많은 사람들이 고통과 불안 속에서 아우성인데, 우리는 그들을 향한 하나님의 부르심에 응답하고 있는가? 아니 우리에게 주님의 부르심이 생생히 살아 있기는 한가? 교회조차 갈팡질팡하며 좌절에 빠져 있지는 않은가? 우리가 주님의 부

[그림 13]

르심에 응답하려고 한다면 그 방향은 분명한가? 이것이 부르심에 대한 주제이다.

> *
> 메타버스 시대에 지구촌 선교를 위해 기본을 정비하자.

이것이 분명하게 정리되면 계속되는 질문과 과제가 따라올 것이다. 메타버스 시대에 지구촌 전체에 하나님 나라를 성취하는 '총체적 선교'란 어떤 것인가? 우리는 메타버스로 '성육신'할 준비가 되어 있는가? 메타버스 안에서 누구를 어떻게 섬길 것인가? 이를 위해 우리는 '글로컬' 할 수 있는가? 이러한 사명을 감당하기 위해 모인 우리는 '선교적 교회'가 되고, 그 선교적 교회를 구성하는 사람들 '모두는 선교사'이다. 그들은 각자의 전문직을 통해 '전문인 선교'를 감당한다. 또한 함께 'NGO'와 같은 공식기구나 '비즈니스'를 통해 메타버스 사회 깊숙이 들어가 하나님께서 맡기신 사명을 감당한다.

3) 나라를 제자 삼기

하나님은 전 우주를 창조하시고 운행하시는 분이다. 그러므로 하나님은 이 땅 전체의 근원이고 주인이며 왕이시다. 우리의 삶의 영역 어디에서나 그분의 주권이 고백되어야 하고 하나님의 뜻은 이 땅 모든 곳에서 구체적으로 실현되어야 한다.

그러나 우리가 살고 있는 현실은 우리의 신앙과는 너무도 다르다. 전 세계를 덮어야 할 하나님 나라의 꿈은 지극히 개인적인 삶의 고백 속에서만 그 명맥을 유지하고 있다. 이러한 현상을 종교사회학에서는 '종교의 사사화'라고 한다. 종교의 기능이 개인적인 영역으로 축소되어 가는 과정을 일컫는다. 서구의 경우를 보면 기독교 세계관이 주도하던 사회에서 과학이 분리되어 나갔고, 정치가 분리되어 시민사회를 이루었으며, 산업혁명의 결과 경제가 분리되었다. 근대 학교의 발달로 교육이 분리되었고, 점점 사회의 모든 영역에서 기독교의 영향력이 축소되었다. 그 결과 기독교에는 개인적으로 마음의 평안과 만족을 주는 기능 밖에는 남지 않게 되었다.

그러나 불과 100여 년 전만 해도 우리나라에 들어온 기독교는 신앙과 삶, 개인신앙과 사회변혁을 분리하지 않았다. 기독교 신앙과 민족해방은 별개의 문제가 아니었다. 많은 사람들이 신앙에 따라 자신의 삶과 재산을 나라와 민족을 위해 바쳤다. 교회에 의해 세워진 서구식 학교는 민족지도자들을 양성해냈다. 고난 당하는 민족과 함께한 교회는 이 나라를 일본의 압제에서, 민족상잔의 전쟁에서, 경제적 가난에서 벗어나도록 이끌었다.

그러나 어느덧 한국교회는 개인주의적 신앙과 개교회의 성장에 관심하면서 사회의 많은 영역에서 그 영향력을 잃어가고 있다. 젊고 뜻있는 인재들은 교회를 떠나고, 교회는 점점 더 고립되어 갈 것이라는 우려의 목소리가 높아지고 있다. 그렇다면 어떻게 교회가 증인의 사명을 되찾고 이 사회 안에 하나님의 뜻을 이뤄갈 수 있을까? 또한 예수께서 우리에게 맡기신 지구촌 모든 나라와 민족을 제자 삼는 사명을 성취할 수 있을까? 이 질문은 이제 메타버스로까지 확장된다. 그리고 그곳에서의 변화가 다시 지구촌 전체의 변화로 돌아오기를 기대한다.

최근에 일부 교회들이 세상에서 하나님 나라를 이뤄가기 위해 '사회에 가장 큰 영향을 주는 7가지 영역'(Seven Spheres of Influence)에 주목하기 시작했다. 그들의 제안은 우리가 총체적 선교를 향해 나아갈 때 중요한 관점을 제시해 준다. 이들의 주장에 따르면 우리가 이 땅에 하나님 나라를 이뤄갈

*
나라를 제자 삼기 위한 8가지 영역에 초점을 맞추자.

때 관심해야 하는 7개의 영역은 종교, 가정, 교육, 비즈니스, 정부, 미디어, 예술과 오락이다.[6] 일부에서는 과학을 추가하여 8개의 영역을 제시하기도 한다.[7]

그 영역은 [그림 14]와 같다.

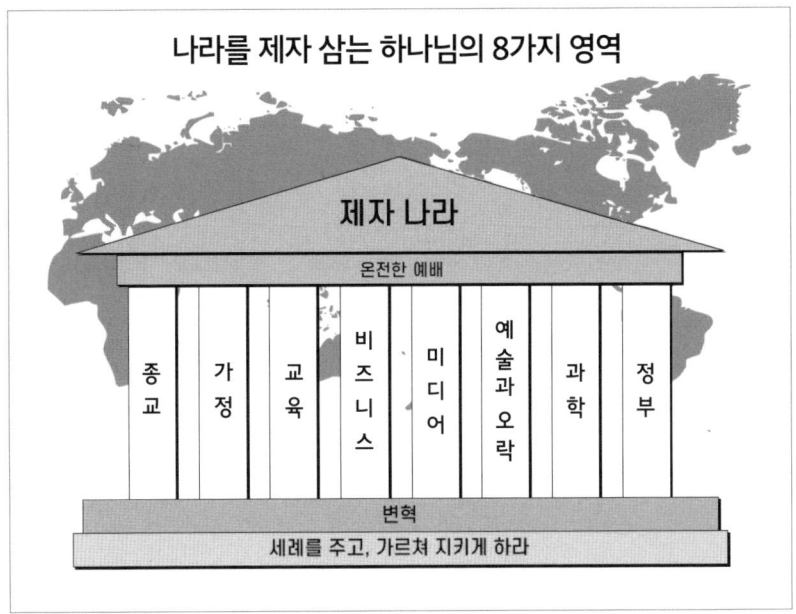

[그림 14]

- **종교**: 한 사회 안에서 종교가 미치는 영향은 지대하다. 많은 경우 종교는 사회 전체의 세계관을 결정하기 때문이다. 불교 국가, 이슬람 국가, 힌두교 국가를 생각해 보라. 그렇다면 교회가 어떻게 사회를 향한 영향력을 회복할 수 있을까? 메타버스 안에는 세계종교들뿐 아니라 수많은 영성이 자신들의 영역을 확장하고 있다. 교회는 이러한 상황에서 무엇을 준비해야 하

---

6 Bronwyn O'Brien, *The 7 Mountains of Influence* (Global Publishig Group, 2012); 조니 엔로우, 김동현 옮김, 『일곱 산에 관한 예언』 (서울: 순전한나드, 2009).

7 란다 콥, 김명화 옮김, 『나라를 제자 삼는 하나님의 8가지 영역』 (서울: 예수전도단, 2010).

는가?

- **가정**: 가정은 사회의 정신과 건강을 유지하는 근간이다. 유대인은 가정을 근거로 유대 정신을 계승하고, 그것이 사회 전체로 퍼져나가도록 한다. 이와 같이 기독교 정신으로 가정을 세워나가는 것은 너무도 중요한 과제이다. MZ세대 자녀들은 포노 사피엔스가 되어 메타버스를 자신의 집처럼, 고향처럼 느끼며 살고 있다. 이러한 상황에서 가정의 의미는 무엇인가? 메타버스 시대에 가정을 바로 세워나가는 방법은 무엇인가?

- **교육**: 학교의 교육방법과 내용이 그 사회의 미래를 결정한다. 그렇다면 교회가 잃어가고 있는 교육 분야의 영향력을 회복하는 것 또한 중요한 과제이다. 코로나19로 이미 메타버스 학교는 사회 안에 깊이 뿌리박았다. 새로운 대안학교 모델이 필요하다는 목소리가 높다. 미네르바스쿨과 같은 건물 없는 메타버스 대학들이 주목을 받고 있다. 반면에 이러한 변화에 대처하지 못하는 교회학교는 몰락해 가고 있다. 교회는 문제의식을 가지고 세상의 변화에 따라 다시 한 번 교육의 영역으로 뛰어들어야 한다.

- **비즈니스**: 사회를 부양하고 투명한 경제정의를 이루는 것은 그 사회의 비즈니스에 달려 있다. 그리고 그 비즈니스가 메타버스 속으로 들어가고 있다. 향후 비즈니스의 흐름이 지구촌 전체를 바꿀 것이다. 그러므로 교회는 더욱 많은 크리스천 기업가들을 통해 사회의 영적 자본을 형성하고 지구촌의 방향을 바로잡아야 한다.

- **정부**: 어떤 정부가 들어서는가에 따라 그 나라의 운명이 결정된다. 또한 메타버스 안에서 지구촌 전체가 연결된 상황에서는 나라의 변화가 지구촌 전체의 변화에 큰 영향을 미친다. 그러므로 신실한 그리스도인들이 정치의 영역에서 하나님 나라를 이뤄가도록 격려해야 한다.

- **미디어**: 미디어는 점점 더 사회 전체의 정신과 세계관에 영향을 미치고 있

다. 특히 메타버스 안에서 미디어의 영향력은 가히 폭발적이다. 그러므로 이 분야의 그리스도인 전문 인력들이 더욱더 요청된다. 또한 그리스도인들이 미디어 리터러시를 넘어서 메타버스 리터러시를 갖춤으로써 세상의 변화에 영향을 끼쳐야 한다.

- **예술과 오락**: 예술과 오락은 사회의 가치나 덕목이 고양되거나 왜곡되는데 중요한 역할을 한다. 특히 메타버스 안에서 예술과 오락은 콘텐츠의 핵심으로 자리잡고 있다. 넷플릭스와 유튜브의 급성장은 그것을 보여주고 있다. 그리고 이러한 변화와 함께 대한민국의 예술과 오락이 세계적인 인정을 받고 있다. 교회는 이러한 변화를 인식하고 이 분야의 달란트를 가진 그리스도인들을 배출하는 데도 힘써야 한다.
- **과학**: 과학은 현재와 미래의 우리 삶과 세계관을 바꿔가는 중요한 요소이다. 특히 4차 산업혁명이 이뤄낼 과학적 결과물은 지구촌 전체를 바꾸고 있다. 이를 위해서도 교회는 영향력 있는 과학자들을 배출해서 지구촌을 하나님 나라로 변화시키는 데 기여하도록 인도해야 한다.

위의 8가지 영역을 볼 때, 대부분의 한국교회는 '종교'와 '가정' 영역의 사역에만 머물고 있다. 그것도 메타버스 밖에서만 머물러 있는 실정이다. 나머지 6개의 영역을 '일터'(marketplace)라고 한다면, 교회는 이제 과감히 '일터사역'(marketplace ministry)에 힘을 집중해야 한다. 교회는 더욱더 영향력 있는 일꾼들을 많이 배출해서 각각의 영역으로 파송해야 한다. 특히 이 8가지 영역이 메타버스에서 움직이는 방향에 관심하고 메타버스 안에서 교회의 역할을 확장하도록 준비해야 한다. 준비과정에서 기억할 것은 다음과 같다.

- 이 8가지 영역은 상호 연결되어 영향을 끼치고 있다. 그러므로 교회는 이 영역들이 연결된 총체적 역동성을 볼 수 있어야 한다.
- 이러한 관점은 교회학교 교육에도 적용되어야 한다. 어릴 때부터 나라를 제자 삼는 사명을 고백하고 준비해서 각 기둥의 전문가들이 되고, 그 기둥들이 연결되도록 해야 한다.
- 이 관점은 평신도 교육에도 적용되어야 한다. 그들이 지구촌 선교의 전체적인 안목을 가지고 자신의 전문 영역에서 구체적인 실천방안을 모색하도록 격려해야 한다.
- 모든 그리스도인은 자신에게 맡겨진 기둥을 굳건히 하는 사명을 실천하면서 그 관점과 전략이 확장되도록 노력해야 한다.

이러한 접근방법이 망설여진다면 예수님의 사역을 생각하자. 한국교회 선교 초기의 경험을 떠올려도 좋다. 주님의 제자공동체인 교회는 사사화된 신앙과 교회 건물 안에서의 사역을 탈피해서 지구촌 전체에 하나님 나라를 이루기 위해 일어서야 한다.

4) 국내 땅끝 선교

어느 순간 땅끝에 살던 사람들이 대한민국 땅에 들어와서 우리와 함께 살기 시작했다. 그중에는 외국인 근로자(취업자격 체류외국인), 다문화가족(결혼이민자), 외국인 유학생 등이 있다. 또한 외국 국적 동포(조선족, 고려인)의 수는 전체 국내 체류 외국인 수의 40%에 이르고 있다. 탈북민의 수도 계속 증가하고 있다. 국내 체류 외국인 수는 2019년에 250만 명을 넘어서면서 2020년에는 300만 명을 넘길 것으로 예상했다. 그러나 코로나19로 말미암아 그 수가 위축되어서 2021년 11월 현재 200만 명이 조금 안 되는 상황이다.[8] 코로나19가 진정되면 그 수는 다시 급증할 것이다.

필자는 이들을 향한 선교를 강조해 왔고, 이를 '국내 땅끝 선교'라고 불러왔다. 땅끝의 사람들이 우리 곁에서 살게 되었다는 것과 이들을 선교해야 한다는 것을 강조하기 위해서였다. [그림 15]는 이것을 표현한 것이다. 이 국내 땅끝 선교는 두 가지 차원에서 중요하다.

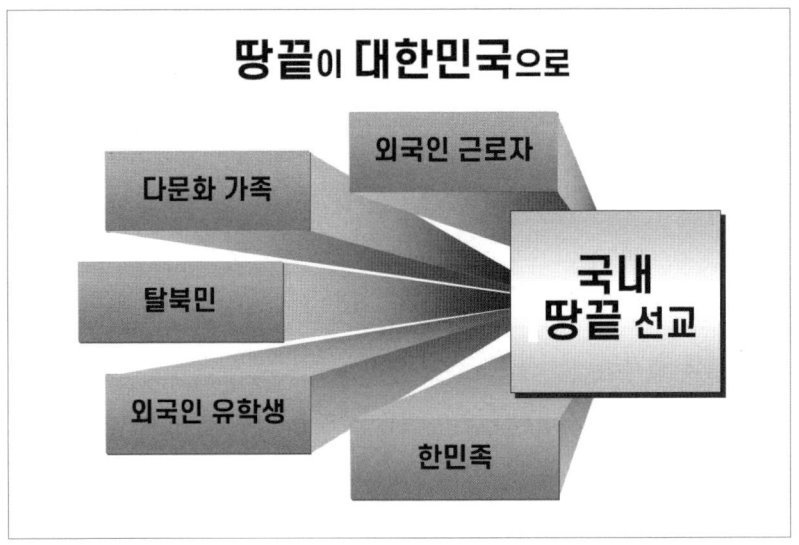

[그림 15]

*
다문화 시대에
국내 땅끝
선교를
준비하자.

첫째, 국내 땅끝 선교는 한국 사회의 미래를 위해 중요하다. 한국 사회는 초고령화와 인구절벽의 이중고를 겪고 있다. 이 과정을 미리 겪은 서구의 경우 이러한 문제를 이민정책을 통해 해결했다. 그러나 그 후유증 또한 적지 않았다.[9] 한국 사회도 서구의 전철을 밟게 될 것이다. 다문화사회가 될 것이고,

---

8   e-나라지표 사이트 참조.
9   유해석, 『이슬람과 유럽 문명의 종말: 대규모 이슬람 이민이 바꿔 놓은 유럽의 현재와 미래』 (서울: 실레북스, 2021).

다양한 민족이 공존하는 길을 모색하게 될 것이다. 이 과정에서 한국교회의 역할을 기대해 본다. 해외선교의 경험이 많은 한국교회가 국내 땅끝 사람들을 품고 섬겨야 한다. 이것은 한국 사회에 다문화가 정착하는 데 큰 도움이 될 것이다.

둘째, 국내 땅끝 선교는 지구촌 선교에 중요하다. 대한민국에 들어와 있는 땅끝 사람들은 자신의 나라, 민족, 가족의 네트워크를 갖고 있다. 이 또한 지구촌 선교의 중요한 통로이다. 우리가 그들을 전도하고, 제자 만들고, 신학훈련과 선교훈련을 할 수 있다면, 그들은 한국교회의 귀한 동역자들이 될 것이다. 국내에 남아서 국내 땅끝 선교를 감당하거나 자신의 나라에 선교사로 역파송될 수 있기 때문이다.

특히 대한민국은 메타버스 강국이다. 국내 땅끝 사람들에게 메타버스를 항해할 수 있는 능력을 훈련한다면 그들이 자신의 네트워크를 타고 지구촌 선교를 감당할 것이다. 국내 땅끝 선교와 메타버스 선교의 연결이 중요한 이유이다.

5) 하나님의 선교의 대로 타기

하나님께서는 당신의 선교를 위해 선교의 대로를 준비해 놓고 계신다. 앞에서도 살펴보았듯이 로마제국의 대로와 항로는 초대교회 제자들이 땅끝으로 나아가는 데 중요한 역할을 했다. 나침반과 항해기술의 향상도 5대양을 건너 지구촌 반대편까지 선교가 가능하도록 했다.

하나님께서는 한국교회가 지구촌 선교를 감당할 수 있도록 중요한 선교의 대로를 준비하셨다. [그림 16]을 따라서 중요한 다섯 가지만 살펴보자.

*
하나님의
선교의
대로를 타고
선교하자.

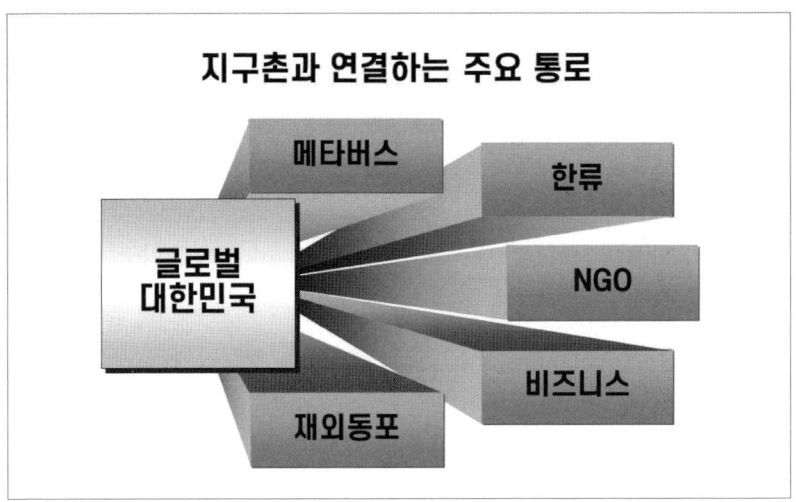

[그림 16]

- **메타버스:** 하나님은 대한민국을 IT 강국으로 만드셨다. 2021년 현재 대한민국의 스마트폰 보급률은 국민의 95%로서 압도적인 세계 1위를 기록하고 있다. 모든 국민이 포노 사피엔스인 것이다. 대한민국 국민은 모바일하면서 네트워킹하는 데 익숙하다. 한국교회는 선교지에다 메타버스 네트워크를 구축해 주고 동역함으로써 하나님 나라를 확장할 수 있다.
- **한류:** 21세기에 들어서면서 한류는 전 세계 사람들의 마음을 움직이고 있다. BTS를 대표하는 케이팝(K-pop)과 한국 영화, 한국 음식과 문화가 세계의 인정을 받고 있다. 한국어와 한국 문화를 전파하기 위해 전 세계에 세워진 세종학당은 82개국 234개소에 달한다. 한국교회는 한류를 접촉점 삼아서 선교지 사람들과 만날 수 있다.
- **NGO:** 월드비전, 굿네이버스, 기아대책 등으로 대표되는 대한민국 NGO들은 전 세계 어려운 환경의 사람들을 섬기고 있다. 그리고 이 단체들은 대부분 기독교 정신으로 운영되고 있는 하나님 선교의 대로이다.
- **비즈니스:** 대한민국은 개발도상국에서 선진국으로 진입한 유일한 나라이

다. 그래서 대한민국의 비즈니스는 개발도상국 사람들에게는 특별하다. 한국교회는 선교로서의 사업(Business as Mission) 운동에 관심을 갖고 비즈니스를 하나님의 선교의 대로로 사용해야 한다.
- **재외동포**: 외교부에 따르면 2020년 12월 기준 전 세계 재외동포의 수는 약 730만 명이다. 그리고 재외동포가 있는 곳에는 교회가 있다. 이 교회들은 선교지에 준비된 하나님의 선교의 대로이다.

하나님의 선교의 대로는 메타버스를 통해 더 활발하게 연결되고 활동이 강화될 수 있다. 메타버스는 물리적으로 접근하기 어려운 사람들을 쉽게 연결해 준다. 또한 메타버스 속에서는 다양한 동역도 가능하다. 메타버스는 더욱 진화할 것이고, 이러한 협력의 네트워크는 더욱 강력해질 것이다.

6) 선교 동원하기

지구촌 전체로 하나님 나라를 확장하기 위해서는 교회의 모든 역량을 총집결시켜야 한다. 하나님의 선교를 감당할 사람들, 교회들, 단체들을 동원하고 네트워킹해야 한다. 이러한 네트워킹과 협력이 만들어내는 시너지는 본래 삼위일체 하나님의 속성이다. 삼위일체 하나님은 세 위격이 동역함으로써 새 창조를 이뤄가신다. 그리고 예수께서는 삼위일체 하나님 안으로 우리를 초대하신다. "아버지여, 아버지께서 내 안에, 내가 아버지 안에 있는 것 같이 그들도 다 하나가 되어 우리 안에 있게 하사 세상으로 아버지께서 나를 보내신 것을 믿게 하옵소서"(요 17:21). 우리가 사명자로 서서 하나님과 창조의 회복 운동에 동참함으로써 세상도 하나님 안으로 들어오게 된다. 모든 나라와 민족이 회복

> *메타버스에서 선교 동원하자.

되는 것이다.

총체적 선교를 위해 삼위일체 하나님과 하나 되어 동역하는 모습을 [그림 17]과 같이 그려 보았다. 삼위일체 하나님께서 이 땅에 당신의 나라를 이루기 원하신다면, 교회의 모든 단위체들도 하나님의 선교에 동참해야 한다. 그 단위체들을 정리하면 다음과 같다.

[그림 17]

- **지역교회 동원**: 우리는 이 땅의 지역교회들을 선교적 교회가 되도록 도전을 주어야 한다. 지역교회야말로 선교의 가장 중요한 근거이기 때문이다.
- **신학생 동원**: 지속적인 지역교회 성장을 위해서 미래의 지역교회 지도자가 될 신학생들을 동원해야 한다. 신학생들은 지구촌 선교를 위해 준비되어야 하고, 선교사처럼 살아야 한다.
- **전문인/비즈니스맨 동원**: 평신도 전문인들과 비즈니스맨들을 동원하는 것은 총체적 선교를 위해서 너무도 중요하다. 지역교회에서 사장되고 있는

귀한 자원을 선교로 동원하는 것은 교회의 중요한 과제이다.
- **실버세대 동원**: 같은 맥락에서, 현역에서 은퇴한 실버세대를 동원하는 것 또한 새롭게 주목해야 할 중요한 과제이다. 실버세대는 여생을 하나님의 선교를 위해 헌신할 가능성이 가장 큰 사람들이기 때문이다.
- **젊은이 동원**: 캠퍼스 선교, 선교한국, 한미준, 코스타 등과 같은 운동은 젊은이들을 동원하기 위한 노력이었다. 지속적인 지구촌 선교를 위해서 이러한 노력은 계속되어야 한다.
- **선교사 자녀 동원**: 선교현장에서 자라난 선교사 자녀들은 너무도 중요한 선교 자원이다. 이들이 장래의 지구촌 선교를 감당할 수 있도록 체계적인 관리와 지원이 필요하다.
- **선교단체 동원**: 이 땅의 모든 선교단체는 메타버스 안에서 더욱 강력하게 연결되어야 한다. 선교단체들이 네트워킹되고 협력의 시너지를 이룬다면 더욱더 큰 열매를 맺게 될 것이다.
- **디아스포라 동원**: 세계 곳곳에 흩어져 있는 디아스포라 교회들은 최전선에 뿌리내린 전투기지와 같다. 이들이 지구촌 선교의 센터가 되도록 동원해야 한다.
- **국내 외국인 동원**: 우리는 앞에서 국내 땅끝 선교에 대해 살펴보았다. 이들이 동원된다면 선교사보다 더 영향력 있는 선교의 역군들이 될 것이다.
- **선교지 동원**: 위의 동원 대상은 선교지에도 동일하게 적용된다. 한국교회가 모든 단위체를 동원하는 것 같이 선교 현지의 모든 단위체도 하나님의 선교를 위해 동원되어야 한다.

메타버스는 전 지구적으로 동원된 단위체들이 네트워크를 형성하고 협력하기에 적합하다. 그리고 메타버스에서 이뤄진 강력한 네트워크는 물리적 세계까지 변화시킨다. 메타버스와 물리적 세계 사이의 상호 연관성을 의식하면서 선교동원을 위한 네트워크를 강화시켜야 한다.

2. 메타버스 선교사의 기본 요소

물리적 세계가 빠르게 메타버스로 이주하고 있다. 교회가 메타버스로 들어가기를 거절하더라도 그리스도인들은 이미 그 세계에 살고 있다. 그래서 교회는 더 이상 망설여서는 안 된다. 교회는 그리스도인들이 메타버스 안에서 만인사명자직에 따라 선교적 삶을 살도록 적극적으로 격려하고 지원해야 한다. 그렇다면 메타버스 안에 살게 될 그리스도인, 즉 메타버스 선교사들은 어떤 요소를 갖춰야 할까?

우리는 [그림 18]과 같이 메타버스 선교사의 기본 요소를 (1) 만인사

[그림 18]

명자직, (2) 하나님의 음성 듣기, (3) 문화지능과 메타버스 지능, (4) 메타버스 기술의 네 가지로 정리해 보려고 한다. 이 네 가지 요소는 상호 영향을 미치면서 시너지를 내는 가운데 메타버스 선교사의 기본 능력을 강화시킨다. 그 요소들을 구체적으로 살펴보자.

* 메타버스 선교사의 능력을 갖추자.

1) 만인사명자직

우리는 하나님께서 세상 만물을 창조하셨다고 믿는다. 그렇다면 이 세상에 존재하는 모든 것은 창조의 목적이 있고, 그 목적은 선하다. 비록 인간의 죄 때문에 피조물 전체가 어그러졌지만, 하나님께서는 세상을 회복하기 위해 일하고 계신다. 그리고 그 하나님의 선교는 새 하늘과 새 땅이 완성될 때까지 계속될 것이다. 그러므로 우리는 하나님의 창조 목적을 깨닫기 위해 노력해야 한다. 필자는 이것을 '나를 향한 하나님의 디자인 발견하기'로 표현한다.[10] 각자가 가지고 태어난 재능, 환경, 삶의 여정은 창조주이신 하나님의 목적에 따라 인도되어 왔기 때문이다.

이렇게 볼 때 이 땅에 존재하는 모든 피조물은 하나님의 목적을 성취해야 할 '사명자'(missionary)이다. 그중에서도 사람은 특별히 하나님의 형상을 따라 지어졌기 때문에 그 역할이 크다. 필자는 이러한 성경적 이해에 근거해서 '만인사명자직'(missionaryhood of all human-beings)을 주장한다.[11] 안타까운 것은 모든 사람이 사명을 받고 태어났지만 그 사명을 위해 노력하는 사람이 있는 반면에 사명을 무시하고 자기 뜻대

---

10   장성배, 『사명 리더십으로 바로 세워라: 21세기 크리스천의 존재방식』 (서울: kmc, 2009), II부 1장.
11   장성배, 『예수님처럼 사역하라』 (서울: 기독교문서선교회, 2018), 제1장.

로 사는 사람들도 있다는 사실이다. 이에 대해 예수님은 모든 인간이 인생의 마지막에 셈을 하게 될 것이라고 하셨다. 달란트 비유를 보면 하나님께서는 맡겨진 달란트에 따라 우리와 셈을 하신다.

하나님은 이 세상을 구원하기 위해 계획을 세우고 일하신다. 이것을 '하나님의 경륜'(the economy of God)이라고 한다.[12] 하나님은 이 일을 위해 모든 사람에게 크고 작은 사명을 주신다. 어떤 사람에게는 나라를 맡기기도 하고, 어떤 사람에게는 기업을, 또 어떤 사람에게는 작은 지역사회와 가정을 맡기기도 하신다. 그러므로 이 땅의 모든 영역이 하나님의 사명의 장소이다. 교회는 이러한 사명자들이 모인 '하나님의 백성들'(the people of God), 예수 그리스도의 '제자공동체'(community of disciples)이다. 사명자들은 예배로 모여서 부르심에 감사하고, 성경공부를 통해 사명을 확인하며, 다양한 훈련을 통해 세상을 변화시킬 힘을 준비한다. 세상에서 사명자들은 먼저 하나님 나라와 그의 의를 구하며, 그 뜻이 이 땅에서도 이뤄지기 위해 힘쓴다.

종교개혁자 마르틴 루터는 '만인제사장직'(priesthood of all believers)을 주장했다.[13] 구약의 전통에 따르면 사제들만이 지성소에 들어갈 수 있었다. 그러기에 일반 백성들은 사제를 통해 예물을 드리고 사제를 통해 죄 사함의 선포를 전해들을 수밖에 없었다. 그러나 예수 그리스도께서 십자가에 돌아가시면서 지성소의 휘장이 위에서 아래로 찢어지는 영적 해방의 역사가 일어났다. 그 후로 모든 사람들은 하나님을 아바 아버지라 부르며 나아갈 수 있게 되었다. 이제 모든 그리스도인은 세

---

[12] 조해강, 『하나님의 경륜: 성경이 보여주는 위대한 서사시』(서울: 레마북스, 2021); 윗트니스 리, 한국복음서원 옮김, 『하나님의 경륜』(서울: 한국복음서원, 2004); 더글라스 믹스, 홍근수 외 옮김, 『하느님의 경제학』(서울: 한울, 1998).

[13] 마틴 루터, 전경미 옮김, 『마틴 루터, 독일의 그리스도인 귀족들에게』(서울: KIATS, 2021); 마틴 루터, 전경미 옮김, 『마틴 루터, 교회의 바빌론 유수』(서울: KIATS, 2021).

상의 아픔과 부르짖음을 대신 짊어지고 하나님께 나아가는 사제들이다. 또한 세상에 나아가 하나님의 구원과 생명을 선포하는 사제들이다.

그러나 한 걸음 더 나아가 보자. 이러한 사제직은 우리가 마음대로 감당하거나 버릴 수 있는 것이 아니다. 하나님 나라를 선포하는 일은 부활하신 예수 그리스도의 지상 명령이다. 그러므로 우리 모든 그리스도인은 세상으로 보냄받은 사명자, 곧 선교사들이다. 이제는 '만인선교사직' 혹은 '만인사명자직'을 강조해야 할 때이다. 다시 한 번 기억하자. 우리 모두는 선교사이다! 우리 모두는 사명자이다!

2) 하나님의 음성 듣기

사명을 깨닫고 감당하기 위해서 하나님의 음성을 듣는 것은 너무도 중요하다. 그럼에도 불구하고 그 방법에 대해서 말하려고 하면 참으로 막연하다. 하나님의 음성을 듣는 방법도 다양하다. 그래서 교회가 서로 다른 것을 하나님의 뜻이라고 주장하기도 한다. 그럼에도 불구하고 하나님의 사명을 분명히 느끼는 사람들, 음성을 들은 사람들은 자신의 유익을 버리고 사명을 감당한다. 그러기에 소명을 분별하는 것과 부르심에 응답하는 것은 선교운동에서 너무도 중요한 영역이다. 주님의 부르심에 응답하는 역사가 없다면 선교운동이 일어날 수 없기 때문이다.

성경은 부르심에 응답한 수많은 믿음의 선진에 대해서 기록하고 있다. 그중에서 가장 원형이 되는 것은 겟세마네에서 기도하신 주님이다. 십자가에서 죽어야 하는 마지막 사명을 앞에 놓고 주님은 겟세마네에서 아버지 하나님께 처절히 기도하셨다. 할 수만 있다면 피하고 싶은 그 길이었다. 하지만 그는 하나님의 뜻에 순종했다. 기독교 역사를 통해 수많은 사람이 성경 속 믿음의 선진들의 뒤를 이어서 주님의 음성

> *
> 하나님의
> 음성을 듣고
> 순종하며
> 선교하자.

을 듣고 선교에 헌신했다. 지금도 지구촌 곳곳에는 주님의 음성에 순종하고 선교사로서 사역을 감당하는 많은 사람이 있다. 그리고 이들처럼 빛나지는 않지만 지구촌 모든 교회와 사회 곳곳에는 주님의 음성에 순종하고 사명을 감당하는 신실한 그리스도인들이 있다. 오랫동안 선교훈련원을 책임져 온 필자는 선교 지원자들을 돕기 위해 하나님의 음성을 듣는 방법에 대해 연구하고 그것을 전달하기 쉽게 12가지로 정리했다. 그것은 다음과 같다.[14]

- 하나님은 성경을 통해서 말씀하신다.
- 하나님은 설교를 통해서 말씀하신다.
- 하나님은 사람들이 기도할 때 말씀하신다.
- 하나님은 상황 속에서 갑작스런 깨달음을 통해 말씀하신다.
- 하나님은 주위 사람들의 입을 통해 말씀하신다.
- 하나님은 아이디어를 주시면서 말씀하신다.
- 하나님은 영혼의 동요, 불안, 공허함을 통해 말씀하신다.
- 하나님은 다른 사람들의 고통을 보여주며 말씀하신다.
- 하나님은 선교와 연관된 일에 길을 열어주시며 말씀하신다.
- 하나님은 꿈을 통해 말씀하신다.
- 하나님은 신비한 체험을 통해 말씀하신다.
- 하나님은 평범한 일상생활을 통해 말씀하신다.

여기에서 숫자는 중요하지 않다. 하나님께서는 수많은 방법으로 사람들에게 말씀해 오시기 때문이다. 필자가 선택한 기준은 성경에서 근

---

14 장성배, 『예수님처럼 사역하라』, 제2장.

거를 찾을 수 있는 것들로 한정했다. 그것이 하나님의 음성을 잘못 듣는 것을 막을 수 있는 근거가 된다. 그리고 하나님의 부르심은 몇 가지 통로를 통해서 동시다발적으로 들려올 때가 많다. 이때 서로 다른 통로로 들려오는 하나님의 음성은 서로를 조명해 주고, 검증해 준다. 또한 이러한 부르심은 지속적인 경우가 많다. 그럴 때 우리는 그것을 하나님의 음성으로 믿고 사명의 걸음을 시작할 수 있다.

사명자들이 메타버스로 나갈 때도 하나님의 음성에 귀를 기울여야 한다. 선교지로 들어가는 선교사처럼 하나님의 인도하심을 간구해야 한다. 메타버스에서 하나님은 길을 열어주시고, 사람들을 만나게 하시며, 선교의 열매를 맺게 하실 것이다.

3) 문화지능과 메타버스 지능

문화지능은 CI(cultural intelligence)를 번역한 말이다. 그러나 지능지수의 관점으로 설명할 때는 CQ(cultural quotient)라고도 한다. 문화지능은 지구촌 다문화 상황을 문화적으로 이해하고 효과적으로 대응할 수 있는 능력을 말한다. 지구촌이 하나가 되고 서로 다른 문화적 배경을 가진 사람들과 함께 생활하는 상황이 되면서 문화지능에 대한 관심이 증대하고 있다. 문화지능이 높은 사람은 타문화 속으로 들어갈 때 적응속도가 빠르고 효과적으로 대처한다. 데이비드 리버모어(David Livermore)는 이러한 문화지능을 측정 가능한 형태로 지수화함으로써 문화지능을 훈련하는 것이 가능하도록 만들었다.[15]

---

15 데이비드 리버모어, 홍종열 옮김, 『문화지능 CQ 리더십』 (서울: 꿈꿀권리, 2017); 데이비드 리버모어, 홍종열 옮김, 『문화지능과 세계여행』 (서울: 꿈꿀권리, 2017); 데이비드 리버모어, 홍종열 옮김, 『문화지능 CQ, 글로벌 소통의 기술』 (서울: 꿈꿀권리, 2016); 홍종열, 『문화지능이란 무엇인가』 (서울: 커뮤니케이션북스, 2015); 크리스토퍼 얼리 외, 박수철 옮김, 『문화지능: 글로벌 시대 새로운 환경을 위한 생존전략』 (서울: 영림카디널, 2007); 브룩스 피터슨, 현대경제연구원 옮김, 『문화지능』 (서울: 청림, 2006).

> *
> 이제는
> 문화지능과
> 메타버스
> 지능이
> 중요하다.

우리는 타문화권이라고 말할 때 아주 먼 곳에 있는 전혀 다른 문화적 배경을 가진 인종 그룹을 떠올린다. 그러나 타문화권은 그런 것만은 아니다. 예를 들어 남자와 여자가 만나서 결혼을 할 때도 양가의 문화 차이를 인정하고, 차이를 조절하며, 문제를 해결하는 능력이 필요하다. 이사를 하고 자녀가 전학을 할 때도 새로운 문화에 적응해야 한다. 한 사무실의 직장 동료들도 서로 다른 문화적 배경을 가지고 있다. 우리가 새로운 동호회에 가입할 때 그곳은 타문화 공동체이다. 예배를 마치고 집으로 가는 길도 타문화권이다. 그리스도인은 삼위일체 하나님과 함께하는 세계관에 살고 있지만, 지하철에서 만나는 사람들은 다른 종교의 세계관, 혹은 무신론적 세계관의 사람들이기 때문이다. 이렇듯 타문화는 우리 생활 속에 항상 존재한다. 그리고 문화지능이 높은 사람은 이 상황을 문화적 차이로 이해하고 적절하게 대처해 나간다.

그렇다면 메타버스 또한 타문화권이다. 그 세계의 사람들은 그들의 세계관과 규범을 가지고 삶을 영위해 간다. 그러므로 메타버스에 들어가는 사람들은 그 세계를 문화적 관점에서 보고 접근하는 것이 중요하다. 또한 그들과 소통하기 위해서 문화지능을 높이도록 노력해야 한다. 특히 문화지능을 활용할 때는 기독교적인 문화관에 입각한 문화지능의 재해석과 이를 위한 추가적인 연구가 필요하다.

기독교적 관점에서 문화지능의 예는 성육신에서 찾아볼 수 있다. 예수님은 하나님 나라의 문화로부터 인간의 문화로, 그것도 구체적으로 갈릴리 나사렛 동네의 문화로 내려오셨다. 그의 가정은 목수의 집이었으며, 주위에는 어부들과 농부들이 있었다. 그래서 예수님은 늘 그들이 이해할 수 있는 예를 들어 설교하셨다(눅 13:18~21). 바울도 한 예가 된다. 바울은 유대인에게는 유대인의 문화에 맞게, 이방인에게는 이방인의 문화에 맞게, 부자에게는 부자들의 문화 안에서, 가난한 자들에게는 그들의 문화 안에서 복음을 나눴다(고전 9:19~23). 그가 아테네에 갔을 때는 '알지 못하는 신'에게 봉헌된 단을 보고, 그 알지 못하는 신에 대해 설명하는 방법으로 예수님을 소개했다(행 17:16~31).

문화지능에 대해 공부하면서 필자는 '메타버스 지능'(metaverse intelligence)에 대해 연구할 필요를 느꼈다. 메타버스가 또 하나의 타문화권이라서 문화지능을 적용할 수도 있겠지만, 메타버스 지능이라고 할 때는 문화지능에 IT 세계의 관점이 추가된 어떤 것이 될 수 있다고 생각했다. 이것을 지능지수로 측정 가능하게 만들 수 있다면 사람들이 메타버스의 삶에 잘 적응하도록 훈련할 수도 있을 것이다. 그리고 이 또한 기독교적 관점에서 사용한다면 모든 성도들이 메타버스 선교를 감당하도록 훈련하는 데 큰 도움이 될 것이다. 앞으로 이 분야에 대한 연구가 기대된다.

4) 메타버스 기술

우리 모두가 메타버스 선교사라고 할 때, 우리에게 필요한 것은 고차원적인 IT 기술이 아니다. 지극히 일상적인 메타버스 생활에 필요한 기술이면 족하다. 예를 들어 우리는 집에서 생활하기 위해서 간단한 전기와 전자제품에 대한 상식이 있고, 그것을 쉽게 다룬다. 출근하기 위해서 자동차를 운전하고, 교통카드로 지하철을 탈 줄 안다. 조금 더 복잡하게는 스마트폰을 사용할 줄 알고, 컴퓨터도 다룰 줄 안다. 온라인 뱅킹과 쇼핑을 즐기고, 온라인 재택근무를 하며, 온라인으로 수업을 듣는다. 인터넷 검색을 통

> *메타버스 기술은 기본이면 충분하다.

해 맛집을 찾고, 내비게이션을 통해 골목 안에 숨어 있는 식당을 찾아간다. 해외여행을 할 때는 온라인으로 숙소와 자동차를 예약하고, 현지에 도착하면 구글맵을 통해 길안내를 받는다.

이렇듯 우리는 이미 메타버스에서 살고 있다. 여기에서 조금만 더 나아가면 되는 것이다. 그 몇 가지는 다음과 같다. 가장 먼저 페이스북에 가입하고 자신의 타임라인에 글이나 사진을 올리며, 뉴스피드에서 친구들의 이야기에 '좋아요'와 댓글을 달아보자. 자신의 브랜드를 알리기 위해 페이스북 페이지도 만들어 보자. 좀 더 용기를 내서 나의 인스타그램이나 블로그도 시작해보자. 이쯤 되면 유튜브 채널도 만들 수 있다. 그리고 이렇게 하다 보면 자신도 모르게 라이프로깅 세계의 시민이 되어 있다. 처음 시작할 때는 어렵게 느껴질 수도 있다. 그러나 이런 플랫폼들은 누구나 쉽게 사용할 수 있도록 만들어져 있다. 용기를 내어서 한 걸음씩 그 문화 속으로 들어가면 지하철을 타듯이, 스마트폰을 다루듯이 쉽게 느껴질 때가 올 것이다.

3. 메타버스 선교사 As

*
메타버스에서 선교사는 어떤 역할을 감당할까?

메타버스에서 사명자는 어떤 역할을 해야 할까? 물론 그가 한 전문 영역에 있다면, 그 일을 통해 하나님 나라 확장에 기여할 수 있다. 여기에서는 전문 영역보다는 전반적인 메타버스 상황에서 사명자들이 감당해야 할 역할을 '큐레이터'(curator), '에디터'(editor), '인플루언서'(influencer), '네트워커'(networker), '동원가'(mobilizer)라는 다섯 단어로 생각해 보려고 한다.

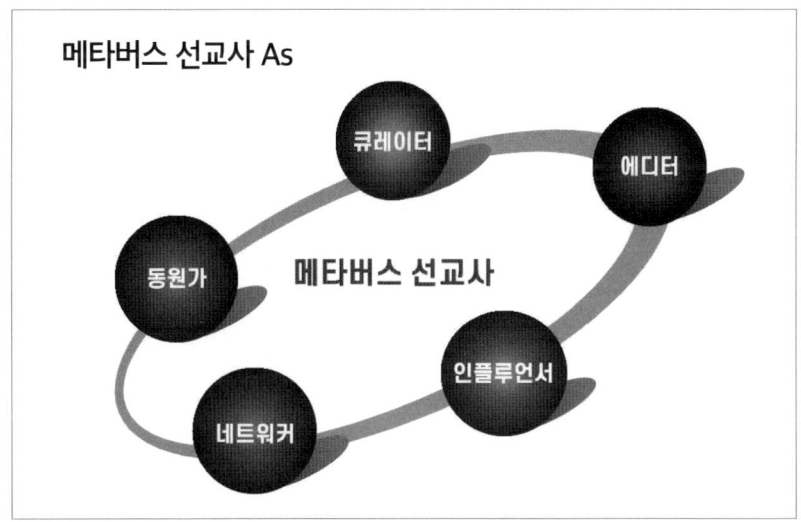
[그림 19]

1) 큐레이터

메타버스 시대에 정보가 폭발적으로 증가하면서 사람들은 어느 정보를 사용해야 할지 혼동에 빠진다. 검색을 해 보아도 원치 않는 정보까지 노출되면서 검색자의 시간이 낭비되는 경우가 허다하다. 이런 상황에서 가치 있는 정보를 일목요연하게 제시해 줄 수 있는 큐레이터의 역할이 중요하게 되었다.

스티븐 로젠바움(Steven Rosenbaum)은 『큐레이션』에서 메타버스 시대에 큐레이션의 중요성과 콘텐츠 큐레이터의 역할에 대해 소개한다.[16] 큐레이션은 본래 미술관이나 박물관에서 작품을 전시한다는 의미로 사용됐다. 그러나 현재는 영화제, 명품판매점, 웹사이트의 게시글 등 다양한 분야에서 큐레이션이라는 말을 사용하고 있다. 큐레이션이라는 말은 사용하지 않지만 좋은 음악을 선별해서 소개해 주는 DJ,

---

16   스티븐 로젠바움, 이시은 옮김, 『큐레이션: 정보 과잉 시대의 돌파구』 (서울: 이코노믹북스, 2019).

최고의 맛집을 소개하는 프로그램도 큐레이션의 적용 사례이다. 이때 큐레이션은 수집한 어떤 것에 질적인 판단을 더함으로써 가치를 배가하는 행위를 말한다. 즉 큐레이션은 많은 것 중에 가치 있는 것을 선별하고, 그것을 재구성하며, 새로운 관점을 더하고, 이전의 것을 개선하는 일이다. 그러기 위해서는 옥석을 가려내는 통찰력과 직관력이 필요하다.

이때 중요한 것은 이러한 질적인 판단을 할 수 있는 사람이다. 사람만이 뉘앙스와 취향을 반영할 수 있기 때문이다. 미학적, 인문학적, 철학적 가치를 더하는 것도 중요하다. 기독교로서는 종교적 가치, 영성, 신학적 가치를 부여하는 것이 중요하다. 이는 인공지능이 할 수 없는 영역이다. 교회가 세상에 복음을 제시할 때 큐레이션을 고려해야 하는 이유가 여기에 있다. 신학자, 목회자, 평신도 지도자들은 기독교 큐레이터로서 복음, 성경의 내용, 기독교 세계관, 기독교 역사 등 다양한 정보를 큐레이트해야 한다. 메타버스 시대의 큐레이트 과정에서는 AI 알고리즘과의 협력이 필요하다. 검색엔진이 빅데이터 안에서 필요한 정보를 발견하고 분류하고 구성하면, 큐레이터는 이러한 정보를 최종 검토하고 가치를 부여한다. AI의 결과물에 큐레이터의 손길이 더해질 때 사람들은 새로운 깨달음과 체험을 얻게 되고, 감동과 세계관의 변화를 경험하게 된다.

이러한 큐레이터의 역할은 사람들이 무엇인가를 생산하고 판매하며 구입하는 데 막대한 영향을 미친다. 또한 사람들이 세상을 대할 때 한 단계 높은 관점을 갖게 한다. 정보 과잉의 시대이지만 큐레이터의 손을 거치면 혼동은 사라지고 관점이 명료해진다. 가치 있고 중요한 것이 드러난다. 기독교 큐레이터의 역할이 기대되는 부분이다.

사람은 저마다 삶의 스타일과 취향, 그리고 추구하는 가치가 다르다. 그러므로 큐레이션은 구체적인 대상이나 고객에게 맞아야 한다. 대상의 눈높이와 커뮤니케이션 방법에 익숙해야 한다. 그럴 때 대상은 큐레이터의 의도와 제안을 쉽게 수용하게 된다. 데이터가 폭발적으로 증가하는 시대에 자신만의 최고의 것을 제안받았을 때 느끼는 감동은 그 사람의 인생을 바꿀 것이다. 기독교 큐레이션도 대상의 눈높이와 커뮤니케이션 방법에 맞아야 한다.

『큐레이션』이 큐레이션의 개념과 가치에 대해 설명했다면, 저자의 두 번째 책인 『큐레이션 실전편』은 실제적으로 큐레이션을 수행하는 방법에 대해 설명하고 있다. 특히 메타버스 시대에 AI와 인간이 협업하는 상황에서 효과적이고 성공적으로 큐레이션할 수 있는 방법과 많은 사례를 소개하고 있다. 이러한 사례들은 목회나 선교현장에서 복음을 큐레이션하는 데도 큰 도움이 될 것이다.[17] 메타버스 시대에 기독교적 가치를 지구촌 모든 사람들에게 소개할 수 있는 큐레이터들이 필요하다.

2) 에디터

메타버스에는 날마다 새로운 개념과 콘텐츠가 쏟아져 나오고 있다. 그 중에서 옥석을 가리기는 불가능에 가깝다. 이러한 세상에서 사명자들도 복음을 새로운 형태로 세상에 제시할 수 있어야 한다. 이미 전통적인 교회의 메시지는 세상에 울림을 주지 못하고 있다. 그렇다면 새 술을 새 부대에 담아야 하듯이 교회는 복음을 부드럽고도 질긴 새 가죽 부대에 담아야 한다. 이 과정에서 새 가죽부대를 만드는 창조행위가

---

17 스티븐 로젠바움, 엄성수 옮김, 『큐레이션 실전편: 만족스런 큐레이션을 위한 실질적인 가이드북』 (서울: 이코노믹북스, 2021).

필요하다.

그렇다면 메타버스 시대에 창조행위란 어떤 것일까? 김정운은 『에디톨로지: 창조는 편집이다』에서 창조행위는 곧 편집행위라고 말한다. 스티브 잡스(Steve Jobs)의 창조성의 핵심은 기존의 제품을 개량해서 새로운 제품을 만들어내는 편집능력에 있다. 이러한 관점에서 김정운은 창조를 위한 '에디톨로지'(editology), 즉 편집학을 주장한다. 인간은 무에서 유를 창조할 수 없다. 그것은 신의 영역이다. 인간은 신을 흉내 낼 뿐이기 때문에 '창조적'(creative)이라고 말한다. 그렇더라도 에디톨로지는 '에디팅'(editing)과는 차원이 다르다. 그저 섞거나 짜깁기하는 것이 아니기 때문이다. 그에게 에디톨로지는 복잡한 '편집의 단위들'(units of editing)의 결합과 다차원적인 '편집의 차원'(level of editing)을 거친 "인식의 패러다임 구성 과정에 관한 설명"이다.[18] 세상 모든 것은 끊임없이 구성되고, 해체되고, 재구성된다. 그는 이 모든 과정을 편집이라고 정의한다.

이 책 1부에서 그는 마우스와 하이퍼텍스트의 발명이 지식과 문화가 편집되는 과정을 어떻게 바꿨는지를 설명한다. 전통적 학문의 전당인 대학교는 계층적 지식 중심의 권위와 권력을 누려 왔다. 구텐베르크의 인쇄 혁명 이후 대학은 텍스트 중심의 정보의 보고였다. 여기에 각주나 미주는 텍스트의 한계를 뛰어넘어 다른 세상을 보게 했다. 그런데 새롭게 출연한 마우스는 2차원의 지면을 떠나서 생각을 날아다닐 수 있게 만들었다. 컴퓨터 화면 어디나 관심 있는 곳을 누르면 생각이 비약적으로 다른 세상을 날 수 있게 했다. 그 후 또 한 번 혁명적으로 마우스를 대체하는 개념이 생겼다. 그것은 터치가 가능한 아이팟이

---

18   김정운, 『에디톨로지: 창조는 편집이다』 (서울: 21세기북스, 2014).

다. 터치가 가능하면서 디지털 기기는 인간적이 되었다. 메타버스 시대의 VR과 AR 기술은 한 차원 더 인간적인 모습으로 다가올 것이다.

메타버스 시대의 폭발적인 지식을 논문만으로 감당할 수는 없다. 복잡한 세상을 설명하기 위해서는 연역적이거나 귀납적인 논리로는 접근이 되지 않는다. 학문을 정리하는 트리식 계층구조는 새로운 지식에 대처하는 유연성이 없다. 여기에서 새로운 지식의 분류법이 생긴다. 그것이 '폭소노미'(folksonomy), 즉 사람들에 의한 분류법이다. 폭소노미는 하이퍼텍스트와 같은 탈중심화된 상호텍스트 방식으로, 네트워크 방식으로 정리되고 편집된다. 빅데이터 시대에 '데이터마이닝'(data mining)은 지식을 향한 새로운 접근방법이다. 거대한 디지털 정보를 다양하게 연결해서 의미를 찾아보려는 시도이다. 앞으로 '빅데이터 큐레이터'(big data curator)는 중요한 직업이 될 것이다. 여기에 빅데이터를 향한 에디톨로지가 요청된다.

그렇다면 메타버스 시대에 신학은 어떻게 변해야 할까? 특히 선교학은 어떻게 변해야 할까? 본래 신학은 특수한 상황의 언어로 기독교 신앙을 이해해 보려는 시도이다.[19] 그리고 바르게 형성된 신학은 상황을 변화시킨다. 그렇기 때문에 '신학함'(doing theology)에 있어서 상황은 매우 중요한 변수이다.

기독교 전통은 성경을 '책들의 모음'(a collection of books)으로 보았고, 그 안에 다양한 신학들이 존재하는 것을 인정했다.[20] 대표적으로 마태복음은 유대공동체를 전제로 기록되었다. 그렇기 때문에 마태복

---

19   로저 올슨, 김의식 옮김, 『현대 신학이란 무엇인가: 자유주의 신학의 재구성에서 포스트모던 해체까지』 (서울: IVP, 2021); 알리스터 맥그래스, 김기철 옮김, 『신학이란 무엇인가: 알리스터 맥그래스 기독교 신학 입문』 (서울: 복있는사람, 2020); 스티븐 베반스, 최형근 옮김, 『상황화 신학』 (서울: 죠이선교회, 2002), 1장, 2장.
20   데이비드 보쉬, 김만태 옮김, 『변화하는 선교』 (서울: 기독교문서선교회, 2017), 제1부.

음에는 예수의 족보, 변화산 위에서의 모세와 엘리야, 예언의 성취로서의 예수 그리스도가 중요했다. 반면에 요한복음은 이방인 공동체를 전제로 하였다. 그래서 로고스, 빛, 생명과 같은 주제가 중요했다. 그러나 복음서 사이에 신학이 다른 것은 문제를 야기하기보다는 다양성을 제공해 준다. 예수 그리스도를 다각도로 조명하면서 그 이해가 더욱 풍부해지기 때문이다.

역사적으로도 상황에 따라 다양한 신학이 그 시대의 교회를 세우고 지켜 왔다.[21] 알렉산드리아의 클레멘트(Clement of Alexandria)는 스토아 철학의 배경을, 오리게네스(Origenes)는 플라톤 철학의 배경을, 아우구스티누스(Augustinus)는 신플라톤주의의 배경을, 토마스 아퀴나스(T. Aquinas)는 아리스토텔레스적 배경 하에서 신학을 했다. 이러한 맥락에서 현존하는 모든 신학은 각자의 배경을 갖고 있다. 그렇기 때문에 그 상황에서는 강점을 갖고 있었지만 반대의 상황에서는 그 강점이 단점이 되기도 한다. 이것이 역사적으로 신학적 논쟁이 끊이지 않는 주된 이유이기도 하다.

모든 신학은 완벽하지 않다.[22] 하나님만이 절대자이시고, 그분만이 완전하다. 어떤 신학이 절대를 주장하거나, 환원주의적으로 모든 것의 답이 되고자 한다면, 자신이 절대자라고 주장하는 것이나 다름없다. 그렇다고 아쉬워할 필요는 없다. 신학은 그 시대에 적절하고 그 상황에 적합할 수는 있기 때문이다. 결과적으로 신학은 급변하는 상황 속에서 위기에 처한 교회들을 구하고 새로운 사명을 감당하도록 이끌었다. 시

---

21 알리스터 맥그래스, 조계광 옮김, 『알리스터 맥그래스의 역사신학: 기독교 사상사 개론』 (서울: 생명의말씀사, 2022); 알리스터 맥그래스, 류성민 옮김, 『알리스터 맥그래스의 교리의 기원』 (서울: 생명의말씀사, 2021); 보쉬, 『변화하는 선교』, 제2부.
22 베반스, 『상황화 신학』.

대는 수없이 많이 변해 왔고, 이 땅에는 수많은 신학이 존재한다. 그리고 비슷한 상황이 되면 과거의 신학들이 재해석되고 부활하기도 한다.

그렇다면 또 한 번의 요동치는 변화의 상황에서 메타버스가 새로운 신학적 주제가 되는 것은 전혀 이상하지 않다. 우리는 처한 상황에서 신학적 고민을 해야 하기 때문이다. 서두에서 밝혔듯이 신학은 특수한 상황의 언어로 기독교 신앙을 이해해 보려는 시도이다. 이러한 노력은 그 처한 상황에서 기독교 공동체의 정체성을 다시 세워 주고, 그 공동체가 감당해야 할 사명을 깨닫게 도와준다.

이러한 신학은 학자들의 영역일 필요가 없다. 추론적이고 논증적일 필요도 없다. 위대한 신학은 시, 그림, 음악, 춤, 조각, 드라마, 이야기, 영화, 의식(rituals) 등 다양한 방법으로 표현되었다. 문화의 모든 요소는 저마다의 방법으로 메시지를 표현할 수 있다. 그러므로 메타버스 시대에 신학은 학문적 연구보다 훨씬 넓고 포괄적으로 진행되어야 한다. 이러한 신학은 신학자들의 영역을 넘어선다. 일상의 희로애락에서 하나님을 만나고 고백하는 모든 사람이 신학을 해야 한다. 조금 더 나아가면 이러한 신자들의 공동체인 교회가 신학 형성의 주체가 되어야 한다. 이때 신학자들은 일상의 사람들의 신학을 보다 정교하고, 깊고, 넓히도록 돕는 역할을 한다. 또한 신학자들은 신앙 전통에 대한 좀 더 넓은 지식을 바탕으로 신앙공동체가 전통을 계승해 갈 수 있도록 돕는다. 신학은 신학자에 의해 만들어진 완성품이 아니다. 신학은 성경과 현재를 살아가는 그리스도인들 사이의 계속되는 대화이다.

새 술은 새 부대에 넣어야 한다. 메타버스 시대에 기독교를 창조적으로 재구성해서 세상에 내어놓을 수 있는 에디터가 필요하다.

3) 인플루언서

메타버스 시대에 인플루언서라는 말이 확산하고 있다. 과거에는 사회에 영향을 미치는 소수의 사람들에게 사용되던 것이, 이제는 구독자가 많은 파워블로거나 파워유튜버들을 지칭하는 용어가 되었다. 그도 그럴 것이, 인기 유튜버들의 구독자 수는 이미 신문사의 정기구독자 수를 넘어섰다. 젊은 층의 TV 시청률이 급감하면서 TV 광고의 영향력이 하락한 반면에 소셜미디어 광고의 파급력은 급상승하고 있다. 메타버스 플랫폼에 따라 인플루언서를 지칭하는 표현도 다양하다. 대표적인 것으로는 유튜버, 블로거, 틱톡커, 트위터리안, 카페 운영진, 페이스북 스타, 아프리카 BJ 등이 있다. 이와 같은 변화에 따라 기업들은 소셜미디어 인플루언서들을 통한 마케팅에 힘을 쏟고 있다. 이러한 접근을 '인플루언서 마케팅'이라고 부른다.[23]

인플루언서의 영향력은 기업의 마케팅에서 그치지 않는다. 이들은 문화, 사회, 정치 등 모든 영역으로 영향력을 확산하고 있다. 볼프강 슈미트(Wolfgang Schmitt)와 올레 니모엔(Ole Nymoen)은 『인플루언서: 디지털 시대의 인간 광고판』에서 인플루언서의 긍정적 측면과 부정적 측면을 설명한다.[24] 소셜미디어 인플루언서들 중에는 진정한 인플루언서들도 있지만, 인플루언서의 흉내를 내며 기업광고의 도구로 전락한 사람들도 많다. 그래서 소셜미디어 안에는 서로 비슷한 2류, 3류의 콘텐츠가 난무하고 있다. 특히 영상을 위주로 하는 유튜브 같은 경우 외모와 성의 상품화에 대한 우려가 커지고 있다. 매 영상마다 '구독'과 '좋

---

[23] 한정훈, 『넥스트 인플루언서: 100만 팔로워 크리에이터, 매출 1,000억 콘텐트의 비밀』 (서울: 페가수스, 2021); 박세인, 『영향력을 돈으로 만드는 기술: 작은 영향력으로 큰 결과를 만들어내는 마이크로 인플루언서』 (서울: 천그루숲, 2021); 황봄님, 『인플루언서 마케팅: A to Z 구매율 1000% 향상시키는 인플루언서 마케팅 활용 전략』 (서울: 라온북, 2019).

[24] 볼프강 M. 슈미트·올레 니모엔, 강희진 옮김, 『인플루언서: 디지털 시대의 인간 광고판』 (서울: 미래의창, 2022).

아요'를 구걸하는 모습도 눈살을 찌푸리게 한다. 인플루언서의 건강하지 못한 세계관과 가치관이 야기하는 부작용은 쉽게 예상할 수 있다. 소셜미디어 안에서의 상업주의, 정치주의, 폭력적 누리꾼들과 같은 문제는 시급히 해결해야 할 과제이다.[25] 반면에 선한 인플루언서들은 사회를 건강하게 만드는 데 중요한 영향을 미친다. 사회가 나아가야 할 방향을 제시하고, 그것을 위해 사람들의 협력을 이끌어내기 때문이다. 이러한 관점에서 그리스도인 인플루언서들이 절실히 요청된다.

4) 네트워커

서적을 검색해 보면 '네트워커'라는 단어가 포함된 책들을 많이 볼 수 있다. 이중 대부분은 네트워커를 '비즈니스를 위해 고객들을 연결하는 사람'을 지칭하는 용어로 사용한다.[26] 이러한 접근은 네트워커의 본래 의미를 퇴색시키고 그들의 역할을 상업적 영역에만 국한시킨다. 반면에 우리는 네트워커를 초연결 시대에 총체적 관점을 가지고 사람들, 기관들, 단체들을 연결하는 사람으로 정의하려고 한다.

이 목적에 도움이 되는 책이 베스 캔터(Beth Kanter)와 앨리스 파인(Allison H. Fine)의 『비영리, 소셜 네트워크로 진화하라』이다. 이 책에서 저자들은 비영리조직이 메타버스 시대에 지구촌변화 운동을 이끌기 위해서 소셜네트워크로 진화해야 한다고 주장한다. 이들의 제안은 메타버스에서 사역할 교회와 선교단체에게 많은 도움을 줄 것이다. 그들의 제안 몇 가지를 살펴보자.[27] 사회적 존재인 인간은 (1) 다른 사람

---

25 이상호, 『야만의 회귀, 유튜브 실체와 전망』 (서울: 예린원, 2020).
26 곽미송, 『온택트 시대 네트워크 마케팅』 (서울: 슬로디미디어, 2021); 곽미송, 『슈퍼 네트워크: 네트워크 사업 제대로 알아보기, 시작하기, 해내기』 (서울: 슬로디미디어, 2019).
27 베스 캔터·앨리스 파인, Impact Square 출판팀 옮김, 『비영리, 소셜 네트워크로 진화하라: 소셜 미디어 시대의 비영리 조직 생존 전략』 (서울: 허브서울, 2011), 88~89.

들과 관계를 맺고, (2) 공동의 관심사를 나누며, (3) 함께 문제를 해결해간다. 이러한 인간이 소셜미디어를 통해 서로 연결되기 시작했다. 메타버스 안에서 옛 친구들을 만나고, 새로운 친구들을 사귀며, 지구촌의 사람들과 이웃관계를 맺게 되었다. '사회적 자본'(social capital)이 소셜미디어를 통해 강화된 것이다.

메타버스의 강점은 무궁무진하다. 그 몇 가지는 다음과 같다.

- 메타버스 안에서 우리는 귀중한 자원이 될 사람들을 쉽게 찾을 수 있다.
- 같은 비전을 가진 사람들이 메타버스 안에서 우연히 만나게 되면 만남의 가치는 더 높아진다.
- 사회적 장벽과 제약이 없는 메타버스 공간에서 공동의 비전으로 만날 때 우호증진은 너무도 쉽게 이뤄진다.
- 이 만남의 과정에 특별한 비용이 들지도 않는다.
- 메타버스 기술이 향상될수록 더 효과적인 만남이 가능하게 될 것이다.

이러한 네트워킹과 연관해서 '연결지능'(Connectional Intelligence, CxQ)에 대한 관심도 증가하고 있다. 모던 시대에는 지능지수(Intelligence Quotient, IQ)가 중요했다. 그 후 포스트모던 시대에 들어서면서 감성지능(Emotional Quotient, EQ)과 사회지능(Social Quotient, SQ)의 중요성이 강조되었다. 그런데 메타버스의 초연결 시대를 살고 있는 사람들에게는 연결지능이 요구된다. 에리카 다완(Erica Dhawan)과 사지-니콜 조니(Saj-nicole Joni)는 『연결지능: 당신의 미래를 결정하는 단순하고 강력한 힘』에서 연결지능을 "다양한 지식과 경험, 의욕, 인적 자원 등을 결합해 연결성을 구축하여 새로운 가치와 의미를 창출

하는 재능"이라고 정의한다.²⁸

지구촌 모든 사람들이 서로 영향을 주고받는 메타버스 시대에 연결지능은 그 중요성이 배가된다. 메타버스 안에서는 지구촌의 이질적이고 다양한 사람들이 만나고 있기 때문이다. 또한 매일 생겨나는 수많은 분야의 지식과 경험이 지구를 바꿔가고 있다. 이러한 정보의 관계망을 이해하지 못하면 세계의 다양한 자원을 연결하는 것이 불가능하다. 지구촌의 수많은 문제를 해결해 가기 위해서는 집단지성을 통해 인류 공동의 가치와 의미를 창출하고 새로운 길을 발견해야 한다. 이러한 능력을 연결지능이라고 한다. 저자들은 독자들에게 (1) 꿈을 꾸라, (2) 연결하라, (3) 더 크게 꿈꾸라, (4) 큰 일을 이루라고 제안한다.²⁹

그러므로 메타버스 안에서 사람들과 협력을 만들어내는 네트워커의 역할은 너무도 중요하다. 네트워커는 우선적으로 다음과 같은 네트워킹을 이뤄야 한다.

- 교회 안의 사람들을 연결시켜야 한다.
- 교회끼리의 연합과 협력도 이뤄내야 한다.
- 선교 자원을 동원하고 훈련하며 연결시켜야 한다.
- 선교지의 사람들과의 네트워킹도 중요하다.
- 세상의 선한 단체들과의 연결도 중요하다.

이 글을 읽는 여러분이 지구촌에 하나님 나라를 확장하기 위한 네트워커가 되기를 바란다. 그러기 위해서 가장 먼저 소셜미디어 도구들

---

28 에리카 다완·사지-니콜 조니, 최지원 옮김, 『연결지능: 당신의 미래를 결정하는 단순하고 강력한 힘』 (서울: 위너스북, 2016), 17.
29 다완·조니, 『연결지능』, 18.

을 직접 사용해 보기를 권한다. 이것이야말로 소셜미디어의 힘을 확인할 수 있는 가장 빠른 방법이다. 그럴 때 더 창의적인 방법이 발견될 것이다.

5) 동원가

메타버스에는 수많은 개인과 단위체가 공존하고 있다. 그래서 우리가 원하기만 하면 쉽게 그들과 연결될 수 있다. 중요한 것은 동원가로서의 마음가짐이다. 지구촌에 하나님 나라를 이루기 위해서 사명자들을 초청하고, 공동체를 조직하며, 그들과 함께 일하고자 하는 마음이 중요하다. 그러고는 그들에게 다가가서 관계를 형성해야 한다. 이때 중요한 것은 우리의 태도이다. 동원가는 자기중심적 관점과 태도를 버려야 한다. 수평적인 파트너 관계를 유지하고 함께 비전을 나눠야 한다. 또한 동원의 네트워크는 단순하고 투명해서 사람들이 쉽게 참여할 수 있고, 탈퇴할 수도 있어야 한다. 통제를 잃는 것을 걱정하지 말아야 더 많은 사람들이 동참할 수 있다. 동원가는 자신도 거대한 하나님 나라 네트워크의 일부라는 사실을 잊지 말아야 한다.

    동원가는 기존에 익숙한 조직의 벽을 넘어 더 많은 사람들과 대화하려고 노력해야 한다. 나 홀로 된 조직이나 단체로서는 지구촌을 향한 총체적 선교를 감당할 수 없다. 하나님 나라를 향해 헌신된 더 많은 전문가들이나 단체들과 연결되어야 한다. 하나님의 교회는 우리의 생각보다 훨씬 크다.[30] 동원가는 항상 하나님 나라 운동의 더 큰 생태계에 속하려고 노력해야 한다. 이때 쌍방 간에 대화를 촉진시키는 소셜미디어는 큰 힘이 된다. 지구 반대편의 사람들과도 빠르게 소통하며 활

---

30 패트릭 존스톤, 이창규 옮김, 『교회는 당신의 생각보다 큽니다』 (서울: WEC, 2002).

동할 수 있기 때문이다. 결과적으로 우리는 더 많은 사람들과 연결하게 된다. 이를 위해 동원가는 메타버스 안에 다양한 모습으로 존재해야 한다.

- 개인적으로는 블로거, 유튜버 등 소셜미디어의 인플루언서로 존재할 수도 있다.
- 선교단체나 NGO와 같은 조직의 형태도 가능하다.
- 교회나 교단, 또는 글로벌한 협의회 형태도 가능하다.

중요한 것은 메타버스에 익숙한 형태로 존재하는 것이다. 즉 다른 사람들과 의미 있는 방식으로 네트워킹하는 삶이 중요하다.

4. 지구촌 선교의 실천 과제

이제 지구촌을 향한 선교사로서 우리가 할 일에 대해 생각해 보자. 다양한 제안이 가능하겠지만, 여기에서는 8가지 제안을 해 본다. 이 제안은 나름 단계를 생각하고 고안한 것이다. 처음부터 구체적인 사역을 할 수 있는 것은 아니기 때문에 선교사들이 메타버스에서 만나는 것부터 시작했다. 이제 구체적인 사역의 길을 떠나보자.

*
메타버스 지구촌 선교를 위한 8가지 제안

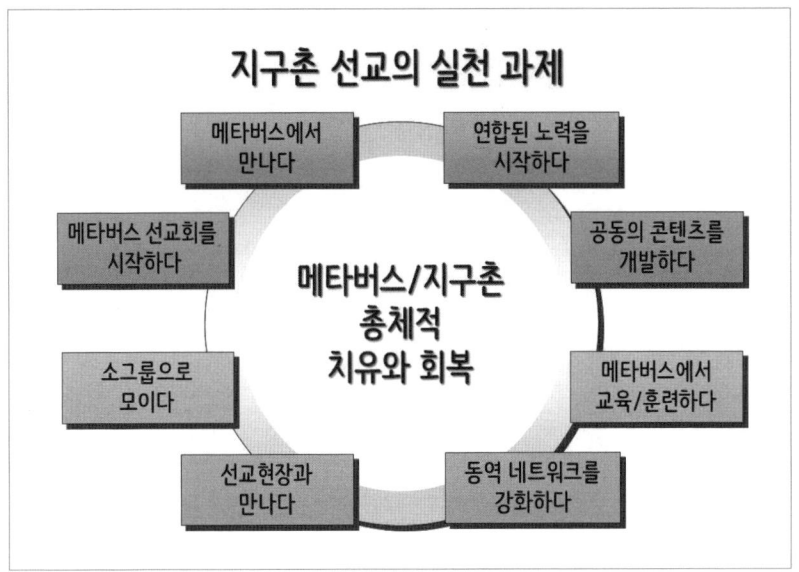

[그림 20]

1) 선교사들이 메타버스에서 만나다

코로나19 이전에는 선교사들이 물리적 세계 안에서 모였다. 국제선교회의, 선교워크숍, 선교사리트릿 등 다양한 형태의 모임이 있었다. 선교현장에서 외롭게 고군분투하던 선교사들에게 얼굴을 맞대고 자신의 경험과 고민을 나눌 수 있다는 것은 참으로 위로가 되는 일이었다. 그러나 이렇게 물리적으로 모이는 것은 엄청난 비용이 드는 일이었다. 각자 비행기를 타고 한 장소에 모여야 했고, 호텔의 숙식비용은 큰 부담이었다. 그래서 이러한 모임을 만들기 위해서 주최 측은 큰 금액을 모금해야 했고, 그렇기 때문에 자주 모이지 못했다. 그러나 그 외의 방법은 생각하지 못했다.

코로나19가 전 지구적으로 확산되자 모든 선교사들의 모임이 중지되었다. 그것도 2년 동안이나 멈춰 있었다. 상황을 직시한 선교사들은 다른 방법을 모색하기 시작했다. 단톡방과 화상전화에서 벗어나 줌으로 모이기 시작했다. 그것이 익숙해지자 선교사들은 다양한 목적으로 더 자주 모임을 열게 되었다. 물리적 만남보다는 못하지만, 모이는 횟수나 비용을 생각하면 장점도 많았다. 시간이 지나면서 온라인 회의 플랫폼들은 더 다양한 기능들을 추가하게 되었고, 만남의 질은 눈에 띄게 향상되었다. 앞으로 VR이나 AR 기술이 추가된다면 선교사들이 만나는 모습은 전혀 달라질 것이다.

2) 메타버스에서 연합된 노력을 시작하다

메타버스에서 선교협력과 연합을 이루기 위해서 '로잔 운동'의 전략이 도움이 될 것이다. 로잔 운동은 1974년 스위스 로잔에서 모인 제1차 세계 복음화를 위한 국제회의를 기점으로 지금까지 복음주의 연합운동을 이끌어온 네트워크이다. 로잔 운동의 총체적 선교를 위한 연합된 노력은 로잔 운동의 비전에 잘 표현되어 있다.

- 모든 이에게 복음을(the gospel for every person)
- 모든 민족과 현장에 제자 삼는 교회를(disciple-making churches for every people and place)
- 모든 교회와 분야에 그리스도를 닮은 리더들을(Christ-like leaders for every church and sector)
- 사회의 모든 곳에 하나님 나라의 영향력을(kingdom impact in every sphere of society)

이를 위해서 로잔은 영향력 있는 사람들과 아이디어를 연결한다

(connecting influencers and ideas for global mission). 이 운동이 협력 네트워크를 형성하는 방법은 세 가지이다.

- 이슈 네트워크(issue networks): 30개가 넘는 이슈 네트워크를 만들어서 세계의 문제들을 해결해 간다.
- 지역 네트워크(regional networks): 지구촌을 지역으로 구분하고 그 지역 안에서의 협력과 전체로서의 협력을 함께 이뤄간다.
- 세대 간 파트너십(partnerships between generations): 세대 간의 연결을 통해 전 세계의 그리스도인들을 연결하고 협력을 이끌어낸다.

메타버스는 이러한 연결을 가속화할 것이다. 실제로 선교사들 사이에서는 다양한 모임이 조직되고 있다. 다양한 사역도 개발되고 있다. 그리고 이러한 개별 모임은 더 큰 네트워크로 성장할 것이다. 그리고 빠르게 진화하는 웹은 이러한 선교 네트워크에 큰 도움이 될 것이다. 웹 1.0부터 3.0까지의 진화를 살펴보면 미래의 웹이 어떻게 진화할지를 예측해 볼 수 있다.

- 웹1.0 시대는 컴퓨터와 컴퓨터를 연결함으로써 데이터베이스의 크기를 키우는 단계였다. 그 결과 거대한 정보망이 구축되었고 사람들은 이 정보를 얻기 위해 인터넷으로 몰려들었다.
- 페이스북, 블로그, 유튜브 등으로 대표되는 웹2.0 시대는 사람들 사이의 연결이 중요한 키워드가 되었다. 공유, 개방, 소통, 연결, 공동체, 기여, 참여, 만족, 성취, 대화, 나눔, 격려, 인정, 지지, 협력, 상호작용, 공헌, 소셜 네트워킹 등은 이 공간의 성격을 표현하는 단어들이다. 이제 사람들은 서로 간의

연결과 나눔을 위해 모여들었다.
- 인공지능이 장착된 웹3.0 시대에는 사람뿐만 아니라 모든 것이 연결될 것이다.
- 그 다음은?

이러한 웹의 변화는 위계적이고 일방적인 피라미드형 리더십을 상호 교류가 가능한 네트워크형 리더십으로 바꾸고 있다. 팀 리더십, 코칭 리더십, 섬기는 리더십은 대세이다. 일하는 방식도 평등한 협력과 참여의 형태로 바뀌고 있다. 다행히도 이러한 정신은 기독교의 이상이기도 하다. 사랑의 공동체 안에서 서로 다른 지체들은 저마다의 기여를 하면서 하나의 몸을 이루기 때문이다. 이는 에큐메니즘의 이상이기도 하다. 이제 하나님의 선교에 동참하는 교회들은 시대가 요구하는 공유, 개방, 소통, 연결, 공동체, 기여, 참여, 만족, 성취, 대화, 나눔, 격려, 인정, 지지, 협력, 상호작용, 공헌, 소셜 네트워킹의 영적 의미를 되새겨야 한다. 지구촌 선교를 위한 협력의 패러다임도 웹 1.0에서 2.0으로, 그리고 3.0으로 진화해야 한다.

3) 선교사들이 메타버스 선교회를 시작하다

메타버스 시대에 지구촌 선교를 감당할 선교사들은 메타버스를 향해 할 선교회를 조직해야 한다. 메타버스는 형성되어 가는 공간이기 때문에 누구에게나 새롭다. 이는 새로운 선교지를 향해 나아가는 선교사들에게는 익숙한 환경이다. 그들은 조금 더 노련하고 현명하게 접근할 수 있을 것이다. 다만 메타버스 선교회의 사역 범위는 지역적 선교에서 벗어나 지구촌 전체를 향하게 된다. 메타버스의 진화과정과 그것이 물리적 세계에 미치는 영향에 대한 통찰도 필요하다. 또한 그에 따른 선교 전략도 모색해야 한다.

메타버스 선교회는 물리적 건물이나 공간이 필요 없다. 지구촌 곳곳에 흩어져 있는 선교사들이 만날 가상공간만 있으면 된다. 최두옥의 『스마트워크 바이블』은 시간, 공간, 사람의 한계를 뛰어넘는 일터 혁신 전략을 알려준다.[31] 그 몇 가지 지혜를 메타버스 선교회에 적용해 보자.

- 가상공간에서 만나는 사람들에게는 무엇보다 협업을 위한 커뮤니케이션이 중요하다.
- 상호 신뢰에 의한 자율적 참여도 중요하다.
- 메타버스 선교회에 함께하는 선교사들은 기존의 사역을 중단할 필요가 없다. 시공간의 한계가 사라지면 선교사는 여러 단체의 다양한 사역에 참여할 수 있기 때문이다.
- 장소를 향해 이동하거나 모여서 함께 보내는 시간이 필요 없게 되면 사역의 효율성이 높아진다.
- 메타버스 시대는 뷰카(VUCA) 시대이다. 변동성(Volatility), 불확실성(Uncertainty), 복잡성(Complexity), 모호성(Ambiguity)을 합친 말이다. 그럴수록 세상의 변화를 빠르게 파악하고 이에 대응하는 역량이 필요하다.
- 과거의 지식에 얽매이지 말고, 변화하는 환경에 무게 중심을 두어야 한다.
- 완벽한 계획을 세우는 것보다는 실천해보고 평가하고 수정하는 태도가 효율적이다.
- 우리가 하나님의 계획을 완전히 이해하는 것은 불가능하다. 늘 하나님의 음성을 들으려고 노력하면서 서로의 지혜와 선교 경험을 통해 바른길을 찾

---

31 최두옥, 『스마트워크 바이블: 시간, 공간, 사람의 한계를 뛰어넘는 일터 혁신 전략』 (서울: 유노북스, 2021).

아가려고 노력해야 한다.

4) 공동의 콘텐츠를 개발하다

앞 장에서 우리는 선교를 위한 디지털 콘텐츠를 만드는 방법과 내용을 살펴보았다. 선교사들은 특히 선교교육/훈련을 위한 콘텐츠 제작에 기여할 수 있다. 타문화권을 향한 기독교 변증 콘텐츠를 만들 수도 있다. 선교사나 선교사 자녀들에게 필요한 콘텐츠도 가능하다. 그런데 한 사람의 선교사나 소수의 선교사들로는 많은 콘텐츠를 체계적으로 제작하기가 쉽지 않다. 이 작업이 효과적이기 위해서는 (1) 좋은 플랫폼을 준비하는 것과, (2) 이에 동참하는 선교사들의 협력이 필요하다.

공유 플랫폼을 운영하면 보다 많은 선교사들이 콘텐츠 제작에 기여할 수 있다. 이 플랫폼에서 선교사들은 각자의 강점에 따라 콘텐츠를 제작하고 공유한다. 플랫폼이 활성화하면 콘텐츠들이 눈덩이처럼 커지면서 거대한 선교 콘텐츠 생성의 생태계가 형성된다. 이때 플랫폼 운영 그룹의 역할이 중요하다. 참여자들의 자율성은 격려하되 공동의 신학적 기준과 운영의 기준이 지켜지도록 힘써야 한다. 아마존, 페이스북, 유튜브와 같은 플랫폼은 저마다 운영 방법과 기준이 정해져 있다. 이와 같이 선교적 관점에서 플랫폼 운영에 적합한 운영 방법과 기준을 정하고 유지하도록 노력해야 한다.

5) 선교사들이 메타버스에서 소그룹으로 모이다

소그룹 운영을 위한 메타버스 기술은 하루가 다르게 진화하고 있다. 이전에는 그저 페이스북 그룹, 카톡 단톡방, 밴드 등 텍스트 기반의 교제에 머물렀지만, 이제는 줌, 웹엑스, 구글 미트, MS 팀즈 등 다양한 온라인 화상회의 프로그램 덕에 실감나는 모임이 가능해졌다. 최근에는 게더타운을 통해 공유공간을 만들고 자신을 대신한 아바타를 통해 공간을 이동하며 교류하도록 하는 것이 가능해졌다. 이처럼 기술은 계속 진화할 것이다. 이러한 플랫폼 하에서 선교사들은 다양한 목적의 모임을 만들 수 있다. 사역을 위한 모임에서 자기개발에 이르기까지 어느 모임이나 가능하다.

그 몇 가지 예는 다음과 같다.

- 공동 콘텐츠 개발을 위한 전문 모임
- 지구촌 선교를 위한 리서치 모임
- 선교사의 자기 개발을 위한 스터디 그룹/독서 모임
- 성경공부 모임
- 기도 모임
- 마음공부, 마음치료, 상담 자격증 취득
- 코칭 공부 및 코치 자격증 취득

6) 메타버스에서 교육/훈련하다

지구촌에는 신학교육과 선교훈련을 위한 연합운동과 기구가 많이 있다. 예를 들어 ATA(Asia Theological Association)는 복음주의 신앙과 학문에 헌신하는 신학교들의 연합이다. 이들은 하나님의 선교에 동참할 사명자들을 훈련하는 일에 연합된 노력을 기울여 왔다.

이처럼 메타버스에서는 교육/훈련을 위한 협력이 훨씬 더 효과적으로 이뤄질 수 있다. 특히 코로나19가 계속되면서 학교들은 온택트 교육에 대한 많은 노하우를 축적했다. 초등학교부터 대학교까지, 심지어 교회학교까지 온택트 수업의 노하우를 개발했다. 메타버스에서 대학교의 운영이 가능하다면 메타버스 신학교와 선교훈련원을 운영하는 것은 얼마든지 가능하다. 필자의 경우 오랫동안 미네르바스쿨을 벤치마킹해 왔다.[32] 또한 수많은 온택트 교육에 관한 책을 읽으면서 언택트 상황에서 최대한 교육의 효과를 누리려고 노력했다. 그래서 필자는 가장 효과적인 방법으로 플립러닝을 사용했다. 그 구체적인 방법은 다음과 같다.

- 먼저 동영상 수강이나 독서 등을 통해 교육내용을 숙지한 후 줌에서 만나 다양한 방법으로 교육내용을 심화시키려고 노력했다.
- 동영상 수강이나 독서 등의 피드백 과제를 줌 수업 이전에 제출하도록 함으로써 선행학습이 되었는지 확인했다.
- 수업을 관리할 때는 구글클래스룸을 사용했다. 교육에 특화된 프로그램이기 때문에 정말 다양한 수업관리가 가능하다.
- 선교훈련원이나 다양한 훈련 프로그램에서는 구글클래스룸 대신에 밴드를 사용했다. 매주 밴드의 공지 기능을 통해 과제를 올리고, 수강 결과나 과제물은 그 공지 아래 댓글을 붙이도록 했다.
- 해외에서는 밴드 대신 페이스북 비밀그룹을 사용하기를 권한다. 밴드와 같은 방법으로 공지 형태로 과제를 올리고, 수강 결과 확인이나 과제물 제출은 그 공지 글 아래에 댓글로 올리도록 하면 된다.
- 토론을 위해서도 토론 주제를 공지로 올리고, 그 아래에 토론 댓글을 붙이도록 한다.

---

[32] 벤 넬슨·스테판 M. 코슬린, 강현석 옮김, 『미네르바의 탄생, 교육의 미래: 대학 혁신의 날개를 휘젓다』 (서울: 공감플러스, 2021).

- 수업 내용이 현장과 연결되도록 프로젝트 학습법을 사용했다. 수업 내용을 현실에 적용할 수 있는 개인 과제나 팀 과제를 수행함으로써 수업 내용을 현실에 적용하는 훈련을 했다.
- 여기에 추가로 카톡 단톡방을 운영했다. 모두 스마트폰이 있기 때문에 긴급한 공지나 논의를 할 때 편리했다.

이것은 필자가 사용하던 한 가지 방법에 불과하다. 시중에 나온 책만 봐도 교육방법은 무궁무진하다. 교육/훈련을 맡은 사람은 가능한 다양한 방법을 시도해 보면서 자신에게 적합한 방법을 찾아가야 한다. 메타버스 시대에는 선교교육과 훈련을 위한 연합된 노력이 필요하다. 이를 위한 커리큘럼과 교육방법을 개발하기 위해 함께 노력해야 한다. 이 분야의 메타버스 기술은 하루가 다르게 진화하고 있다. 이제는 하나님의 선교를 위해 함께 교육하고 훈련할 때이다.

7) 메타버스에서 선교현장과 만나다
(1) 메타버스에서 나라를 제자 삼는 기둥을 다루기
메타버스에서 우리는 선교지의 모든 것을 만날 수 있다. 특히 나라를 제자 삼는 8가지 기둥에서 다룬 선교지의 종교, 가정, 학교, 비즈니스, 미디어, 예술과 오락, 정부, 과학 영역을 직접 접할 수 있다. 전문인 선교사들은 자신의 전문영역에 따라 각 기둥을 바꿔갈 수 있다.

(2) 메타버스에서 사람들을 만나고 세상을 변화시키기
지구촌 변화의 주제도 고려할 일이다. 그중에 선교지의 젊은이, 시니어, 여성, 소외자는 중요한 선교 대상이다. 선교사는 메타버스에서 쉽게 그들을 만날 수 있다. 그들과 교제하면서 그들의 세계관, 가치관, 삶의 양태를 기독교적으로 바꿀 수도 있다. 그 결과 선교지의 사회구조의 변화, 직업의 변화, 가족의 변화에 영향을 미칠 수 있다.

(3) 메타버스에서 지구촌 문제 해결을 위해 연대하기

메타버스에는 전 지구적 문제들을 해결하기 위한 다양한 운동이 존재한다. 빈곤퇴치운동, 평화운동, 정의를 위한 운동, 인권운동, 환경운동 등이 그 예이다. 메타버스는 각 운동의 네트워크를 위해서도 중요한 공간이지만, 사안에 따라 통합적인 협력을 이뤄내는 데도 중요한 역할을 한다. 지구촌이 당면한 문제들은 유기적이면서 통합적으로 연결되어 있기 때문이다. 세계교회협의회는 선교의 주제로 지구촌의 정의, 평화, 창조질서의 보존(JPIC)을 제시했다.[33] 이를 위해 교회들은 지구촌의 기관, 단체, 사람들과 협력의 네트워크를 구축해야 한다. 이런 경우에 메타버스는 협력을 이뤄내는 중요한 공간이 된다.

메타버스 안에서 사람들은 운동에 동참하는 과정에서 깊은 공감대와 동지애를 경험한다. 또한 문제 해결을 향한 집단지성의 힘을 체험한다. 그리고 혼자서는 낼 수 없었던 용기를 내게 된다. 또한 사람들이 함께할 때 힘든 과제도 감당할 수 있고, 인내할 수도 있게 된다. 이 과정에 함께하는 사람들은 말하지 않아도 그리스도인들의 비전과 영성을 느끼게 되고, 이는 강력한 증언이 된다.

(4) 메타버스에서 타종교와 만나기

메타버스 안에는 수많은 문화적 배경을 가진 사람들이 함께 살고 있다.

---

33   채수일, 『에큐메니칼 선교신학』 (서울: 한신대학교 출판부, 2002).

그들은 저마다의 세계관과 영성을 갖고 있다. 그러므로 메타버스 안에는 기독교, 이슬람교, 불교, 힌두교, 유대교와 같은 세계종교에서부터 민속신앙과 이단 종파에 이르기까지 다양한 영성이 뒤엉켜 있다. 그들은 저마다의 영성을 표현하며 서로 영향을 주고받고 있다. 특별히 종교단체들은 각자의 신학과 신앙에 따라 사이트를 개설하고, 소셜미디어를 통해 활동한다. 그러므로 메타버스에서 우리는 자연스럽게 다른 영성을 체험할 기회를 가진다. 우리가 비행기를 타고 이슬람 문화권을 방문하지 않아도, 직접 불교 사원을 찾아가지 않아도 메타버스에서는 쉽게 다른 종교와 영성을 접할 수 있다. 이러한 새로운 상황은 서로에게 도전이 되기도 하지만 자신의 신앙을 더욱 깊이 생각하게 하는 기회가 된다. 그리고 마음만 먹으면 종교 간의 대화의 기회를 만들 수도 있다.

메타버스 시대에 그리스도인들은 세상과 격리되어 살 수 없다. 오히려 증인의 삶을 살기 위해 더욱더 깊은 영성을 준비해야 한다. 우리는 삶 속에서 다른 종교의 사람들과 함께 대화하고, 일하며, 새로운 운동을 만들어가야 하기 때문이다. 그럴 때 그리스도인의 생각과 행동은 마치 그리스도의 향기와 같이, 그리스도의 편지와 같이 다른 영성의 사람들에게 전해진다.

(5) 메타버스에서 지구촌 선교를 위한 기도운동 시작하기

이러한 일들을 시작할 때 가장 중요한 것은 지구촌을 위한 기도운동이다. 예수님은 사역에 앞서 기도가 중요하다고 강조하셨다. 그리고 기도하는 그들에게 성령을 주셨다. 하나님께서는 당신의 때가 되었을 때 교회들이 기도하게 하신다. 역사적으로 많은 각성운동, 부흥운동, 선교운동은 기도와 함께 시작되었다. 메타버스야말로 연합 기도운동에 적합하다. 실시간 기도 네트워크가 가능하기 때문이다. 시간을 맞춰 합심기도를 할 수도 있고, 24시간 릴레이 기도운동도 가능하며, 선교 주제별 기도도 가능하다. 기도운동본부를 메타버스 안에 설치하면 세계 어디에서나 쉽게 접근할 수 있다. 지금은 메타버스를 통한 지구촌 선교를 위해 기도할 때이다.

8) 메타버스에서 동원하고 동역 네트워크를 강화하다

메타버스 시대의 지구촌 선교는 이전과는 전혀 다른 선교이다. 지금까지는 선교지로 나가는 선교사와 보내는 선교사를 구분하였다. 선교사와 파송교회라는 역할도 구분되어 있었다. 그러나 우리가 살펴보았듯이 이제는 선교하는 나라와 선교를 받는 나라의 구분이 사라졌다. 민족의 전 지구적 이동의 결과 세계종교의 영역도 희미해졌다. 여기에 더해서 메타버스로 하나가 된 지구촌에는 새로운 패러다임의 선교가 요청되고 있다.

만인사명자직에 따라 모든 그리스도인은 메타버스 안에서 지구촌을 향한 하나님의 사명을 감당한다. 자신의 전문능력에 따라 지구촌 전체를 섬기는 것이다. 그 몇 가지 예를 생각해 보자. 전통적인 선교사는 선교지의 사람들과 물리적으로 더 친밀하게 만나는 강점이 있었다. 그러기에 한국교회가 선교지와 연결하기 위해서는 선교사의 도움을 받아야 했다. 그런데 이제는 반대도 가능하다.

- 대한민국의 그리스도인 비즈니스맨의 온라인 거래 파트너를 현지 선교사에게 소개할 수도 있다.
- 대한민국의 그리스도인 교사가 메타버스를 통해 선교지의 학교를 지원할

- 메타버스를 통한다면, 인도네시아 선교사가 자신의 노하우를 가지고 멕시코 선교사를 도와 멕시코 선교에 동참할 수도 있다.
- 국내 땅끝 선교를 위해 선교지의 선교사가 메타버스를 통해서 한국교회와 동역할 수도 있다.

그렇기 때문에 메타버스 선교에서는 모든 교회와 모든 그리스도인이 자신의 능력에 따라 역할을 감당해야 한다. 그러므로 우리가 앞에서 살펴본 메타버스 선교를 위해 동원될 단위체에 집중해야 한다. 그리고 동원가와 네트워커로서의 사역에 동참해야 한다. 메타버스에서 선교 자원을 동원하고 동역 네트워크를 강화하는 것은 새 패러다임의 선교를 위해 너무도 중요하다.

나가는 말

지구촌 전체가 메타버스 속으로 빨려 들어가고 있다. 이제 지구촌은 메타버스 없이 존재하지 못한다. 그리고 메타버스는 지구촌의 삶을 송두리째 바꿔 놓았다. 이러한 변화의 속도는 더 빨라질 것이다. 이러한 변화가 인류에게 도움이 될지, 아니면 바벨탑이 될지는 쉽게 단정하기 어렵다. 그렇기에 지구촌의 교회는 상황의 변화를 주시하며 지구촌이 바른 길로 가도록 노력해야 하겠다.

지구촌의 이런 변화는 지금까지의 선교를 근본에서부터 바꿔가고 있다. 메타버스로 하나가 된 지구촌은 전혀 새로

> *
> 교회여!
> 메타버스를
> 타고
> 지구촌을
> 선교하자.

운 선교 패러다임을 요청하고 있다. 바로 메타버스 선교 패러다임이다. 지구촌의 모든 교회와 그리스도인들이 메타버스 안에서 강하게 연결되어 지구촌 전체에 하나님 나라를 확장하게 될 것이다. 이를 위해서는 또 한 번의 부흥운동이 필요하다. 그리고 그 부흥운동을 위해서는 기도운동이 선행되어야 한다.

메타버스 선교는 메타버스 기술을 사용하는 선교가 아니다. 메타버스 안에서 지구촌 전체를 묶어가시는 하나님의 선교에 동참하는 것이다.

> 그러므로 너희는 가서 모든 민족을 제자로 삼아 아버지와 아들과 성령의 이름으로 세례를 베풀고 내가 너희에게 분부한 모든 것을 가르쳐 지키게 하라 볼지어다 내가 세상 끝날까지 너희와 항상 함께 있으리라 하시니라(마 28:19~20)

주님의 명령대로 메타버스로 나아가는 모든 교회와 그리스도인에게 세상 끝날까지 주님이 늘 함께하실 것을 믿는다.

실천 과제

1. 메타버스 시대에 생겨날 새로운 패러다임의 선교에 대해 생각해 보자.

2. 지구촌 전체를 향한 메타버스 선교에 대해 정리하자.

3. 메타버스 선교를 위한 자신의 사명을 확인하자.

4. 구체적인 실천계획을 수립하자.

5. 용기를 내어 작은 것부터 실천하자.

에필로그

새로운 선교지,
메타버스를 향한 마지막 초청

이 책에서 우리는 메타버스가 젊은이들의 게임과 같은 세상이 아니라는 것을 확인했다. 본래 메타버스는 '디지털화된 세상'을 말한다. 이제 세상의 모든 것은 디지털로 움직이고 연결되기 때문에 메타버스를 벗어난 삶을 생각할 수 없게 되었다. 우리 삶을 둘러싼 음식점, 교통, 쇼핑, 은행, 관공서, 학교는 메타버스로 들어갔고, 사람들의 사회적 소통조차 카톡과 같은 메타버스를 통해 이뤄지고 있다. 메타버스는 사람들의 새로운 삶의 터전이 되었고, 그 안에 새로운 문화가 형성되고 있다. 사람들은 메타버스에서 물리적 세계를 넘어 확장된 삶을 살고 있다. 지구촌 어느 곳이나 실시간으로 연결하면서 삶의 반경이 달라졌다. 소통의 방법도 달라졌다. 직업의 종류와 형태도 달라졌다. 이러한 상황에서 메타버스는 지구촌 모든 사람들을 만날 수 있는 새로운 선교지로 부상했다.

문제는 메타버스 안에 교회가 없다는 사실이다! 사람들은 궁금한 것이 생기면 네이버나 구글에서 검색을 한다. 놀랍게도 메타버스에는 우리가 궁금해하는 모든 것의 답이 있다. 그런데 구원의 길, 신앙생활, 문제해결을 위한 기독교적 방법 등에 대한 질문

> *
> 메타버스
> 안에
> 교회가 없다!

에 대해서는 거의 답을 찾을 수 없다. 그러한 주제를 올리는 유튜버나 블로거가 거의 없기 때문이다. 대부분의 기독교적 메시지는 물리적 교회건물 안에서만 선포되어 왔다. 다행히 코로나19가 유행하던 지난 2년 동안 메타버스에서도 주일 설교를 들을 수 있었다. 그런데 교회는 다시 메시지를 교회건물 안으로 가지고 들어가려 한다. 세상은 메타버스를 통해 만나고 소통하고 있는데, 교회는 이를 차단하고 모이는 것만을 강조하려는 움직임을 보이고 있다.

교회여! 분명히 기억하자. 이미 세상은 메타버스 안으로 들어갔다. 그렇기 때문에 물리적 세계의 모임을 강조하되 메타버스와 연결된 통로는 더욱 강화해야 한다. 그래야 교회의 영향력이 메타버스를 타고 지구촌 전체로 확장될 수 있다.

> *
> 메타버스는 미전도 지역이고, 창의적 접근이 필요하다.

메타버스는 미전도 지역이다. 아직 교회가 제대로 자리잡지 못했기 때문이다. 그러므로 메타버스는 창의적 접근 지역이다. 전통적인 교회의 선교 방법이 아닌 창의적인 접근이 필요한 지역이다.

- 이러한 메타버스 선교를 감당하기 위해서 우리는 메타버스를 기독교적 관점에서 이해해 보려 했다. 잘 기억나지 않는다면 이 책 제1장을 다시 보자.
- 제2장에서는 메타버스 선교를 10가지 명제로 이해해 보고자 했다.
- 제3장에서 우리는 메타버스 선교가 예수님의 사역 방법과 다르지 않다는 점을 12가지 관점을 통해 확인했다.
- 제4장에서는 지역교회가 메타버스로 확장할 수 있는 방법에 대해 다양한 가능성을 타진했다.
- 제5장에서는 메타버스 시대에 지구촌 선교가 어떻게 변해야 할지를 고민했다.

이제 결정은 여러분의 몫이다. 새롭게 준비하신 하나님의 선교의 대로를 따라 선교할 것인지, 물리적 세계에 머물러서 세상의 변화에 눈을 감아 버릴 것인지 선택해야 한다. 우리 모두는 하나님의 선교에 부름받은 사명자들이다. 하나님으로부터 받은 저마다의 몫과 달란트가 있다.

- 목회자들은 메타버스 시대에 교회가 하나님의 선교를 감당하도록 바르게 이끌고 가야 할 책임을 부여받았다. 직무유기하지 않아야 하겠다. 목회자가 교회를 물리적 세계에 묶어둠으로써 역사에서 사라지게 한다면 이는 배임이다.
- 선교사들은 하나님의 선교의 대로인 메타버스를 타고 더욱 효과적이고 강력하게 선교를 감당해야 한다. 모든 민족에게 나아갈 길을 열어주어도 선교를 감당하지 않는다면 이 또한 직무유기이다.
- 평신도들도 땅끝까지 이르러 주님의 증인의 사명을 감당해야 한다. 이 명령에서 배제될 수 있는 제자는 아무도 없다. 그렇다면 평신도들도 자신의 달란트를 가지고 하나님의 선교에 동참해야 한다. 그렇지 않고 하나님 앞에 선다면 그들 또한 셈을 하게 될 것이다.

살아 계신 하나님이 믿어지고, 그 앞에서 셈을 할 것이 믿어진다면 아래와 같이 해보자.

- 다시 이 책을 앞에서부터 정독하며 읽어보자.
- 이 책의 여러 부분에 있는 항목들을 체크리스트 삼아서 자신의 삶을 하나씩 점검해 보자.
- 각 장의 마지막에 있는 [실천 과제]에 따라 자신의 계획을 세우고, 작은 것부터 실천해 보자.

- 책의 곳곳에 있는 [지금 당장 실천할 일]과 다양한 제안에 대해서도 자신의 실천 계획을 세우고, 가능한 것부터 실천해 보자.

열매를 허락하시는 분은 하나님이시다. 그러나 주님의 명령에 순종하고 실천하는 것은 우리의 몫이다.

* 직무유기? 배임? 임무 완수?	최선을 다해 순종한 후 우리는 무익한 종이라고 말하는 것이 우리를 위해 생명을 주신 분에 대한 올바른 응답이다. 모든 사명자들이여! 메타버스 선교로 우리의 사역을 확장하자. 새로운 선교지인 메타버스로 하나님 나라를 확장하자.

**메타버스 선교로
사역을 확장하라**

발행일 | 2022년 9월 7일 초판 1쇄

장성배 지음

발행인 | 이　철
편집인 | 한만철
발행처 | 도서출판kmc

서울특별시 종로구 세종대로 149 감리회관 16층
(재)기독교대한감리회 도서출판kmc
전화 | 02-399-2008　팩스 | 02-399-2085
www.kmcpress.co.kr

디자인·인쇄 | 디자인통

Copyright (C) 도서출판kmc, 2022, *Printed in Korea*.

ISBN 978-89-8430-877-0 03230

※ 값은 뒤표지에 있습니다.
※ 파본은 구입처에서 교환해 드립니다.